21 世纪高等职业教育创新型精品规划教材(会计类专业适用)

财务会计

Financial Accounting

（第 2 版）

主　编　赵春燕　骆　静
主　审　于　强

天津大学出版社
TIANJIN UNIVERSITY PRESS

内 容 提 要

本书以最新颁布的企业会计准则体系及《企业会计准则—应用指南》为依据，根据高等职业教育的特点和要求，突出基本理论，强调技能培养，力求反映新企业会计准则体系的指导思想和宗旨。将常用的具体会计准则在教材中进行了具体、详细的讲解，阐述了财务会计的基本理论和方法，具有较强的理论性、应用性和可操作性。全书共分为 14 章，内容包括：总论、货币资金及外币业务、短期债权、存货、投资、固定资产、无形资产及其他资产、流动负债、非流动负债、所有者权益、收入、费用、利润、财务会计报告等等，每章后均附有练习题。

本书既可作为高职高专院校及成人高等教育会计专业教材，又可作为新会计准则的培训教材，同时也可供从事会计工作的专业人员作为进修或自学的参考用书。

图书在版编目(CIP)数据

财务会计/赵春燕，骆静主编，—天津：天津大学出版社，2007.9（2017.3重印）

21世纪高等职业教育创新型精品规划教材.会计类专业适用.

ISBN 978-7-5618-2234-0

Ⅰ.财… Ⅱ.①赵… ②骆… Ⅲ.财务会计-高等学校：技术学校-教材 Ⅳ.F234.4

中国版本图书馆CIP数据核字(2007)第134902号

出版发行　天津大学出版社
地　　址　天津市卫津路92号天津大学内(邮编:300072)
电　　话　发行部:022-27403647
网　　址　publish.tju.edu.cn
印　　刷　天津市蓟县宏图印务有限公司
经　　销　全国各地新华书店
开　　本　169mm　239mm
印　　张　20.5
字　　数　425千
版　　次　2007年9月1版，2011年2月第2版
印　　次　2017年3月第4次
印　　数　90 001-11 000
定　　价　39.00元

2版前言

为适应企业会计新时期的要求，我们以财政部最新颁布的企业会计准则及其应用指南为主要法规依据，结合高等职业教育的特点和要求，将基础性、系统性、实践性和必要的前瞻性结合起来于2007年编写了《财务会计》一书，受到了广大读者的好评。在第2版出版之际，我们根据近年会计和税收法律法规的变化对《财务会计》一书进行了修订，并在每章后增加了练习题，以帮助学生更好地消化财务会计的课程内容，掌握财务会计的基本理论和基础知识。

在本书的编写过程中，我们着重考虑以下几点：

1. 体现最新准则。紧扣我国财政部最新颁布的《企业会计准则》及《企业会计准则应用指南》，体现我国会计改革的最新变化，书中列举的例题结合最新会计准则进行阐述，体现教材的先进性和科学性。

2. 适用职业教育。结合高职高专的培养目标和教学特点，强调"以能力为本位，以学生为主体，以实践为导向"的教学指导思想，理论部分强调"必需、有用、够用"，注重学生综合职业能力的培养，将常用的具体会计准则在教材中通过大量例题进行了具体、详细的讲解，体现教材的针对性和实践性。

3. 兼顾资格考试。在编写的过程中即注意全面阐述本学科的基本理论、基本方法和基本技能，又努力与会计专业技术资格全国统一考试的内容相衔接，为学生将来能顺利通过会计专业技术资格全国统一考试奠定基础，体现教材的完整性和广泛适用性。

本书由赵春燕、骆静任主编，于强担任主审。按"章"的顺序，参编教师是刘军华负责编写第1章、第14章；孙丽负责编写第2章；赵丽负责编写第3章、第4章；赵春燕负责编写第5章、第6章；杨文侠负责编写第7章、第8章；杨福强、李向红负责编写第9章、第10章；骆静负责编写第11、12、13章及全书各章练习题。

本书既可作为高职高专院校及成人高等教育会计专业教材，又可作为新会计准则的培训教材，同时也可供从事会计工作的专业人员作为进修或自学的参考用书。

由于编者的水平有限，如有欠妥、疏忽和错误的地方，竭诚欢迎广大读者提出宝贵意见。

编　者

2011年1月

目　录

1

总论

学习目的与要求

1. 了解会计的产生与发展,会计的作用。
2. 了解财务会计的基本知识。
3. 熟悉会计核算的基本前提。
4. 熟悉会计信息质量要求。
5. 理解会计要素的定义及确认条件,掌握会计科目体系。
6. 理解会计计量属性。

1.1 会计概述

1.1.1 会计的概念及发展历程

1.1.1.1 会计的产生与发展

会计与人类的生活密切相关,是为了适应人类生产实践和经济管理的客观需要而产生的,并随着社会生产实践的不断发展而发展,是人类从事生产实践管理活动的产物。

会计在人类发展的长河中有着悠久的历史。由于人类发展的初始时期生产水平较低,人们从事的生产活动极为简单,对生产活动的计量、记录也非常简单,因此会计只是生产职能的一种附带管理工作,并不是由专门的人员来进行计量和记录生产活动的。

随着生产力水平的提高,生产规模不断扩大,社会化水平也进一步发展,人们对生产过程需要了解和记载的事项越来越多。为了有效地管理和控制日常的生产活动,就必须对生产过程中人力、物力和财力的耗费以及取得的成果,做出必要的记录,以便更有效地组织生产和管理经济活动。这种作为记录和计算生产过程中的耗费与取得成果的会计,也就随之产生。根据马克思考证,远在印度太古时期的共同体中,就已经有了农业记账员,在那里,簿记独立地成为一个公社官员的专职。在我国,远在西周时代就设立了专门掌管朝廷财物和赋税的官员,对财物的收支进行“日计岁会”。由此可见,会计是人类社会发展到一定历史阶段的产物,它起源于社会生产实践,是为进行管理生产活动而产生的,并服务于社会生产实践。

会计发展到今天经历了漫长的过程,人类在不断的探索和实践中才使得会计这一学科日趋成熟。其间经历了古代会计发展阶段、近代会计发展阶段和现代会计发展阶段。

古代会计发展阶段是指从会计的产生、单式簿记运用到记录财务收支过程的时期。如我国古代的“四柱清册”的运用,就较典型地反映了这一过程,其基本原理目前仍然被采用。其基本的关系如下:“旧管 + 新收 - 开除 = 实在”或“旧管 + 新收 = 开除 + 实在”,其中“旧管”相当于期初余额,“新收”相当于本期收入,“开除”相当于本期支出,“实在”相当于本期结存。在我们目前所使用的科目结构中这一基本关系仍然使用。

近代会计发展阶段是指从运用复式簿记开始到20世纪50年代。随着社会经济活动的不断发展,人们更加需要从有关簿记记录中获取相应的经济往来和经营成果的具体数字和信息。直到12世纪簿记方法才有了重要的发展:在商品经济十分发达的意大利佛罗伦萨发明了复式记账法,1494年意大利数学家卢卡·巴其阿勒在他的《算术、几何与比例概要》中对借贷复式记账法进行了系统的总结,可以说复式记账法的使用是近代会计形成的重要标志。近代会计发展阶段在会计发展史上具有十分重要的意义,它实现了两个历史性的转变:一是由比较简单的单式簿记向较为科学的复式簿记时代的转变;二是由简单的记账、算账的簿记时代向更高层次的会计时代的转变。

现代会计发展阶段是指20世纪50年代以后的时期。西方资本主义国家在经济上发展迅猛,企业之间的竞争愈加激烈,这就要求企业必须严格加强经济管理,向管理要效益。在此背景下单纯的记账、算账已不能满足现代化大生产的需要,从而迫使会计工作向为企业管理服务的方向发展。在会计不断满足生产经营管理需要的进程中,产生了以对外提供财务信息为主的财务会计和适应管理的要求,为管理决策提供信息的管理会计。

1.1.1.2 会计的概念

会计的发展历程说明，经济的发展离不开会计，会计理论和方法的进步和提升会进一步促进经济的发展。会计既是经济管理必不可少的工具，同时它本身又是经济管理的组成部分。经济越发展，管理越要加强，会计就越重要。会计是一门经济管理科学，它是经济管理的重要组成部分，它是以货币作为基本计量单位，运用专门的方法，对经济活动进行核算和监督的一种管理活动。会计的涵义中包括3个方面的内容：①会计是一种管理活动，是说明会计的本质；②对经济活动进行核算和监督，是会计的基本职能；③以货币计量为基本形式，是会计的主要特点。

1.1.2 会计的作用

会计通过一系列的确认、计量、记录和报告程序，能够为政府部门、投资者、债权人以及其他各个方面提供有关企业财务状况、经营成果和现金流量的重要信息，是有关各方据以进行经营决策和宏观经济管理的重要依据，是考核企业领导人经济责任的履行情况、加强经营管理、提高经济效益的重要保证。

1.1.2.1 为有关各方了解企业状况，作出经营决策提供会计信息

企业通过填制凭证、登记账簿、编制报表等一系列工作，对外提供企业财务状况、经营成果和现金流量方面的信息，这些信息为包括投资者和债权人在内的各方面进行决策提供了依据。一般地，投资者为了选择投资对象、衡量投资风险、作出投资决策，需要了解企业的盈利能力和发展趋势方面的信息，了解有关企业经营情况方面的信息及其所处行业的信息；债权人为了选择贷款对象、衡量贷款风险、作出贷款决策，需要了解企业的短期偿债能力和长期偿债能力，了解企业所处行业的基本情况及其在同行业所处的地位；政府部门为了制定经济政策、进行宏观调控、配置社会资源，需要从总体上掌握企业的资产负债结构、损益状况和现金流转情况，从宏观上把握经济运行的状况和发展变化趋势。这些都离不开会计信息的指导。

1.1.2.2 为所有者考核企业经营者经济责任的履行情况提供会计信息

企业接受了投资，就有责任按照投资人预定的发展目标和要求，合理利用资源，加强经营管理，提高经济效益，接受考核和评价。会计信息有助于考核企业经营者经济责任的履行情况。投资者通过前后年度净利润的比较，了解企业盈利发展趋势；通过与同行业对比，了解企业在竞争中的位置等，以此对企业经营者经济责任的履行情况进行考核，这些离不开会计信息提供的数据。

1.1.2.3 为加强内部经营管理、提高经济效益提供会计信息

企业经营管理水平的高低直接影响着企业的经济效益、经营成果、竞争能力和发展前景，在一定程度上决定着企业的前途和命运。为了满足企业内部经营管理对会计信息的需要，现代会计已经发展了以满足内部经营管理需要为主的管理会计。但是，这并不意味着企业内部经营管理不需要财务会计信息。事实上，财务会计信息是企业经营者了解企业的实际情况、分析企业经营中存在的问题、预测企业未来的发展前景和走向时必不可少的重要的参考材料。

1.1.3 财务会计概述

如前所述,20世纪中期至今是现代会计形成和发展的阶段,企业会计在理论和方法方面随着内部与外部对会计信息要求的不同而分化为财务会计和管理会计两个相互独立的分支,这也是这一阶段的重要标志。财务会计是通过对企业已经完成的资金运动全面系统的核算与监督,以为外部与企业有经济利害关系的投资人、债权人和政府有关部门提供企业的财务状况、盈利能力等经济信息为主要目标而进行的经济管理活动,因此又称"外部报告会计"。它的形成是由于20世纪30年代以后市场经济中股份有限公司的形成和进一步发展,企业的经营权与所有权分离,形成了与企业有不同利害关系的利益集团,这就要求建立一套统一执行的会计概念、账务处理原则以及会计程序和会计报表编制方法,以保证提供统一真实公允的会计报表,因而形成了在政府会计管理机构公布的公认会计准则指导下统一规范的企业会计,即"财务会计"。

与管理会计相比,从服务对象上,财务会计主要是向企业外部提供会计信息;从提供信息的时态上,财务会计主要是提供企业过去和现在的经济活动情况及其结果的会计信息;从提供信息的跨度上,财务会计主要是定期反映企业作为一个整体的财务状况、经营成果以及现金流量的情况;从工作程度的约束依据上,财务会计受外部统一的会计规范的约束;从会计程序与方法上,财务会计有一套比较科学统一的会计处理程序和方法。

财务会计被称为"外部报告会计",顾名思义,财务会计主要是向企业外部提供会计信息。为保证企业提供的会计信息的公允性,在长期的发展过程中,财务会计形成了一套完整的财务会计理论体系,其基本结构主要由会计目标、会计假设、会计概念和会计原则等会计基础观念构成。

会计目标,又称"财务会计报告目标",是指会计为哪些人提供哪些会计信息,满足会计报表使用者的哪些需要。因此,会计目标是建立会计实务和会计理论的基础,是会计理论基本结构的最高层次。根据《企业会计准则—基本准则》规定,财务会计报告的目标是向财务会计报告使用者提供与企业财务状况、经营成果和现金流量等有关的会计信息,反映企业管理层受托责任履行情况,有助于财务会计报告使用者作出经济决策。

会计假设,它是会计人员面对变化不定的社会环境作出的合理推论,是会计核算的前提条件。

会计概念是对会计基本要素和会计核算的经济业务所下的定义,也是广泛的财务会计内容的基本归类。会计概念包括资产、负债、所有者权益、收入、费用、利润以及经济业务等。

会计原则是具体确认和计量会计事项所应当依据的概念和规则。在我国,会计原则以会计信息质量要求的形式体现在基本准则中,具体包括客观性、相关性、明晰性、可比性、实质重于形式、重要性、谨慎性、及时性等八项原则,它们被统称为"会计信息质量要求”。

1.2 会计核算的基本前提

会计核算的基本前提是指为了使会计核算工作能够正常进行和向有关方面提供高质量的会计信息，对会计核算的范围、内容、基本程序、方法和计量方式上所作的限定。作为会计核算对象的企业经营活动，具有一定程度的不确定性，而会计核算的目的就是通过连续、系统、全面的记录和计算来反映经济活动，为各方面提供必要的会计信息。所以，会计核算的基本前提，实际上就是对会计核算中的一些重要因素，根据正常情况或客观需要，在空间范围内、在时间界限上、在计量方式上所作的一些合乎情理的限制和规定。由于这些规定都是为了达到会计核算的目的而设立的，所以又称会计假设。

我国《企业会计准则—基本准则》规定的会计核算前提有四个，即：会计主体、持续经营、会计期间及货币计量。

1.2.1 会计主体

会计主体是指会计工作为之服务的经济组织和责任实体。凡是实行独立核算的单位，在会计上都设定为一个会计主体。

企业进行会计核算时，必须首先明确会计主体，明确核算空间范围，即为谁核算，核算谁的经济业务。为此，《企业会计准则—基本准则》规定，企业应当对其本身发生的交易或者事项进行会计确认、计量和报告。这就是说，会计核算是反映一个特定企业的经营活动，即不包括企业所有者本人，更不包括其他企业的经营活动。只有首先提出会计主体这一前提，才能使会计的核算范围得到明确，才能使企业的财务状况、经营成果和现金流量独立地反映出来。

明确会计主体，也是明确会计人员处理经济业务的立场。虽然任何经济交易都是买卖两方面的活动，而会计只记录买或卖一个方面主体的经济活动。例如，一项商品购销业务，甲方是买方，乙方是卖方。按照会计主体的要求，会计人员应站在本企业的立场上处理业务，即甲方的会计应作商品购进的账务处理，而乙方的会计应作商品销售的账务处理。明确会计主体，不仅可以把会计主体之间的经济关系划分清楚，而且还可以把特定单位投资者及职工个人的财务活动与特定单位的财务活动划分清楚，从而正确处理好各方面的经济关系。

1.2.2 持续经营

我国《企业会计准则—基本准则》规定：企业会计确认、计量和报告应当以持续经营为前提。持续经营是指会计主体的生产经营活动是持续正常进行的，在可以预见的未来不会面临破产清算。这是假定企业在正常情况下，将按既定的经营方针、目标连续经营下去。这一假设为解决会计核算中的财产计价和费用分配问题提供了前提条件。例如,企业固定资产计量应按购建时的历史成本入账,固定资产价值通过提取折旧的形式,在其使用年限内分期转作费用;待摊费用也应按受益期限均衡摊配下去等,都是以持续经营为前提的。

在市场经济条件下,任何企业都存在破产、清算的风险,如果可以判断企业不会持续经营,就应该改变会计核算的原则和方法,并在企业财务会计报告中作相应披露。

1.2.3 会计期间

我国《企业会计准则—基本准则》规定:企业应当划分会计期间,分期结算账目和编制财务会计报告。会计期间是指将会计主体持续不断的经营活动人为地划分为不同的时期,以便分期结算账目和编制财务会计报告。会计期间假设要求企业应当以权责发生制为基础进行会计确认、计量和报告。

我国企业会计准则中将会计期间分为年度和中期。中期是指短于一个完整的会计年度的报告期间,中期可分为半年度、季度和月份。年度、半年度、季度和月份的起讫日期采用公历日期,即会计年度与公历年度相同,从1月1日开始到12月31日为止。会计期间假设是对持续经营假设的必要补充。根据持续经营假设,会计主体是无限期地持续经营下去,直至停业或破产清算才告结束。但在市场竞争中,企业的决策者为了评价企业的经营情况,必须及时掌握企业的财务会计报告资料,而绝不能等到企业停止经营活动时再去总结经营成果和财务状况。因此,会计反馈信息的及时性,要求企业会计应分期提供会计信息,也就有必要运用会计期间假设。

1.2.4 货币计量

我国《企业会计准则—基本准则》规定:企业会计应当以货币计量。货币计量是指会计核算以货币作为统一的计量尺度,而且假设货币本身的价值稳定。会计将货币作为统一的计量单位,这是货币本身的特性决定的。货币是一种共同的价值尺度,是一般等价物,只有货币单位才能把实物单位和劳动单位换算为统一的价值度。因此,会计以货币作为统一的计量单位,以便能连续、系统和全面地记录、汇总、分析企业的生产经营过程和财务成果,这就产生了货币计量这一会计核算的前提。根据《企业会计制度》规定,企业的会计核算以人民币为记账本位币。业务收支以人民币以外的货币为主的企业,可以选定其中一种货币作为记账本位币,但是编报的财务会计报告应当折算为人民币。在境外设立的中国企业向国内报送的财务会计报告,应当折算为人民币。

在以货币作为统一计量单位的条件下,还要假设货币本身的价值稳定。按照国际会计惯例,当货币本身的价值波动不大,或前后波动能相互抵消时,会计核算可以不考虑这些波动,仍按照稳定的币值计量进行会计处理。

以上对企业的会计核算所作的会计假设在实际工作中具有十分重要的作用,它们具有互为补充、相互关联的依存关系:会计主体首先确立了会计核算的空间范围;

持续经营和会计期间确立了会计核算的时间范围;货币计量为会计核算提供了必要的手段。而没有会计主体就不会有持续经营;没有持续经营就不会有会计期间;没有货币计量就不会提供有价值的会计信息,所以会计的四个基本前提是一个有机的统一体,缺一不可。

1.3 会计信息质量要求

1.3.1 可靠性

可靠性是指企业应当以实际发生的交易或者事项为依据进行会计确认、计量和报告,如实反映符合确认和计量要求的各项会计要素及其他相关信息,保证会计信息真实可靠、内容完整。

按照可靠性的要求,会计核算应当以实际发生的交易或事项为依据,这些交易或事项要有合法的证据;会计核算具有客观性,即所应用的方法和标准应该符合经济业务的特点;还要求会计核算成果的会计报告也应该是客观的,即财务会计报告应该根据合法的会计账簿进行编制,而不能凭空捏造,更不能出现账簿记录与财务会计报告不相符合的现象。总之,客观性是会计信息的生命,要使会计信息客观公正,就必须在会计记录和会计报告过程中做到真实准确。

1.3.2 相关性

相关性是指企业提供的会计信息应当与财务会计报告使用者的经济决策需要相关,有助于财务会计报告使用者对企业过去、现在或者未来的情况作出评价或者预测。

企业应当编制财务会计报告,财务会计报告的目标是向财务会计报告使用者提供与企业财务状况、经营成果和现金流量等有关的会计信息,而提供会计信息的目的是为了有助于会计信息使用者作出正确的经济决策。因此,衡量会计信息质量的一个重要标准,就是要看其是否有助于财务会计报告的使用者及时、正确地作出经济决策。

1.3.3 可理解性

可理解性是指企业提供的会计信息应当清晰明了,便于财务会计报告使用者理解和使用。

提供会计信息的目的在于使用,要使用会计信息首先必须了解会计信息的内涵,弄清会计信息的内容,这就要求会计核算和财务会计报告必须清晰明了,否则就谈不上会计信息的使用。在会计核算工作中,坚持明晰性原则,会计记录应当准确、清晰,填制会计凭证、登记会计账簿,必须做到依据合法、科目对应关系清楚、文字摘要完整;在编制财务会计报告时,项目钩稽关系清楚、项目完整、数字准确。

1.3.4 可比性

根据《企业会计准则—基本准则》要求,企业提供的会计信息应当具有可比性。可比性原则包涵两层涵义。

一是要求同一企业不同时期发生的相同或者相似的交易或者事项,应当采用一致的会计政策,不得随意变更。也就是说企业的会计处理方法前后期应当保持一致。

在会计核算中,经常会遇到有多种可供选择的情况,如存货计价方法、固定资产折旧方法、费用分配标准及产品成本计算方法等。为保证会计核算资料有关数据的前后期可比性,会计处理方法就应当保持一致,不得随意变更,如确有必要变更,应当将变更的内容,变更的累积影响数,以及累积影响数不能合理确定的理由等,在财务会计报告附注中加以说明。

二是要求不同企业发生的相同或者相似的交易或者事项,应当采用规定的会计政策,确保会计信息口径一致,相互可比。

为了保证企业之间开展公平竞争,要求不同企业之间的会计信息可以进行比较。在市场经济条件下,只有不同的行业和不同的企业都采用大致相同的会计核算方法才有可能对其所提供的会计信息相互可比,才有助于在宏观上调节经济活动。可比性原则首先表现在财务会计报告指标口径一致,其次表现在所选择的会计处理方法的可比。

1.3.5 实质重于形式

实质重于形式是指企业应当按照交易或者事项的经济实质进行会计确认、计量和报告,不应仅以交易或者事项的法律形式为依据。

在实际工作中,交易或事项的外在法律形式或人为形式并不能完全真实地反映其实质内容,所以,会计信息要想反映其所拟反映的交易或事项,就必须根据交易或事项的实质和经济现实,而不能仅仅根据它们的法律形式进行核算和反映。

1.3.6 重要性

重要性是指企业提供的会计信息应当反映与企业财务状况、经营成果和现金流量等有关的所有重要交易或者事项。

对资产、负债、损益等有较大影响,并进而影响财务会计报告使用者据以作出合理判断的重要会计事项,必须按照规定的会计方法和程序进行处理,并在财务会计报告中予以充分、准确地披露;对于次要的会计事项,在不影响会计信息真实性和不至于误导财务会计报告使用者作出正确判断的前提下,可适当简化处理。

1.3.7 谨慎性

谨慎性是指企业对交易或者事项进行会计确认、计量和报告,应当保持应有的谨慎,不应高估资产或者收益、低估负债或者费用。

企业在进行会计核算时,应当遵循谨慎性原则的要求,不得多计资产或收益、少计负债或费用,但不得计提秘密准备。在会计核算工作中坚持谨慎性原则,要求企业在面临确定因素的情况下作出职业判断时,应当保持必要的谨慎,以不高估资产或收益,也不低估负债或费用。例如,要求企业定期或者至少每年年度终了,对可能发生的各项资产损失计提资产减值准备等,就充分体现了谨慎性原则。

1.3.8 及时性

及时性是指企业对于已经发生的交易或者事项,应当及时进行会计确认、计量和报告,不得提前或延后。

及时性原则包括3方面的含义:一是要求及时收集会计信息,即在经济业务发生后,及时收集各种原始单据;二是及时处理会计信息,即在国家统一的会计制度规定的时限内,及时编制出财务会计报告;三是及时传递会计信息,即在国家统一的会计制度规定的时限内,及时将编出的财务会计报告传递给使用者。

1.4 会计要素与会计科目

1.4.1 会计要素

会计要素是会计对象要素的简称。会计要素是对会计对象的个体内容所作的基本分类,它是会计对象的组成部分,是会计报表内容的基本框架,也是科目的归并和概括。会计的对象就是会计核算和监督的内容。

企业应当按照交易或者事项的经济特征确定会计要素。会计要素包括资产、负债、所有者权益、收入、费用和利润6个方面。

1.4.1.1 资产

资产,是指企业过去的交易或者事项形成的、由企业拥有或者控制的、预期会给企业带来经济利益的资源。

1. 资产的确认

按照我国《企业会计准则—基本准则》的规定:只有当资产定义的资源同时满足以下条件时,才能确认为资产。

(1)与该资源有关的经济利益很可能流入企业;

(2)该资源的成本或者价值能够可靠地计量。

2. 资产的特征

(1)资产是由过去的交易或事项所形成的。也就是说,资产必须是现实的资产,而不能是预期的资产。它是企业在过去一个时期里,通过交易或事项所形成的,是过去已经发生的交易或事项所产生的结果。至于未来交易或事项以及未发生的交易或事项可能产生的结果,则不属于现在的资产,不得作为资产确认。

(2)资产是企业拥有或者控制的。一般来说,一项资源要作为企业的资产予以确认,应该拥有此项资源的所有权,可以按照自己的意愿使用或处置,其他企业或个人未经同意,不能擅自使用本企业的资产。但在某些情况下,对于一些特殊方式形成的资产,企业虽然对其不拥有所有权,但能够实际控制的,按照实质重于形式的原则,也应当确认为企业的资产,如融资租入固定资产。

(3)资产最重要的特征,是预期会给企业带来经济利益。所谓带来未来经济利益,是指直接或间接导致现金和现金等价物流入企业的潜力,这种潜力在某些情况下可以单独产生净现金流入,而某些情况下则需与其他资产结合起来才可能在将来直接或间接地产生净现金流入。预期不能带来经济利益的,就不能确认为企业的资产。

3. 资产的分类

资产按其流动性可以分为流动资产和非流动资产。

流动资产,是指可以合理地预期将在一年内转换为现金或被销售、耗用的资产。主要包括货币资金、应收票据、应收账款、待摊费用、存货等。

根据规定,资产满足以下条件之一的,应当归为流动资产。

(1)预计在一个正常营业周期中变现、销售或耗用。

(2)主要为交易目的而持有。

(3)预计在资产负债日起1年内(含1年)变现。

(4)自资产负债表日起1年内,交换其他资产或清偿负债的能力不受限制的现金或现金等价物。

非流动资产,是指除流动资产以外的其他资产。主要包括持有至到期投资、长期股权投资、固定资产、无形资产等。

1.4.1.2 负债

负债,是指企业过去的交易或者事项形成、预期会导致经济利益流出企业的现时义务。

1. 负债的确认

按照我国《企业会计准则—基本准则》的规定:只有当负债定义的义务同时满足以下条件时,才能确认为负债。

(1)与该义务有关的经济利益很可能流出企业;

(2)未来流出的经济利益的金额能够可靠地计量。

2. 负债的特征

(1)负债是基于过去的交易或事项而产生的。也就是说,导致负债的交易或事项必须已经发生,例如,购置货物或使用劳务会产生应付账款(已经预付或是在交货时支付的款项除外),接受银行贷款则会产生偿还贷款的义务。只有源于已经发生的交易或事项,会计上才有可能确认为负债。

(2)负债是企业承担的现时义务。由于具有约束力的合同或法定要求,义务在法律上可能是强制执行的,如收到货物或劳务而发生的应付账款;另外,义务还可能产生于正常的业务活动、习惯以及为了保持良好的业务关系或公平处事的愿望,如企业在已经售出的产品上预期会发生的免费修理费用就形成该企业的负债。一般情况下,只有在资产已经获得时才产生义务。

(3)负债通常是在未来某一时日通过交付资产(包括现金和其他资产)或提供劳务来清偿。例如:支付现金;转让其他资产;有时,企业可以通过承诺新的负债或转化为所有者权益来了结一项现有负债,因此,现时的负债代表着企业未来经济利益的流出。

3. 负债的分类

负债按其流动性,分为流动负债和非流动负债。

流动负债,是指将在1年(含1年)或者超过1年的一个营业周期内偿还的债务。主要包括短期借款、应付票据、应付账款、预收账款、应付职工薪酬、应付股利、应交税费、其他应付款、预提费用和1年内到期的长期借款等。

根据规定,负债满足以下条件之一的,应当归为流动负债:

(1)预计在1个正常营业周期中清偿。

(2)主要为交易目的而持有。

(3)自资产负债表日起1年内到期应予以清偿。

(4)企业无权自主地将清偿推迟至资产负债表日后1年以上。

非流动负债,是指偿还期在1年或者超过1年的一个营业周期以上的负债。主要包括长期借款、应付债券、长期应付款等。

1.4.1.3 所有者权益

所有者权益,是指企业资产扣除负债后由所有者享有的剩余权益。公司的所有者权益又称为股东权益。所有者权益的来源包括所有者投入的资本、直接计入所有者权益的利得和损失、留存收益等。

所有者投入的资本,主要指实收资本(或称股本),是指投资者按照企业章程或合同、协议的约定,实际投入企业的资本。投资者投入资本的形式可以有多种,如投资者可以用现金投资,也可以用非现金资产投资,符合国家规定比例的,还可以用无形资产投资。

直接计入所有者权益的利得和损失,是指不应计入当期损益、会导致所有者权益发生增减变动的、与所有者投入资本或者向所有者分配利润无关的利得或者损失。其中,利得是指由企业非日常活动所形成的、会导致所有者权益增加的、与所有者投入资本无关的经济利益的流入;损失是指由企业非日常活动所发生的、会导致所有者权益减少的、与向所有者分配利润无关的经济利益的流出。

留存收益,主要包括盈余公积和未分配利润。其中盈余公积是指企业按规定从净利润中提取的各种公积金。一般包括法定盈余公积、任意盈余公积金等。未分配利润是指企业实现的净利润经过弥补亏损、提取盈余公积和向投资者分配利润后留存在企业的、历年结存的利润。

1.4.1.4 收入

收入,是指企业在日常活动中形成的、会导致所有者权益增加的、与所有者投入资本无关的经济利益的总流入。

1. 收入的确认

根据《企业会计准则—基本准则》规定:收入只有在经济利益很可能流入从而导致企业资产增加或者负债减少,且经济利益的流入额能够可靠计量时才能予以确认。

2. 收入的特征

(1)收入从企业的日常活动中产生,而不是从偶发的交易或事项中产生。比如,工商企业的收入是从其销售商品、提供工业性劳务等日常活动中产生的,而不是从处置固定资产等非正常活动中产生的。

(2)收入可能表现为企业资产的增加,如增加银行存款、应收账款等;也可能表现为企业负债的减少,如以商品或劳务抵偿债务;或者二者兼而有之,如商品销售的货款部分抵偿债务,部分收取现金。

(3)收入能导致企业所有者权益的增加,收入能增加资产或减少负债,或二者兼而有之。因此,根据"资产 - 负债 = 所有者权益"的公式,企业取得收入一定能增加所有者权益,但收入扣除相关成本费用后的净额则可能增加所有者权益,也可能减少所有者权益。这里仅指收入本身导致的所有者权益的增加,而不是指收入扣除相关成本费用后的毛利对所有者权益的影响。

(4)收入只包括本企业经济利益的流入,不包括为第三方或客户代收的款项,如企业代国家收取增值税、商业银行代委托贷款企业收取利息等。代收的款项,一方面增加企业的资产,一方面增加企业的负债,因此,不增加企业的所有者权益,也不属于本企业的经济利益,不能作为本企业的收入。

3. 收入的分类

收入可以有不同的分类。按收入的性质,可以分为销售商品收入、提供劳务收入和让渡资产使用权等取得的收入;按企业经营业务的主次分类,可以分为主营业务收入和其他业务收入。主营业务收入是指企业的主要经营业务所取得的收入,其他业务收入是指企业的其他经营业务所取得的收入。

1.4.1.5 费用

费用,是指企业在日常活动中发生的、会导致所有者权益减少的、与向所有者分配利润无关的经济利益的总流出。

1. 费用的确认

根据《企业会计准则—基本准则》的规定:费用只有在经济利益很可能流出,从而导致企业资产减少或者负债增加、且经济利益的流出额能够可靠计量时才能予以确认。

2. 费用的特征

(1)费用最终将会减少企业的资源。这种减少具体表现为企业资金流出,从这个意义上说,费用本质上是企业的一种资产流出,它与资产流入企业所形成的收入相反。

(2)费用最终会减少企业的所有者权益。通常,企业的资金流入(收入)会增加企业的所有者权益;相反,资金流出会减少企业的所有者权益,即形成企业的费用。但是,企业在生产经营过程中,有的支出是不应归入费用的。例如,企业以银行存款偿付一项债务,只是一项资产和一项负债的等额减少,对所有者权益没有影响,因此,不构成费用;又如,企业向投资者分配股利或利润,这一资金流出虽然减少了企业的所有者权益,但其属性是对最终利润的分配,不是经营活动的结果,也不应作为费用。

3. 费用的分类

费用按其经济用途可以划分为应计入产品成本的费用和不应计入产品成本的费用。对于应计入产品成本的费用又可以划分为直接费用和间接费用。其中,直接费用包括直接材料、直接人工和其他直接费用;间接费用指制造费用。对于不应计入产品成本的费用,则作为期间费用。期间费用是指企业当期发生的必须从当期收入中得到补偿的费用。由于它仅与当期实现的收入相关,必须计入当期损益。期间费用包括企业行政管理部门为组织和管理生产经营活动而发生的管理费用;为筹集资金而发生的财务费用;为销售商品而发生的销售费用。

1.4.1.6 利润

利润,是指企业在一定会计期间的经营成果。利润包括收入减去费用后的净额、直接计入当期利润的利得和损失等。

收入减去费用后的净额,主要是指营业利润,是指主营业务收入减去主营业务成本、主营业务税金及附加,加上其他业务利润,减去销售费用、管理费用和财务费用后的金额。

直接计入当期利润的利得和损失,是指应当计入当期损益、会导致所有者权益发生增减变动的、与所有者投入资本或者向所有者分配利润无关的利得或者损失。主要包括投资收益、营业外收入、营业外支出等。其中投资收益是指企业对外投资所取得的收益,减去发生的投资损失和计提的投资减值准备后的净额。营业外收入是指企业发生的与其生产经营活动无直接关系的各项收入。营业外支出是指企业发生的与其生产经营活动无直接关系的各项支出。

1.4.2 会计科目

如前所述,会计要素是对会计对象的个体内容所作的基本分类,而各项会计要素中均包括若干具体项目,企业日常业务核算主要是反映这些具体项目的增减变动及余额情况,这样,仅将会计对象分为几项会计要素远远不能满足企业管理的要求,此时需要对会计对象的具体内容进行按其不同的特点进行科学分类,确定名称并赋予编号,以满足企业进行分类核算的要求,这一过程即为设置会计科目。

《附录—会计科目和主要账务处理》中根据企业会计准则中确认和计量的规定制定了涵盖各企业交易或事项的会计科目,并规定企业在不违反会计准则中确认、计量和报告规定的前提下,可以根据本单位的实际情况自行增设、分拆、合并会计科目;企业不存在的交易或者事项,可不设置相关会计科目;可以比照附录中的规定自行设置明细科目;可以结合企业实际情况自行确定会计科目编号。

企业设置的部分会计科目如表1-1所示：

表1-1 会计科目表

序号	编号	会计科目名称	序号	编号	会计科目名称
		一、资产类	31	1601	固定资产
1	1001	库存现金	32	1602	累计折旧
2	1002	银行存款	33	1603	固定资产减值准备
3	1012	其他货币资金	34	1604	在建工程
4	1101	交易性金融资产	35	1605	工程物资
5	1121	应收票据	36	1606	固定资产清理
6	1122	应收账款	37	1701	无形资产
7	1123	预付账款	38	1702	累计摊销
8	1131	应收股利	39	1703	无形资产减值准备
9	1132	应收利息	40	1711	商誉
10	1221	其他应收款	41	1801	长期待摊费用
11	1231	坏账准备	42	1811	递延所得税资产
12	1321	代理业务资产	43	1901	待处理财产损溢
13	1401	材料采购			二、负债类
14	1402	在途物资	44	2001	短期借款
15	1403	原材料	45	2101	交易性金融负债
16	1404	材料成本差异	46	2201	应付票据
17	1405	库存商品	47	2202	应付账款
18	1406	发出商品	48	2203	预收账款
19	1407	商品进销差价	49	2211	应付职工薪酬
20	1408	委托加工物资	50	2221	应交税费
21	1411	周转材料	51	2231	应付利息
22	1471	存货跌价准备	52	2232	应付股利
23	1501	持有至到期投资	53	2241	其他应付款
24	1502	持有至到期投资减值准备	54	2314	代理业务负债
25	1503	可供出售金融资产	55	2401	递延收益
26	1511	长期股权投资	56	2501	长期借款
27	1512	长期股权投资减值准备	57	2502	应付债券
28	1521	投资性房地产	58	2701	长期应付款
29	1531	长期应收款	59	2702	未确认融资费用
30	1532	未实现融资收益	60	2711	专项应付款

续表

序号	编号	会计科目名称	序号	编号	会计科目名称
61	2801	预计负债	75	5301	研发支出
62	2901	递延所得税负债			六、损益类
		三、共同类	76	6001	主营业务收入
63	3101	衍生工具	77	6051	其他业务收入
64	3201	套期工具	78	6101	公允价值变动损益
65	3202	被套期项目	79	6111	投资收益
		四、所有者权益类	80	6301	营业外收入
66	4001	实收资本	81	6401	主营业务成本
67	4002	资本公积	82	6402	其他业务成本
68	4101	盈余公积	83	6403	营业税金及附加
69	4103	本年利润	84	6601	销售费用
70	4104	利润分配	85	6602	管理费用
71	4201	库存股	86	6603	财务费用
		五、成本类	87	6701	资产减值损失
72	5001	生产成本	88	6711	营业外支出
73	5101	制造费用	89	6801	所得税费用
74	5201	劳务成本	90	6901	以前年度损益调整

1.5 会计计量

企业在将符合确认条件的会计要素登记入账并列报于会计报表及其附注时，应当按照规定的会计计量属性进行计量，确定其金额。会计计量属性主要包括以下几项。

1.5.1 历史成本

在历史成本计量下，资产按照购置时支付的现金或者现金等价物的金额，或者按照购置资产时所付出的对价的公允价值计量。负债按照因承担现时义务而实际收到的款项或者资产的金额，或者承担现时义务的合同金额，或者按照日常活动中为偿还负债预期需要支付的现金或者现金等价物的金额计量。

1.5.2 重置成本

在重置成本计量下，资产按照现在购买相同或者相似资产所需支付的现金或者现金等价物的金额计量。负债按照现在偿付该项债务所需支付的现金或者现金等价物的金额计量。

1.5.3 可变现净值

在可变现净值计量下，资产按照其正常对外销售所能收到现金或者现金等价物的金额扣减该资产至完工时估计将要发生的成本、估计的销售费用以及相关税费后的金额计量。

1.5.4 现值

在现值计量下，资产按照预计从其持续使用和最终处置中所产生的未来净现金流入量的折现金额计量。负债按照预计期限内需要偿还的未来现金流出量的折现金额计量。

1.5.5 公允价值

在公允价值计量下，资产和负债按照在公平交易中，熟悉情况的交易双方自愿进行资产交换或者债务清偿的金额计量。

企业在对会计要素进行计量时，一般应当采用历史成本，采用重置成本、可变现净值、现值、公允价值计量的，应当保证所确定的会计要素金额能够取得并可靠计量。

本章练习题

一、单项选择题

1. 会计的基本职能是(　　)。

A. 预测和决策　　B. 计划和控制　　C. 核算和监督　　D. 考核和评价

2. 下列选项关于资产的叙述不正确的是(　　)。

A. 是过去的交易或事项形成的　　B. 由企业拥有或控制

C. 预期会给企业带来经济利益　　D. 必须能为企业带来经济利益的流入

3. 下列各项中，不属于反映企业财务状况的会计要素的是(　　)。

A. 所有者权益　　B. 负债　　C. 利润　　D. 资产

4. 下列各项资产中，企业不能够确认为资产的是(　　)。

A. 已经收到发票，但尚未到达企业的原材料

B. 经营租入的设备

C. 经营租出的设备

D. 预付的购货款

5. 下列各项收到的款项中，不属于"收入"的是(　　)。

A. 出租固定资产收到的租金　　B. 销售商品收取的增值税

C. 出售原材料收到的价款　　D. 提供劳务收入收到的价款

6. 根据负债的基本特征判断，下列不是负债的是(　　)。

A. 应付账款　　B. 预收账款　　C. 其他应付款　　D. 预付账款

二、多项选择题

1. 会计对象就是能用货币表现的各种经济活动，它的具体内容包括(　　)。

A. 资金投入　B. 资金运用　C. 资金退出　D. 资金运动

2. 下列各项中,属于会计职能的有(　　)。

A. 实施会计监督　B. 评价经营业绩　C. 预测经济前景　D. 进行会计核算

3. 下列各项,属于反映企业经营成果的会计要素有(　　)。

A. 收入　B. 费用　C. 长期待摊费用　D. 利润

4. 收入是日常活动中发生的,它可以表现为(　　)。

A. 资产的减少或负债的增加　B. 资产的增加或负债的减少

C. 所有者权益的增加或负债的减少　D. 所有者权益的增加和资产的增加

5. 下列各项中,能使企业负债总额减少的有(　　)。

A. 计提应付债券利息　B. 从银行借款偿还短期借款

C. 用银行存款偿还前期货款　D. 用银行存款缴纳增值税

三、判断题

1. 资产就是企业经济活动中形成的会给企业带来经济利益的资源。(　　)

2. 收入、费用和利润是体现企业的资金运动在某一会计期间处于相对运动状态的会计要素。(　　)

3. 因技术更新,没有使用价值的专利技术属于企业的资产。(　　)

4. 收入减去费用后的净额即为利润。(　　)

2

货币资金

学习目的与要求

1. 掌握库存现金管理的主要内容、库存现金核算和库存现金清查。
2. 掌握银行结算制度的主要内容、银行存款结算与核对。
3. 掌握其他货币资金的核算。

货币资金是企业资产的重要组成部分，是企业资产中流动性较强的一种资产。任何企业进行生产经营活动都必须拥有货币资金，持有货币资金是进行生产经营活动的基本条件。就会计核算而言，货币资金的核算并不复杂，但由于其高度的流动性，在组织会计核算过程中，加强货币资金的管理和控制是至关重要的。货币资金按其存放地点和用途的不同，可分为库存现金、银行存款及其他货币资金。

2.1 库存现金

2.1.1 库存现金的性质

库存现金是流动性最强的一种货币资金，可以随时用其购买所需物资、支付有关费用、偿还债务，也可以随时存入银行。企业的库存现金主要来源于从银行提取的备用金现款、不足转账结算起点的零星销售货款收入、职工归还的差旅费余款以及其他收入所得的现款等。

库存现金,包括人民币库存现金和外币库存现金,主要用于企业日常零星开支。

2.1.2 库存现金的管理规定

2.1.2.1 库存现金使用范围

企业必须按照国务院颁布的《库存现金管理暂行条例》及中国人民银行颁布的《库存现金管理实施办法》,在规定范围内收支库存现金,并接受开户银行的监督。

企业库存现金支付的范围主要包括:支付给职工个人的工资、奖金、补贴、个人劳务报酬等款项;根据国家规定颁发给个人的科学技术、文化技术、体育等各种奖金;各种劳保、福利费用及国家规定的对个人的其他支出;向个人收购农副产品及其他物资的款项等;出差人员必须随身携带的差旅费;银行转账起点金额(一般为1 000元)以下的零星开支和其他经中国人民银行确定需要付款的其他支出。

2.1.2.2 核定企业库存现金的限额

库存现金限额是指经银行核定的、企业日常可以保持的库存现金的最高额度。库存现金的核定原则上根据该企业3~5天的日常零星开支的需要来确定,边远地区和交通不发达的地区的库存现金限额可以适当地放宽,但最多不得超过15天的日常零星开支。库存现金限额由企业提出计划,报开户银行审核批准。经核定的库存现金限额,企业必须严格遵守。超过限额的库存现金要及时送存银行,库存现金库存不足限额需要补充时,必须签发现金支票,向银行提取现金。

2.1.2.3 其他规定

企业库存现金的收入支出和保管必须由财务部门的专人(出纳)负责,实行出纳人员与财会人员分工的内部控制制度;库存现金的收付必须有合法的原始凭证为依据;不准用不符合财务制度的凭证顶替库存现金,即不准"白条顶库";不能利用在银行中开立的科目为其他单位和个人套取库存现金;不能与其他企业、单位相互借用库存现金;严格执行库存现金收付审批制度;建立库存现金清查制度,及时记账并与库存现金核对,以保证库存现金的安全与完整;不得坐支现金,"坐支"是指用收入的现金直接支付支出,因情况特殊确需坐支的,应先报开户银行审查,由开户银行核定坐支范围和限额,坐支单位应定期将坐支金额和使用情况报送开户银行。

2.1.3 库存现金的内部控制

企业内部控制制度,是指企业管理者、职能部门、下属单位或机构及其人员之间处理各种业务活动时相互联系、相互制约的管理体系。内部控制制度是结合各单位内部管理的要求和特点建立的,因此各单位的内部管理制度不尽相同。

2.1.3.1 企业内部的现金出纳工作和会计工作必须合理分工,实行内部牵制制度

经管现金的出纳人员,不得监管收入、费用、债权、债务等账簿的登记工作以及会计稽核和会计档案保管工作。填制收付原始凭证或收据的与收付款职责应当分开;核对人员与收款和记录人员应当分开;管理现金收支人员与进行现金收支记录人员

应当分开。

2.1.3.2　建立现金事项的日常会计处理规程

指定专人负责收支现金，出纳人员必须根据会计人员审核无误的现金收付凭证办理收付现金业务。

2.1.3.3　超过限额的收支应使用支票，对库存现金收支实行经常性和突击性检查

2.1.3.4　严格执行库存现金清查盘点制度

不得以借条、欠条及其他不符合财务制度的单据抵充库存现金。库存现金收付应坚持日清月结，保证账款相符。

2.1.4　库存现金的核算

2.1.4.1　库存现金的核算

为了全面地反映企业库存现金的收支和结存情况，企业应设置"库存现金"科目对库存现金进行总分类核算。该科目属于资产类，借方登记库存现金增加额，贷方登记减少额，余额在借方，表示库存现金的结存数额。有外币现金收支业务的企业，应当按照人民币现金、外币现金的币种设置库存现金科目进行明细核算。

企业的一切库存现金收支，必须取得合法的原始凭证，作为收付款的书面证明。这些原始凭证主要包括送款单、支票存根、收据、发票、借款单等。对于库存现金收支的一切原始凭证，都要由会计主管人员或由其指定的专人进行认真的审核。

库存现金收付的原始凭证经过审核无误后，即可据此填制库存现金收付款记账凭证，并办理库存现金收付业务。办理完库存现金收付业务后，出纳人员应在原始凭证上加盖"收讫"和"付讫"章，表示款项已经收付，避免重收、重付，或漏收漏付。

经过审核以后的收付款记账凭证，即可据以登记账簿。在实际工作中，经常发生库存现金与银行存款之间的收付业务，一般只按收付业务的贷方科目填制付款凭证，据以记账。如从银行提取现金，只编制银行存款付款凭证，作为记账依据。

2.1.4.2　现金日记账的设置和登记

为了如实反映企业库存现金的收付和结存情况，企业必须设置"现金日记账"。现金日记账是一种逐日、逐笔反映和监督库存现金收付结存情况的序时账簿。现金日记账采用订本式账簿，账簿启用后，账页应按顺序编号，以防任意抽换和撕毁。

现金日记账一般采用收、付、余三栏式，它是由出纳人员根据审核无误的库存现金收、付款凭证和从银行提取库存现金时填制的银行付款凭证，按照业务发生的先后顺序逐日逐笔登记。每日终了，应计算出当日库存现金收入合计数，并结出余额与实际库存现金核对，做到账实相符。

为了总括反映和监督企业库存现金收支结存情况，企业应设置库存现金总分类账，由不从事出纳工作的会计人员负责登记，账页的格式可采用"三栏式"。月终，"现金日记账"的余额应与"库存现金"总账的余额核对相符。有外币库存现金的企业，应分别按人民币现金、外币现金设置"现金日记账"进行明细分类核算。

企业内部有关部门周转使用备用金的业务，通过"其他应收款"或单独设"备用

金”科目进行核算。单独设置“备用金”科目的企业，由企业财务部门单独拨给企业内部各单位周转使用的备用金，借记“备用金”科目，贷记“库存现金”或“银行存款”科目。自备用金中支付零星开支，应根据有关的支出凭证，定期编制备用金报销清单，财务部门根据内部各单位提供的备用金报销清单，定期补足备用金，借记“管理费用”等科目，贷记“库存现金”或“银行存款”科目。除了增加或减少拨入的备用金外，使用或报销有关备用金支出时不再通过“备用金”科目核算。

2.1.4.3 *库存现金业务核算举例*

【例 2-1】 将库存现金 3 000 元存入银行，会计分录如下：

借：银行存款	3 000	
贷：库存现金		3 000

【例 2-2】 职工张玉出差，预借旅差费 1 000 元，会计分录如下：

借：其他应收款—张玉	1 000	
贷：库存现金		1 000

【例 2-3】 张玉出差回来，报销差旅费 850 元，余款交回，会计分录如下：

借：管理费用	850	
库存现金	150	
贷：其他应收款—张玉		1 000

【例 2-4】 向银行提取现金 20 000 元，备发工资，会计分录如下：

借：库存现金	20 000	
贷：银行存款		20 000

【例 2-5】 购买办公用品 400 元，会计分录如下：

借：管理费用—办公用品	400	
贷：库存现金		400

【例 2-6】 销售产品取得现金收入 1 000 元，增值税额 170 元，会计分录如下：

借：库存现金	1 170	
贷：主营业务收入		1 000
应交税费—应交增值税(销项税额)		170

2.1.5 库存现金的清查

为保证库存现金的安全完整，每日终了出纳人员都应采取实地盘点的方式对其进行清点，并与账面余额进行核对，每月末同样还应进行清查，做到日清月结，以保证账实相符。

库存现金清查的方法可采用实地盘点法。即通过对库存现金进行盘点确定实有数，并将库存现金实有数与现金日记账的余额进行核对，进而查明账实是否相等。并应根据库存现金盘点的结果，填写“现金盘点报告表”同时由盘点人员和出纳人员共同签名并盖章。“现金盘点报告表”是进行现金清查结果处理的重要的原始凭证。

清查中若发现有现金溢余(实际库存大于账面数)或短缺(实际库存小于账面

数)等情况,应及时查明原因,并做相应处理。对企业发生的现金溢余和短缺,要通过“待处理财产损溢”科目进行核算,该科目借方登记企业发现的现金短缺和批准处理后盘盈的转销数,贷方登记企业发生的现金溢余和批准处理后盘亏的转销数。该类业务处理过程如下。

若短缺是因责任人造成,应及时追偿或追缴收回,借记“其他应收款—应收库存现金短款”或“库存现金”等科目,贷记“待处理财产损溢—待处理流动资产损溢”科目;若属于应该由保险公司赔偿的部分,借记“其他应收款—应收保险公司赔款”科目,贷记“待处理财产损溢—待处理流动资产损溢”科目;若是原因确实不详或被盗无法追回以及意外灾害造成的,应尽快报请有关领导批准后处理借记“管理费用—库存现金短款”科目,贷记“待处理财产损溢—待处理流动资产损溢”科目。

若为现金溢余,属于应支付给有关人员或单位的,应借记“待处理财产损溢—待处理流动资产损溢”科目贷记“其他应付款—应付库存现金溢余(个人或单位科目)”;若是无法查明原因的溢余,经批准后,借记“待处理财产损溢—待处理流动资产损溢”科目,贷记“营业外收入—库存现金溢余”科目。

2.1.5.1 现金短缺的会计处理

【例 2-7】 结账时,出纳人员经盘点发现库存现金减少 30 元,经查原因不明。

审批前应做如下会计处理:

借:待处理财产损溢—待处理流动资产损溢 30

贷:库存现金 30

经领导批准后作管理费用处理:

借:管理费用 30

贷:待处理财产损溢—待处理流动资产损溢 30

如库存现金短缺有属于应由责任人赔偿的部分,则借记“其他应收款”

2.1.5.2 现金溢余的会计处理

【例 2-8】 公司出纳人员在业务终了时发现库存现金溢余 20 元。

审批前应做如下会计处理:

借:库存现金 20

贷:待处理财产损溢—待处理流动资产损溢 20

经查,该 20 元属于应支付给某单位或个人的,则作如下处理:

借:待处理财产损溢—待处理流动资产损溢 20

贷:其他应付款—某单位(个人) 20

2.2 银行存款

银行存款就是企业存放在银行或其他金融机构的货币资金,按照国家的规定,凡是独立核算的单位都必须在当地银行开设科目。企业在银行开设科目以后,除按规定限额保留库存现金以外，超过限额的库存现金必须存入银行；除了在规定的范围内可以用库存现金直接支付的款项外，在经营过程中所发生的一切货币收支业务，都必须通过银行存款科目进行核算。

2.2.1 银行结算的种类

根据中国人民银行有关支付结算办法规定，目前企业发生的货币资金收付业务可以采用以下几种方式，通过银行办理转账结算。

2.2.1.1 银行汇票

银行汇票是汇款人将款项交存当地出票银行，经出票银行签发的，由其在见票时，按照实际结算金额无条件支付给收款人或持票人的票据。银行汇票具有使用灵活、票随人到、兑现性强等特点，适用于先收款后发货或钱货两清的商品交易。单位和个人各种款项结算，均可使用银行汇票。

银行汇票可以用于转账，填明"现金"字样的银行汇票也可以用于支取现金。银行汇票的提示付款期限为自出票日起1个月。超过提示付款期限向代理付款银行提示付款不获付款的，持票人须在票据权利时效内向出票银行作出说明，并提供本人身份证件或单位证明，持银行汇票和解讫通知向出票银行请求付款。

企业支付购货款等款项时，应向出票银行填写"银行汇票申请书"，填明收款人名称、支付金额、申请人、申请日期等事项并签章，签章为其预留银行的印鉴。银行受理银行汇票申请书，收妥款项后签发银行汇票，并用压数机压印出票金额，然后将银行汇票和解讫通知一并交给汇款人。

申请人取得银行汇票后即可持银行汇票向填明的收款单位办理结算。银行汇票的收款人可以将银行汇票背书转让给他人。背书转让以不超过出票金额的实际结算金额为限，未填写实际结算金额或实际结算金额超过出票金额的银行汇票不得背书转让。

收款企业在收到付款单位送来的银行汇票时，应在出票金额以内，根据实际需要的款项办理结算，并将实际结算金额和多余金额准确、清晰地填入银行汇票和解讫通知的有关栏内，银行汇票的实际结算金额低于出票金额的，其多余金额由出票银行退交申请人。收款企业还应填写进账单并在汇票背面"持票人向银行提示付款签章"处签章，签章应与预留银行的印鉴相同，然后，将银行汇票和解讫通知、进账单一并交开户银行办理结算，银行审核无误后，办理转账。

2.2.1.2 银行本票

银行本票是银行签发的，承诺自己在见票时无条件支付确定的金额给收款人或者持票人的票据。

银行本票由银行签发并保证兑付，而且见票即付，具有信誉高、支付功能强等特点。用银行本票购买材料物资，销货方可以见票付货，购货方可以凭票提货；债权债务双方可以凭票清偿；收款人将本票交存银行，银行即可为其入账。无论单位或个人，在同一票据交换区域支付各种款项，都可以使用银行本票。银行本票分定额本票和不定额本票。定额本票面值分别为 1 000 元、5 000 元、10 000 元和 50 000 元。在票面划去转账字样的，为现金本票。

银行本票的付款期限为自出票日起最长不超过 2 个月，在付款期内银行本票见票即付。超过提示付款期限不获付款的，在票据权利时效内向出票银行作出说明，并提供本人身份证或单位证明，可持银行本票向银行请求付款。

企业支付购货款等款项时，应向银行提交“银行本票申请书”，填明收款人名称、申请人名称、支付金额、申请日期等事项并签章。申请人或收款人为单位的，银行不予签发库存现金银行本票。出票银行受理银行本票申请书后，收妥款项签发银行本票。不定额银行本票用压数机压印出票金额，出票银行在银行本票上签章后交给申请人。

申请人取得银行本票后，即可向填明的收款单位办理结算。收款单位可以根据需要在票据交换区域内背书转让银行本票。

收款企业在收到银行本票时，应该在提示付款时在本票背面“持票人向银行提示付款签章”处加盖预留银行印鉴，同时填写进账单，连同银行本票一并交开户银行转账。

2.2.1.3 商业汇票

商业汇票是出票人签发的，委托付款人在指定日期无条件支付确定的金额给收款人或者持票人的票据。在银行开立存款科目的法人以及其他组织之间须具有真实的交易关系或债权债务关系，才能使用商业汇票。商业汇票的付款期限由交易双方确定，但最长不得超过 6 个月。商业汇票的提示付款期限自汇票到期日起 10 日内。

存款人领购商业汇票，必须填写“票据和结算凭证领用单”并加盖预留银行印鉴，存款科目结清时，必须将剩余的空白商业汇票全部交回银行注销。

商业汇票可以由付款人签发并承兑，也可以由收款人签发交由付款人承兑。定日付款或者出票后定期付款的商业汇票，持票人应当在汇票到期日前向付款人提示承兑；见票后定期付款的汇票，持票人应当自出票日起 1 个月内向付款人提示承兑。汇票未按规定期限提示承兑的，持票人丧失对其前手的追索权。付款人应当自收到提示承兑的汇票之日起 3 日内承兑或者拒绝承兑的，必须出具拒绝承兑的证明。

商业汇票可以背书转让。符合条件的商业承兑汇票的持票人可持未到期的商业承兑汇票连同贴现凭证，向银行申请贴现。

商业汇票按承兑人不同分为商业承兑汇票和银行承兑汇票两种。

1. 商业承兑汇票

商业承兑汇票是由银行以外的付款人承兑。商业承兑汇票按交易双方约定，由销货企业或购货企业签发，但由购货企业承兑。承兑时，购货企业应在汇票正面记载“承兑”字样和承兑日期并签章。承兑不得附有条件，否则视为拒绝承兑。汇票到期时，购货企业的开户银行凭票将票款划给销货企业或贴现银行。销货企业应在提示付款期限内通过开户银行委托收款或直接向付款人提示付款。对异地委托收款的，销货企业可匡算邮程，提前通过开户银行委托收款。汇票到期时，如果购货企业的存款不足支付票款，开户银行应将汇票退还持票人，银行不负责付款，由购销双方自行处理。

2. 银行承兑汇票

银行承兑汇票由银行承兑，由在承兑银行开立存款账户的存款人签发。承兑银行按票面金额向出票人收取万分之五的手续费。

购货企业应于汇票到期前将票款足额交存其开户银行，以备由承兑银行在汇票到期日或到期日后的见票当日支付票款。销货企业应在汇票到期时将汇票连同进账单送交开户银行以便转账收款。承兑银行凭汇票将承兑款项无条件转给销货企业，如果购货企业于汇票到期日未能足额交存票款时，承兑银行除凭票向持票人无条件付款外，对出票人尚未支付的汇票金额按照每天万分之五计收罚息。

采用商业汇票结算方式，可以使企业之间的债权债务关系表现为外在的票据，使商业信用票据化，加强约束力，有利于维护和发展社会主义市场经济。对于购货企业来说，由于可以延期付款，可以在资金暂时不足的情况下及时购进材料物资，保证生产经营顺利进行。对于销货企业来说，可以疏通商品渠道，扩大销售，促进生产。汇票经过承兑，信用较高，可以按期收回货款，防止拖欠，在急需资金时，还可以向银行申请贴现，融通资金，比较灵活。销货企业应根据购货企业的资金和信用情况不同，选用商业承兑汇票或银行承兑汇票；购货企业应加强资金的计划管理，调度好货币资金，在汇票到期以前，将票款送存开户银行，保证按期承付。

2.2.1.4 支票

支票是单位或个人签发的，委托办理支票存款业务的银行在见票时无条件支付确定的金额给收款人或者持票人的票据。

支票结算方式是同城结算中应用比较广泛的一种结算方式：单位和个人在同一票据交换区域的各种款项结算，均可以使用支票。支票由银行统一印制，支票上印有“现金”字样的为现金支票。支票上印有“转账”字样的为转账支票，转账支票只能用于转账。未印有“现金”或“转账”字样的为普通支票，普通支票可以用于支取现金，也可以用于转账。在普通支票左上角划两条平行线的，为划线支票，划线支票只能用于转账，不得支取现金。

支票提示付款期限为自出票日起 10 日内，中国人民银行另有规定的除外。超过提示付款期限的，持票人开户银行不予受理，付款人不予付款。转账支票可以根据需要在票据交换区域内背书转让。

存款人领购支票，必须填写“票据和结算凭证领用单”并加盖预留银行印鉴。存款科目结清时，必须将剩余的空白支票全部交回银行注销。

企业财会部门在签发支票之前，出纳人员应该认真查明银行存款的账面结余数额，防止签发超过存款余额的空头支票。签发空头支票，银行除退票外，还按票面金额处以 5% 但不低于 1 000 元的罚款。持票人有权要求出票人赔偿支票金额 2% 的赔偿金。签发支票时，应使用蓝黑墨水或碳素墨水，将支票上的各要素填写齐全，并在支票上加盖其预留银行印鉴。出票人预留银行的印鉴是银行审核支票付款的依据。银行也可以与出票人约定使用支付密码作为银行审核支付支票金额的条件。

2.2.1.5 信用卡

信用卡是指商业银行向个人和单位发行的，凭以向特约单位购物、消费和向银行存取库存现金，且具有消费信用的特制载体卡片。

信用卡按使用对象分为单位卡和个人卡；按信誉等级分为金卡和普通卡。

凡在中国境内金融机构开立基本存款账户的单位可申领单位卡。单位卡可申领若干张，持卡人资格由申领单位法定代表人或其委托的代理人书面指定和注销，持卡人不得出租或转借信用卡。单位卡账户的资金一律从其基本存款账户转账存入，在使用过程中，需要向其账户续存资金的，也一律从其基本存款账户转账存入，不得交存现金，不得将销货收入的款项存入其科目。单位卡一律不得用于10万元以上的商品交易、劳务供应款项的结算，不得支取库存现金。

信用卡在规定的限额和期限内允许善意透支。透支期限最长为60天。透支利息，自签单日或银行记账日起15日内按日息万分之五计算，超过15日按日息万分之十计算，超过30日或透支金额超过规定限额的，按日息万分之十五计算。透支计算不分段，按最后期限或者最高透支额的最高利率档次计息。超过规定限额或规定期限，并且经发卡银行催收无效的透支行为称为恶意透支，持卡人使用信用卡不得恶意透支。严禁将单位的款项存入个人卡科目中。

单位或个人申领信用卡，应按规定填制申请表，连同有关资料一并送交发卡银行。符合条件并按银行要求交存一定金额的备用金后，银行为申领人开立信用卡存款科目，并发给信用卡。

2.2.1.6 汇兑

汇兑是汇款人委托银行将其款项支付给收款人的结算方式。单位和个人的各种款项的结算，均可使用汇兑结算方式。

汇兑分为信汇、电汇两种。信汇是指汇款人委托银行通过邮寄方式将款项划转给收款人。电汇是指汇款人委托银行通过电报将款项划给收款人。这两种汇兑方式由汇款人根据需要选择使用。汇兑结算方式适用于异地之间的各种款项结算。这种结算方式划拨款项简便、灵活。

企业采用这一结算方式，付款单位汇出款项时，应填写银行印发的汇款凭证，列明收款单位名称、汇款金额及汇款的用途等项目，送达开户银行，委托银行将款项汇往收汇银行。收汇银行将汇款收进单位存款户后，向收款单位发出收款通知。

2.2.1.7 委托收款

委托收款是收款人委托银行向付款人收取款项的结算方式。无论单位还是个人都可凭已承兑商业汇票、债券、存单等付款人债务证明办理款项收取同城或异地款项。委托收款还适用于收取电费、电话费等付款人众多、分散的公用事业费等有关款项。

委托收款结算款项划回的方式分为邮寄和电报两种。

企业委托开户银行收款时,应填写银行印制的委托收款凭证和有关的债务证明。在委托收款凭证中写明付款单位的名称、收款单位名称、账号及开户银行,委托收款金额的大小写,款项内容,委托收款凭据名称及附寄单证张数等。企业的开户银行受理委托收款后,将委托收款凭证寄交付款单位开户银行,由付款单位开户银行审核,并通知付款单位。

付款单位收到银行交给的委托收款凭证及债务证明,应签收并在3天之内审查债务证明是否真实,是否是本单位的债务,确认之后通知银行付款。

付款单位应在收到委托收款的通知次日起3日内,主动通知银行是否付款。如果不通知银行,银行视同企业同意付款,并在第4日从单位账户中付出此笔委托收款款项。

付款人在3日内审查有关债务证明后,认为债务证明或与此有关的事项符合拒绝付款的规定,应出具拒绝付款理由书和委托收款凭证第五联及持有的债务证明,向银行提出拒绝付款。

2.2.1.8 托收承付

托收承付是根据购销合同由收款人发货后委托银行向异地付款人收取款项,由付款人向银行承认付款的结算方式。使用托收承付结算方式的收款单位和付款单位,必须是国有企业、供销合作社以及经营管理较好,并经开户银行审查同意的城乡集体所有制工业企业。办理托收承付结算的款项,必须是商品交易,以及因商品交易而产生的劳务供应的款项。代销、寄销、赊销商品的款项,不得办理托收承付结算。

托收承付款项划回方式分为邮寄和电报两种,由收款人根据需要选择使用,收款单位办理托收承付,必须具有商品发出的证件或其他证明。托收承付结算每笔的金额起点为10 000元。新华书店系统每笔金额起点为1 000元。

采用托收承付结算方式时,购销双方必须签有符合《中华人民共和国合同法》的购销合同,并在合同上写明使用托收承付结算方式。销货企业按照购销合同发货后,填写托收承付凭证,盖章后连同发运证件(包括铁路、航运、公路等运输部门签发运单、运单副本和邮局包裹回执)或其他符合托收承付结算的有关证明和交易单、证送交开户银行办理托收手续。

销货企业开户银行接受委托后,将托收结算凭证回联退给企业,作为企业进行账务处理的依据,并将其他结算凭证寄往购货单位开户银行,由购货单位开户银行通知购货单位承认付款。

购货企业收到托收承付结算凭证和所附单据后,应立即审核是否符合订货合同的规定。按照《支付结算办法》的规定,承付货款分为验单付款与验货付款两种,这在双方签订合同时约定。验单付款是购货企业根据经济合同对银行转来的托收结算凭证、发票账单、托运单及代垫运杂费等单据进行审查无误后,即可承认付款。为了便于购货企业对凭证的审核和筹措资金，结算办法规定承付期为3天，从付款人开户银行发出承付通知的次日算起（承付期内遇法定休假日顺延）。购货企业在承付期内，未向银行表示拒绝付款，银行即视作承付，并在承付期满的次日（法定休假日顺延）上午银行开始营业时，将款项主动从付款人的科目内付出，按照销货企业指定的划款方式，划给销货企业。验货付款是购货企业待货物运达企业，对其进行检验与合同完全相符后才承认付款。为了满足购货企业组织验货的需要，结算办法规定承付期为10天，从运输部门向购货企业发出提货通知的次日算起。承付期内购货企业未表示拒绝付款的，银行视为同意承付，于10天期满的次日上午银行开始营业时，将款项划给收款人。为满足购货企业组织验货的需要，对收付双方在合同中明确规定，并在托收凭证上注明验货付款期限的，银行从其规定。

对于下列情况，付款人可以在承付期内向银行提出全部或部分拒绝付款：①没有签订购销合同或购销合同未写明托收承付结算方式的款项；②未经双方事先达成协议，收款人提前交货或因逾期交货付款人不再需要该项货物的款项；③未按合同规定的到货地址发货的款项；④代销、寄销、赊销商品的款项；⑤验单付款，发现所列货物的品种、规格、数量、价格与合同规定不符，或货物已到，经查验货物与合同规定或发货清单不符的款项；⑥验货付款，经查验货物与合同规定或发货清单不符的款项；⑦货款已经支付或计算错误的款项。

不属于上述情况，购货企业不得提出拒付。

购货企业提出拒绝付款时，必须填写“拒绝付款理由书”，注明拒绝付款理由，涉及合同的应引证合同上的有关条款。属于商品质量问题，需要提出质量问题的证明及其有关数量的记录；属于外贸部门进口商品，应当提拱国家商品检验或运输部门出具的证明，向开户银行办理拒付手续。

银行同意部分或全部拒绝付款的，应在拒绝付款理由书上签注意见，并将拒绝付款理由书、拒付证明、拒付商品清单和有关单证邮寄收款人开户银行转交销货企业。

付款人开户银行对付款人逾期支付的款项，根据逾期付款金额和逾期天数，按每天万分之五计算逾期付款赔偿金。逾期付款天数从承付期满日算起。银行审查拒绝付款期间不算作付款人逾期付款，但对无理的拒绝付款而增加银行审查时间的，从承付期满日起计算逾期付款赔偿金。赔偿金实行定期扣付，每月计算一次，于次月3日内单独划给收款人。赔偿金的扣付列为企业销货收入扣款顺序的首位。付款人科目余额不足支付时，应排列在工资之前，并对该科目采取“只收不付”的控制办法，直至足额扣付赔偿金后才准予办理其他款项的支付，由此产生的经济后果由付款人自负。

2.2.1.9 信用证

信用证结算方式是国际结算的一种主要方式。经中国人民银行批准经营结算业务的商业银行总行以及经商业银行总行批准开办信用证结算业务的分支机构，也可以办理国内企业之间商品交易的信用证结算业务。

采用信用证结算方式的，收款单位收到信用证后，即备货装运，签发有关发票账单,连同运输单据和信用证,送交银行,根据退还的信用证等有关凭证编制收款凭证;付款单位在接到开证行的通知时,根据付款的有关单据编制付款凭证。

2.2.2 银行存款账户的管理规定

每个独立核算的企业,都应根据业务的需要在当地银行开设账户,进行各种银行存款收支转账业务的结算。企业的银行存款账户分为基本存款账户、一般存款账户、临时存款账户和专用存款账户四类。

基本存款账户,主要用于办理日常的转账结算和库存现金收付,企业的工资、奖金等库存现金的支取,只能通过该账户办理。一个企业只能在一家银行的一个营业机构开立基本存款账户,不得在多家银行机构开立基本存款账户。

一般存款账户是企业在基本存款账户以外的银行借款转存,与基本存款账户的企业不在同一地点的附属非独立核算单位的账户。企业可以通过本账户办理转账结算和现金缴存,但不能办理现金支取。企业不得在同一家银行的几个分支机构开立一般存款账户。

临时存款账户是企业因临时经营活动需要开立的账户,企业可以通过本账户办理转账结算和根据国家现金管理规定办理现金收付。

专用存款账户是企业因特定用途需要开立的账户。

企业的存款账户只能办理自身的业务活动,企业不得为还贷、还债和套取库存现金而多头开立基本存款账户;不得出租、出借账户;不得违反规定为在异地存款和贷款而开立账户。

2.2.3 银行存款的核算

银行存款是通过"银行存款"科目进行总分类核算的。"银行存款"是资产类科目,借方登记银行存款增加额,贷方登记减少额,余额在借方,表示银行存款的结存数额。在不同的结算方式下,企业应当根据有关的原始凭证编制银行存款的收付款凭证,并进行相应的账务处理。为了如实反映货币资金收支变化,随时掌握企业可用资金的支付能力,企业还必须设置银行存款日记账。如有外币核算的企业,还应根据币种设置银行存款的明细账进行核算。

银行存款日记账应采用订本式账簿,一般是三栏式账页。银行存款日记账由出纳人员根据银行存款收、付凭证和现金存入银行时的现金付款凭证,按业务发生的先后,逐日逐笔连续顺序登记。每日终了应结出余额,月末结出本月收入、付出合计数和月末结存数,并与银行对账单核对相符。企业涉及银行存款的经济业务的核算举例说明如下。

【例 2-9】 某公司签发转账支票一张,共计 5 850 元,用于支付购买材料款,原材料买价 5 000 元,增值税进项税额 850 元。会计分录如下:

借:材料采购	5 000
应交税费—应交增值税(进项税额)	850

贷:银行存款　　5 850

【例2-10】 某公司销售甲产品一批,开出增值税专用发票,其中销货金额10 000元,应交增值税1 700元,货已发出。收到对方开出的11 700元转账支票一张,送存银行。会计分录如下:

借:银行存款　　11 700
　　贷:主营业务收入　　10 000
　　　　应交税费—应交增值税(销项税额)　　1 700

【例2-11】 某公司收到银行入账通知,取得长期借款300 000元,会计分录如下:

借:银行存款　　300 000
　　贷:长期借款　　300 000

【例2-12】 某公司将现金2 000元送存银行,会计分录如下:

借:银行存款　　2 000
　　贷:库存现金　　2 000

2.2.4 银行存款的核对

在实际工作中企业的银行存款收付比较频繁,企业银行存款日记账的记录与银行账面上反映的企业银行存款余额很可能不一致。这是因为两方面原因:一方面可能是企业或者银行有可能发生记账差错,另一方面是存在未达账项。为了加强对银行存款的管理与监督,企业的银行存款日记账应经常与银行对账单核对,一般每月核对一次,以做到账实相符,防止发生舞弊或差错。

企业与银行对账的方法是:将银行送来的银行存款对账单与企业的银行存款日记账逐笔进行核对。在核对过程中,若发现本单位记账错误,应按照错账更正的方法予以更正;若是银行送来的对账单有误,应通知银行予以更正;若是存在"未达账项",应通过编制"银行存款余额调节表"进行调节,使双方金额相等。

未达账项是指企业与银行之间,由于结算凭证在传递和入账时间上有先有后,而造成一方已登记入账,另一方尚未登记入账的款项。未达账项通常有下列4种情况。

(1)银行已收款入账,企业尚未收款入账的款项。

(2)银行已付款入账,企业尚未付款入账的款项。

(3)企业已收款入账,而银行尚未收款入账的款项。

(4)企业已付款入账,而银行尚未付款入账的款项。

【例2-13】 某企业9月份银行存款日记账的收支业务已与银行对账单核对。9月30日银行对账单余额为148 000元,银行存款日记账为112 000元,核对后发现下列不符情况。

(1)9月28日,银行对账单上收到外地汇款20 000元,但企业尚未收到收款通知。

(2)9月29日,银行对账单付出16 000元,但企业尚未接到付款通知。

(3)9 月 30 日,银行存款日记账上收到转账支票 4 000 元,但银行对账单上无此记录

(4)9 月 30 日,银行存款日记账签发转账支票 36 000 元,持票人尚未到银行办理转账手续。

根据以上未达账项,编制"银行存款作额调节表",见表 2-1。

表 2-1 银行存款余额调节表

20×0 年 9 月 30 日　　单位:元

企业账项	金额	银行账项	金额
企业银行存款账户余额	112 000	银行对账单余额	148 000
加:银行已收企业未收	20 000	加:企业已收银行未收	4 000
减:银行已付企业未付	16 000	减:企业已付银行未收	36 000
调整后的余额	116 000	调整后的余额	116 000

经过调节后二者的金额一致,说明双方记账无差错,待有关记账凭证到达各方登记后,账面金额自然相等,不必进行任何处理。调整后的银行存款余额 116 000 元,是企业可以动用的银行存款余额。

需要注意的是:银行存款余额调节表只是起调节未达账项、检查有无差错的作用,不能据此作为记账依据。

2.3 其他货币资金

企业的经营资金中,有些货币资金的存款地点和用途与库存现金和银行存款不同,如外埠存款、银行本票存款、银行汇票存款、在途货币资金、信用证保证金存款、信用卡存款、存出投资款等,这些资金已具有一定的用途,基本上处于待支付或待结算的状态,在会计核算上统称为"其他货币资金"。

企业为反映这部分资金的增减变化及结存情况,设置"其他货币资金"科目进行总分类核算。该科目属于资产类,借方登记增加额,贷方登记减少额,余额在借方,表示结存数额。在"其他货币资金"总账下,按种类分设"外埠存款"、"银行汇票"、"在途货币资金"、"信用证"、"银行本票"、"信用卡"、"存出投资款"等明细分类科目进行明细核算。

2.3.1 外埠存款

外埠存款是指企业到外地进行临时或零星采购时,汇往采购地银行开立采购专户的款项。

企业汇出款项时,须填写汇款委托书,加盖"采购资金"字样。汇入银行对汇入

的采购款项，以汇款单位名义开立临时采购账户。该账户的存款不计利息，只付不收，付完清户，除采购员可以支取少量现金外，一律转账结算。

【例2-14】 某公司将100 000元汇往外地银行开立采购专户用于采购材料。对此业务，企业财务部门作如下会计处理：

借：其他货币资金—外埠存款　　100 000

　　贷：银行存款　　100 000

采购员采购完成后，交来采购材料的发票账单，包括材料价款60 000元，增值税10 200元以及银行退回多余款项。此时，财务部门作如下会计处理：

借：原材料　　60 000

　　应交税费—增值税—(进项税额)　　10 200

　　贷：其他货币资金—外埠存款　　70 200

借：银行存款　　29 800

　　贷：其他货币资金—外埠存款　　29 800

2.3.2 银行汇票存款

银行汇票存款是指企业为取得银行汇票，按规定存入银行的款项。企业取得汇票后，根据银行盖章的委托存根联，借记"其他货币资金—银行汇票"科目；贷记"银行存款"科目。

【例2-15】 某公司因经营需要，欲往外地购买生产设备，为此，存入银行人民币200 000元并申请签发银行汇票一张带往江苏。对此业务，企业财务部门根据银行汇票委托书存根及银行签发的汇票作如下会计处理：

借：其他货币资金—银行汇票　　200 000

　　贷：银行存款　　200 000

采购完成后，以银行汇票支付设备价款198 000元，银行退回多余款项。此时，财务部门作如下会计处理：

借：固定资产　　198 000

　　银行存款　　2 000

　　贷：其他货币资金—银行汇票　　200 000

2.3.3 银行本票存款

银行本票存款是指企业为取得银行本票，按规定存入银行的款项。

【例2-16】 某企业向银行提交"银行本票申请书"取得银行本票一张，金额5 000元，财务部门作如下处理：

借：基他货币资金—银行本票　　5 000

　　贷：银行存款　　5 000

用银行本票购入原材料，材料价款3 000元，增值税510元，余款1 490元由对方单位用现金结清，财务部门作如下处理：

借:原材料　　3 000
　应交税费—增值税(进项税额)　　510
　库存现金　　1 490
　贷:其他货币资金—银行本票　　5 000

2.3.4 信用卡存款

信用卡存款是指企业为取得信用卡按规定存入银行的款项。企业的信用卡存款一律从基本账户转账存入,持卡人可持信用卡在特约单位购货、消费,但不得支取现金。

【例2-17】 某企业将30 000元转账支票送交银行,办理信用卡一张,会计分录为:

借:其他货币资金—信用卡存款　　30 000
　贷:银行存款　　30 000

企业用信用卡购货和支付费用共28 000元。根据银行转来的付款凭证及所附发票账单,经核对无误后,编制会计分录如下:

借:管理费用　　28 000
　贷:其他货币资金—信用卡存款　　28 000

2.3.5 信用证保证金存款

信用证保证金存款是指采用信用证结算方式的企业为开具信用证而存入银行信用证保证金专户的款项。

【例2-18】 某企业要求银行对境外供货单位开出信用证100 000元,根据银行盖章退回的"信用证委托书"回单,会计分录为:

借:其他货币资金—信用证保证金存款　　100 000
　贷:银行存款　　100 000

企业收到境外供货单位发来的材料及银行转来的信用证结算凭证及所附发票账单,共计支付款项93 600元,其中价款80 000元,增值税13 600元。余款6 400元已退回企业开户银行。编制会计分录如下:

借:原材料　　80 000
　应交税费—增值税(进项税额)　　13 600
　贷:其他货币资金—信用证保证金存款　　93 600
借:银行存款　　6 400
　贷:其他货币资金—信用证保证金存款　　6 400

2.3.6 存出投资款

存出投资款是指企业已存入证券公司但尚未进行短期投资的现金。

【例2-19】 某企业向证券公司存入资金200 000元,10天后用该存款购买股票180 000元。编制会计分录如下。

(1)存入证券公司款项时：

借:其他货币资金—存出投资款　　200 000

　贷:银行存款　　200 000

(2)购买股票时：

借:交易性金融资产　　180 000

　贷:其他货币资金—存出投资款　　180 000

本章练习题

一、单项选择题

1. 下列可以用现金支付的是(　　)。

A. 购入固定资产,支付价款 50 000 元

B. 偿还所欠债务,金额 2 000 元

C. 向一般纳税企业购入原材料,支付价款 4 000 元

D. 职工甲的工资 3 600 元

2. 下列违反现金管理制度的选项是(　　)。

A. 企业以现金支付各种劳保支出和福利费

B. 核定后的库存现金限额,开户单位应当严格遵守,超出部分应于当日终了前存入银行

C. 未经批准,企业从现金收入中直接支付现金支出

D. 出纳人员根据收付款凭证登记现金日记账

3. 经过"银行存款余额调节表"调整后的银行存款余额为(　　)。

A. 企业可动用的银行存款余额

B. 银行账上的企业存款余额

C. 企业账上的银行存款余额

D. 企业应在会计报表中反映的银行存款余额

4. 某企业持有一张 2010 年 11 月 30 号签发的票据,为 3 个月的商业汇票,商业汇票到期日是 2011 年(　　)。

A. 2 月 28 号　　B. 2 月 29 号　　C. 3 月 1 号　　D. 3 月 2 号

5. 作为企业的辅助结算账户,用于借款转存、借款归还和其他结算的资金收付的办理的账户是(　　)。

A. 基本存款账户　B. 一般存款账户　C. 专用存款账户　D. 临时存款账户

6. 下列关于企业现金清查说法错误的是(　　)。

A. 现金清查一般采用实地盘点法

B. 对于现金清查结果,应编制现金盘点报告单,并由出纳人员和盘点人员签字盖章

C. 对于超限额留存的现金应及时送存银行

D. 清查小组清查时,出纳人员可以不在场

7. 下列各项,会导致银行存款日记账余额低于对应日期银行对账单余额的是(　　)。

A. 企业已收款入账,银行尚未收款入账

B. 企业已付款入账,银行尚未付款入账

C. 银行已付款入账,企业尚未付款入账

D. 企业误将存款 5 290 元记录为 5 920 元,但银行未错

8. 下列各项,通过“其他货币资金”科目核算的是(　　)。

A. 银行支票存款　　B. 银行本票存款

C. 出差人员的差旅费　　D. 备用金

9. 根据《支付结算办法》规定,支票的提示付款期限为(　　)。

A. 自出票日起 10 日　　B. 自出票日起 1 个月

C. 自出票日起 2 个月　　D. 自出票日起 6 个月

10. 企业现金清查中,发现库存现金较账面余额短缺 200 元,在未查明原因前,应借记的会计科目是(　　)。

A. 营业外支出　　B. 待处理财产损溢

C. 管理费用　　D. 其他应收款

11. 根据《支付结算办法》规定,银行本票的提示付款期限为(　　)。

A. 自出票日起 10 日　　B. 自出票日起 1 个月

C. 自出票日起 2 个月　　D. 自出票日起 6 个月

12. 企业因去外地采购货物而开立的银行结算账户是(　　)。

A. 基本存款账户　B. 一般存款账户　C. 专用存款账户　D. 临时存款账户

13. 对于单位银行结算账户的存款人只能在银行开立一个账户的是(　　)。

A. 基本存款账户　B. 一般存款账户　C. 专用存款账户　D. 临时存款账户

14. 企业现金清查中,对于现金溢余如果属于应支付给有关人员或单位的,经过批准后应计入的会计科目是(　　)。

A. 营业外收入　　B. 待处理财产损溢

C. 管理费用　　D. 其他应付款

15. 现金清查中,对于现金短缺,如果经查明应由相关责任人赔偿的,经批准后应计入(　　)。

A. 财务费用　B. 管理费用　C. 其他应收款　D. 营业外支出

16. 商业汇票的付款期限,最长不得超过(　　)。

A. 1 个月　B. 2 个月　C. 6 个月　D. 1 年

18. 某企业于 2010 年 2 月 28 日签发一张期限为 5 个月的商业承兑汇票,则该票据到期日为(　　)。

A. 7 月 28 日　B. 7 月 30 日　C. 7 月 31 日　D. 8 月 1 日

19. 某企业于2010年5月20日签发一张期限为90天的商业承兑汇票,则该票据到期日为(　　)。

A. 8月15日　　B. 8月16日　　C. 8月17日　　D. 8月18日

二、多项选择题

1. 按现行制度规定,需要在"应付票据"科目下核算的票据包括(　　)。

A. 银行汇票　　B. 银行本票　　C. 商业承兑汇票　　D. 银行承兑汇票

2. 下列各项中,使得企业银行存款日记账余额会小于银行对账单余额的有(　　)。

A. 企业开出支票,对方未到银行兑现

B. 银行误将其他公司的存款记入本企业银行存款账户

C. 银行代扣水电费,企业尚未接到通知

D. 委托收款结算方式下,银行收到结算款项,企业尚未收到通知

3. 能作为商业汇票规定的付款期限的有(　　)。

A. 5个月　　B. 6个月　　C. 8个月　　D. 一年

4. 根据承兑人不同,商业汇票可以分为(　　)。

A. 商业承兑汇票　　B. 带息票据　　C. 银行承兑汇票　　D. 不带息票据

5. 下列说法正确的有(　　)。

A. 银行存款账户分为3种　　B. 一个企业只能开立一个基本存款账户

C. 一般存款账户不得办理现金支取　　D. 开立一般存款账户实行开户许可证制度

6. 银行存款的结算方式主要有(　　)。

A. 汇兑　　B. 托收承付　　C. 委托收款　　D. 信用证结算

7. 现金清查的内容主要包括(　　)。

A. 检查是否有挪用现金　　B. 是否有白条顶库

C. 是否有超限额留存现金　　D. 账存数与实存数是否相符

三、判断题

1. 未达账项是指企业与银行之间由于记账的时间不一致,而发生的一方已登记入账,另一方漏记的项目。(　　)

2. 企业需要到外地临时或零星采购,可以将款项通过银行汇入采购地银行,这部分汇入采购地银行的资金应通过"其他货币资金"科目核算。(　　)

3. 银行存款余额调节表不仅可以核对账目,还可以作为调整银行存款账面余额的原始凭证。(　　)

4. 企业的一般存款账户是指企业办理日常转账结算和现金收付的账户。企业的工资、奖金等现金的支取,也通过该账户办理。(　　)

3

短期债权

学习目的与要求

1. 了解短期债权包括的内容。
2. 掌握应收账款、应收票据、其他应收款及预付账款的账务处理。
3. 掌握坏账准备的计提方法及会计核算。

3.1 短期债权概述

3.1.1 短期债权形成的原因

企业在正常的生产经营过程中,因商品、产品已经交付或劳务已经提供,或因购买货物等而预先支付供货单位货款,从而取得的向其他单位或个人索取货款、货物或劳务补偿的要求权,这种要求权就属于企业的短期债权。短期债权产生于企业的生产经营活动或非生产经营活动。

3.1.2 短期债权的分类

短期债权是企业在结算过程中形成的流动资产,包括应收及预付款项。应收款项包括应收票据、应收账款和其他应收款等;预付款项是指企业因购买商品或劳务而预先支付给有关单位的款项,如预付账款等。企业应严格将不同内容的应收款项和预付款项分类加以核算，以正确反映、监督各种短期债权的发生及收回情况，保证企业这部分资产的安全完整，加速企业流动资产的周转。

3.2 应收账款

应收账款是企业因销售产品或提供劳务而应向购货单位或接受劳务单位收取的款项和代垫的运杂费等。会计上所指的应收账款有其特定的范围。首先，应收账款是指因销售活动形成的债权，不包括应收职工欠款、应收债务人的利息等其他应收款；其次，应收账款是指流动资产性质的债权，不包括长期债权，如长期债券等；最后，应收账款是指本企业应收客户的款项，不包括本企业付出的各类存出保证金，如租入的包装物的保证金等。

应收账款应于收入实现时予以确认。

3.2.1 应收账款的计价

通常情况下，应收账款应按实际发生额计价入账，但在销售过程中常有销售折扣等情况存在，因此在计算应收账款入账金额时，还要考虑折扣因素。

3.2.1.1 商业折扣

商业折扣是指企业根据市场供需情况或针对不同的顾客，在商品标价上给予的扣除。它是最常用的促销手段之一。

商业折扣一般在交易发生时即已确定，它仅仅是确定实际销售价格的一种手段，不需要在买卖双方任何一方账上反映。在存在商业折扣的情况下，企业应收账款入账金额应按扣除商业折扣后的实际售价确认，所以商业折扣对应收账款入账金额没有实质性影响。

3.2.1.2 现金折扣

现金折扣是指企业为鼓励客户在一定期限内早日偿还货款而给予的一种折扣优惠。现金折扣对于销货方来说，称为销货折扣；对于购货方来讲，称为购货折扣。现金折扣一般用符号“折扣/付款期限”表示。例如用 2/10，1/20，n/30 表示，其含义是：买方在 10 天内付款可按售价给予 2% 的折扣、超过 10 天在 20 天内付款可按售价给予 1% 的折扣，在 21 天至 30 天内付款不给折扣。

现金折扣使企业应收账款入账金额因客户付款时间不同而异。对此，会计上有两种不同的处理方法可供选择，一是总价法，二是净价法。

总价法是将未减去现金折扣前的金额作为实际售价，记作应收账款的入账价值。现金折扣只有客户在折扣期内支付价款时，才予以确认。在这种方法下，销货方把给予客户的现金折扣视为融资的理财费用，在会计上作为财务费用处理。

净价法是将扣减现金折扣后的金额作为实际售价，据以确认应收账款的入账价值。这种方法是把客户取得折扣视为正常现象，认为客户一般都会提前付款，而将由于客户超过折扣期限而多收入的金额，视为提供信贷获得的收入，于收到账款时，冲减财务费用。

我国的会计实务中一般采用总价法。

3.2.2 应收账款的核算

为了反映和监督应收账款的发生和收回情况，企业应当设置“应收账款”科目进行核算。该科目属于资产类，借方登记企业发生的应收款项；贷方登记企业收回的应收款款项、转作商业汇票结算的应收款项和已结转坏账损失的款项；期末余额在借方，反映企业尚未收回的各种应收账款。该科目应当按照不同的购货或接受劳务的单位或个人设置明细账，以详细反映和监督企业应收的各种款项的发生和收回情况。

3.2.2.1 企业发生的应收账款，在没有商业折扣的情况下，按应收的全部金额入账

【例 3-1】 某公司销售甲公司一批产品，售价为 25 000 元，适用的增值税率为 17%，另外代甲公司垫付运杂费 1 000 元，产品已发出并办妥托收手续后，该公司进行如下账务处理：

借：应收账款—甲公司　　30 250
　贷：主营业务收入　　25 000
　　应交税费—应交增值税（销项税额）　　4 250
　　银行存款　　1 000

3.2.2.2 企业发生的应收账款，在存在商业折扣的情况下，按扣除商业折扣后的金额入账

【例 3-2】 某公司销售给乙公司一批产品，按价目表标明的价格计算，金额为 20 000元，由于是成批销售，给予购货方 10% 的商业折扣，金额为 2 000 元，适用的增值税率为 17%，代垫运杂费 800 元。编制如下的会计分录：

借：应收账款—乙公司　　21 860
　贷：主营业务收入　　18 000
　　应交税费—应交增值税（销项税额）　　3 060
　　银行存款　　800

3.2.2.3 企业发生的应收账款，在存在现金折扣的情况下，采用总价法，发生的现金折扣作为财务费用处理

【例 3-3】 某公司销售给丙公司一批产品，售价为 12 000 元，适用的增值税率为 17%，规定的折扣条件为 2/10，n/20，产品交付并办妥托收手续，计算现金折扣时不考虑增值税。编制如下会计分录：

借：应收账款—丙公司　　14 040
　贷：主营业务收入　　12 000
　　应交税费—应交增值税（销项税额）　　2 040

如果购货方在 10 天内付款，编制如下会计分录：

借：银行存款　　13 800

财务费用　　240
　　贷:应收账款—丙公司　　14 040

如果购货方在10天后付款,编制如下会计分录:

借:银行存款　　14 040
　　贷:应收账款—丙公司　　14 040

3.3 应收票据

3.3.1 应收票据概述

应收票据是指在采用商业汇票结算方式下,企业持有的还没有到期、尚未兑现的商业票据。它实际上是企业因销售商品、提供劳务而收到票据所形成的债权,属于企业的流动资产。

商业汇票是指由出票人签发,由承兑人承兑,委托付款人在指定日期无条件支付确定金额给收款人或持票人的票据。商业汇票通常按照以下两种方法进行分类。

3.3.1.1 商业汇票按照承兑人不同,分为商业承兑汇票和银行承兑汇票

商业承兑汇票是指由付款人签发并承兑,或由收款人签发交由付款人承兑的汇票。其特点如下。

(1)签发的商业承兑汇票一定由付款人承兑。

(2)商业承兑汇票到期由付款人无条件支付货款。如果付款人银行存款不足支付票款,银行不负责付款,只将商业承兑汇票退还收款人或被背书人,由交易双方协商解决。

(3)贴现的商业承兑汇票到期时,如果付款人账户上不足支付票款,收款人或被背书人负有连带责任。

银行承兑汇票是由收款人或承兑申请签发,并由承兑申请人向开户银行申请,经银行审查同意才承兑的票据。其特点如下。

(1)签发的银行承兑汇票一定由银行承兑,承兑申请人一定要向银行支付一定数额的承兑手续费。

(2)银行承兑汇票到期时,如果付款人银行存款不足支付票款,银行负有无条件支付票款的责任。同时,对承兑申请人执行扣款和罚息。

(3)贴现的银行承兑汇票到期时,如果付款人账户上不足支付票款,收款人或被背书人不负有连带责任。

3.3.1.2 商业汇票按是否计息,分为带息商业汇票和不带息商业汇票

不带息商业汇票是指商业汇票到期时,承兑人只按票据面值向收款人或被背书人支付款项的票据。带息商业汇票是指商业汇票到期时,承兑人必须按照票面金额加上应计利息向收款人或被背书人支付款项的票据。目前,我国所使用的商业汇票主要是不带息商业汇票。

3.3.2 应收票据的核算

为了反映和监督应收票据的发生和收回情况，企业应当设置“应收票据”科目进行核算。该科目属于资产类，借方登记企业发生的应收票据的面值和计提的利息；贷方登记企业收回的票款和已贴现的应收票据的票面金额；期末余额在借方，反映企业期末持有的应收票据的票面价值和应计利息。该科目应当按照商业汇票的种类设置明细账。

3.3.2.1 应收票据取得与到期的核算

企业销售商品或提供劳务收到商业汇票时，借记“应收票据”科目，贷记“主营业务收入”等科目。应收票据到期收回时，按票面金额，借记“银行存款”科目，贷记“应收票据”科目。商业承兑汇票到期，如承兑人违约拒付或无力支付票款，企业收到银行退回的商业承兑汇票、委托收款凭证、未付票款通知书等，应将到期票据的票面金额转入“应收账款”科目，即借记“应收账款”科目，贷记“应收票据”科目。

【例3-4】 20×7年7月12日，某公司销售产品一批，售价10 000元，增值税税率17%，收到3个月到期的商业承兑汇票一张，面值11 700，该公司应作如下会计处理：

借：应收票据　　11 700
　　贷：主营业务收入　　10 000
　　　　应交税费—应交增值税（销项税额）　　1 700

3个月后，应收票据到期收回票面金额11 700元存入银行，应编制如下会计分录：

借：银行存款　　11 700
　　贷：应收票据　　11 700

如果应收票据到期，承兑人无力支付，该公司应将到期票据的票面金额转入“应收账款”科目。

借：应收账款　　11 700
　　贷：应收票据　　11 700

3.3.2.2 应收票据的贴现

在应收票据到期前，如果企业急需资金，可以持未到期的票据向其开户银行申请贴现。所谓“贴现”，就是指汇票持有人将未到期的汇票在背书后送交银行，银行按一定利率，从票据到期之中扣除贴现日至汇票到期日的利息后，将余额付给持票人，作为银行对企业的一种短期贷款。银行扣除的利息称为贴现息，计算贴现息的利率称为贴现率，银行付给申请人的款额称为贴现净额。

对于无息票据来讲，票据的到期值就是其面值。

贴现息＝票据到期值×贴现率×贴现天数÷360

票据贴现净额＝票据到期值－贴现息

其中，贴现天数就是贴现日至到期日的天数。

企业将应收票据向银行贴现，且银行拥有追索权，则企业应按票据面值确认短期借款，按照实际收到的金额与票据金额之间的差额确认“财务费用”。

【例3-5】 某公司于5月1日将一张出票日期为4月1日的4个月的不带息票据向银行申请贴现，票面金额11 700元。银行的贴现率为9%。其计算及会计分录如下。

(1)计算如下：

贴现息＝票据到期值×贴现率×贴现天数(或月数)÷360(或12)

＝11 700×9%×3÷12

＝263.25(元)

票据贴现净额＝票据到期值－贴现息

＝11 700－263.25

＝11 436.75(元)

(2)会计分录编制如下：

借：银行存款	11 436.75	
财务费用	263.25	
贷：短期借款		11 700

已贴现的应收票据到期时，如果债务人归还了票据款项，则企业应按照票据面值，借记“短期借款”科目，贷记“应收票据”科目；如果票据到期时，债务人未能归还票据款项，则企业应将应收票据转为应收账款，按照票据面值，借记“应收账款”科目，贷记“应收票据”科目。

3.3.2.3 应收票据的转让

企业可以将自己持有的商业汇票背书转让。背书是指持票人在票据背面签字，签字人成为背书人，背书人对票据的到期付款负连带责任。

企业将持有的不带息应收票据背书转让，以取得所需物资时，按应计入物资的成本，借记“材料采购”、“原材料”等科目，按专用发票上注明的增值税税额，借记“应交税费—应交增值税(进项税额)”，按应收票据的账面价值，贷记“应收票据”，如有差额，借记或贷记“银行存款”科目。

3.4 预付账款及其他应收款

3.4.1 预付账款

3.4.1.1 预付账款概述

预付账款是企业按照购货合同的规定，预先支付给供应单位的款项。预付账款与应收账款虽然都是企业的短期债权，但应收账款是企业应向购货方收取的销货款；预付账款是企业预付给供货方的购货款。

3.4.1.2 预付账款的核算

为了反映和监督预付账款的发生和收回情况，企业应当设置“预付账款”科目进行核算。该科目属于资产类，借方登记企业按规定预付给供货单位的款项，以及结算货款时补付给供货单位的款项；贷方登记企业预付货款中收到的材料物资的款项，以及收到的供货单位退回的预付货款；期末余额如在借方，反映企业已经预付但尚未收到材料物资的货款，如为贷方余额，则表示企业尚未补付的货款。

【例3-6】 某公司向甲公司采购材料一批，按照合同规定，预付甲公司材料款10 000元。收到有关发票账单，实际材料款为15 000元，增值税额为2 550元。根据有关凭证，编制如下会计分录。

(1)预付材料款时：

借：预付账款	10 000	
贷：银行存款		10 000

(2)收到材料，结算货款时：

借：原材料	15 000	
应交税费—应交增值税（进项税额）	2 550	
贷：预付账款		17 550

(3)补付货款时：

借：预付账款	7 550	
贷：银行存款		7 550

【例3-7】 收到的材料和专用发票，全部价款为6 000元，增值税额为1 020元。公司应编制如下会计分录。

(1)预付材料款时：

借：预付账款	10 000	
贷：银行存款		10 000

(2)收到材料，结算货款时：

借：原材料	6 000	
应交税费—应交增值税（进项税额）	1 020	
贷：预付账款		7 020

(3)退回多付的货款时：

借：银行存款	2 980	
贷：预付账款		2 980

在预付货款业务不多的企业，可以通过“应付账款”科目进行核算，而不单独设置“预付账款”科目。

3.4.2 其他应收款

3.4.2.1 其他应收款概述

其他应收款是指除了应收票据、应收账款、预付账款以外的其他各种应收、暂付款项。其主要内容包括：

（1）应收的各种赔款、罚款，如因企业财产遭受意外损失而应向保险公司收取的赔款等；

（2）应收出租包装物的租金；

（3）应向职工收取的各种垫付款项，如为职工垫付的水电费，应由职工负担的医药费、房租费等；

（4）备用金，如向企业有关部门拨出的备用金；

（5）存出保证金，如租入包装物支付的押金；

（6）预付账款转入；

（7）其他各种应收、暂付款项。

3.4.2.2 其他应收款的核算

为了反映和监督其他应收款的结算情况，企业应当设置“其他应收款”科目。该科目是资产类，借方反映企业除了应收票据、应收账款、预付账款以外的其他各种应收、暂付款项；贷方登记收回的各种应收、暂付款项；余额一般在借方，反映企业尚未收回的各种其他应收款。该科目应当按照其他应收项目分类并按不同债务人设置明细账。

【例 3-8】 某公司租入包装物一批，以银行存款支付包装物押金 1 500 元。

借：其他应收款　　1 500

　贷：银行存款　　1 500

收到出租方退回的押金时：

借：银行存款　　1 500

　贷：其他应收款　　1 500

【例 3-9】 某公司因火灾造成原材料毁损，该公司应向保险公司收取赔款 2 500 元，应编制如下会计分录：

借：其他应收款　　2 500

　贷：待处理财产损溢　　2 500

【例 3-10】 9 月 10 日，职工刘某向公司借差旅费 1 000 元，以现金支付。编制如下会计分录：

借：其他应收款　　1 000

　贷：库存现金　　1 000

9 月 25 日，职工刘某报销差旅费 780 元，并交回余款 220 元，应编制如下会计分录：

借：管理费用　　780

　　库存现金　　220

　贷：其他应收款　　1 000

为了满足企业内部各单位日常小额零星开支的需要，并简化核算手续，有些企业采用定额备用金制度加以控制。实行备用金制度的企业,会计部门拨付备用金时,借记“其他应收款”科目,贷记“库存现金”或“银行存款”科目。根据报销金额补足备用金定额时,借记有关科目,贷记“库存现金”或“银行存款”科目,报销和拨补数都不再通过“其他应收款”科目核算。

【例3-11】 某公司实行定额备用金制度,月初管理部门领用备用金3 000元,月末管理部门报销日常开支2 000元,应编制如下会计分录:

预付备用金时:

借:其他应收款	3 000	
贷:库存现金		3 000

报销并补足备用金定额时:

借:管理费用	2 000	
贷:库存现金		2 000

3.5 应收款项减值

企业应当在资产负债表日对应收款项的账面价值进行检查,有客观证据表明该应收款项发生减值的,应当将该应收款项的账面价值减记至预计未来现金流量现值,减记的金额确认减值损失,计提坏账准备。

坏账是指企业无法收回或收回的可能性极小的应收款项。由于发生坏账而产生的损失,称为坏账损失。

3.5.1 坏账损失的确认

企业确定坏账时,应遵循财务会计的目标和会计核算的基本原则,具体分析各应收账款的特性、金额的大小、信用期限、债务人的信誉和当时的经营状况等因素。一般来讲,企业的应收账款符合下列条件之一的,应确认为坏账:

(1)债务人死亡,以其遗产清偿后仍然不能收回;

(2)债务人破产,以其破产财产清偿后仍然不能收回;

(3)债务人较长时期内未履行偿债义务,并有足够的证据表明无法收回或收回的可能性极小。

3.5.2 坏账损失备抵法的核算

备抵法就是按期估计坏账损失并计入期间费用,同时形成坏账准备。当某一应收款项全部或部分确认为坏账时,应根据其金额冲减坏账准备,同时转销相应的应收款项金额。

企业应当定期或者至少于每年年度终了时,对应收款项进行全面清查,预计各种应收款项可能产生的坏账。对于预计可能产生的坏账损失,计提坏账准备。企业计提坏账准备的方法由企业自行确定。企业应当制定计提坏账准备的政策,明确计提坏账准备的范围、提取方法、账龄的划分和提取比例,按照法律、行政法规的规定报有关各方备案,并备置于企业所在地。坏账准备计提方法一经确定,不得随意变更。如需变更,应当在会计报表附注中予以说明。

在确定坏账准备的计提比例时,除有确凿证据表明该项应收款项不能收回或收回的可能性不大外(债务单位已撤销、破产、资不抵债、现金流量严重不足、发生严重的自然灾害等导致停产而在短时间内无法偿付债务等,以及3年以上的应收款项),下列各种情况不能全额计提坏账准备:

(1)当年发生的应收款项;

(2)计划对应收款项进行重组;

(3)与关联方发生的应收款项;

(4)其他已逾期,但无确凿证据表明不能收回的应收款项。

企业的预付账款如有确凿证据表明其不符合预付账款的性质,或因供货单位破产、撤销等原因已无望再收到所购货物的,应当将原计入预付账款的金额转入其他应收款,并按规定计提坏账准备。

企业持有的未到期的应收票据,如有确凿证据表明不能收回或收回的可能性不大时,将其账面余额转入应收账款,并按规定计提坏账准备。

采用备抵法计提坏账准备,企业应当设置"坏账准备"和"资产减值损失"科目进行核算。

"坏账准备"科目是应收账款的抵减科目,属于资产类,该科目借方登记确认并转销的坏账损失;贷方登记提取的坏账准备和已核销的坏账损失以后又收回的金额;余额通常在贷方,表示已经提取尚未转销的坏账准备。

"资产减值损失"科目用于核算企业计提的各项资产减值准备的损失。可以按照资产减值损失的项目进行明细核算。企业的应收款项、存货、长期股权投资、持有至到期的投资、固定资产、无形资产、贷款等资产发生减值,按应减记的金额,借记本科目,贷记"坏账准备"、"存货跌价准备"等科目。

企业提取坏账准备时,借记"资产减值损失"科目,贷记"坏账准备"科目。本期应提取的坏账准备大于其账面余额的,应按其差额提取;本期应提取的坏账准备小于其账面余额的,应按其差额,借记"坏账准备"科目,贷记"资产减值损失"科目。实际发生坏账损失时,借记"坏账准备"科目,贷记"应收账款"、"其他应收款"等科目。如果已经确认并转销的坏账又收回,则应按收回的金额,借记"应收账款"、"其他应收款"等科目,贷记"坏账准备"科目;同时,借记"银行存款",贷记"应收账款"、"其他应收款"等科目。

采用备抵法,首先要根据企业以往的经验合理地估计坏账损失。估计坏账损失的方法有应收款项余额百分比法、账龄分析法和销货百分比法等。

3.5.2.1 应收款项余额百分比法

它是指根据会计期末应收账款的余额和估计的坏账率,估计坏账损失,计提坏账准备的方法。能在会计期末计提坏账准备的应收项目主要有应收账款和其他应收款。

【例3-12】 某公司从20×1年开始采用应收款项余额百分比法计提坏账准备。

(1)20×1年末应收账款余额为200 000元,该公司坏账准备的提取比例为5‰,则计提的坏账准备为:

200 000×5‰=1 000(元)

借:资产减值损失 1 000

贷:坏账准备 1 000

(2)该公司20×2年年末应收账款余额为250 000元,应补提的坏账准备金额为:

250 000×5‰-1 000=250(元)

借:资产减值损失 250

贷:坏账准备 250

(3)该公司20×3年4月,公司发现有4 000元的应收账款无法收回,按有关规定确认为坏账损失:

借:坏账准备 4 000

贷:应收账款 4 000

(4)该公司20×3年年末应收账款余额为150 000元,按此余额20×3年年末坏账准备贷方余额应为150 000×5‰=750(元),年末计提坏账准备前,"坏账准备"科目借方余额为:

4 000-1 000-250=2 750(元)

因此,应补提2 750+750=3 500(元)

借:资产减值损失 3 500

贷:坏账准备 3 500

(5)该公司20×4年5月10日,又收回已确认并转销的坏账4 000元,应编制如下会计分录:

借:应收账款 4 000

贷:坏账准备 4 000

同时,编制如下分录:

借:银行存款 4 000

贷:应收账款 4 000

(6)该公司20×4年年末应收账款余额为300 000元,按此余额20×4年年末坏账准备贷方余额应为300 000×5‰=1 500(元),年末计提坏账准备前,"坏账准备"账户贷方余额为:

1 000+250-4 000+3 500+4 000=4 750(元)

因此,应冲回多提的坏账准备金额为:

4 750 − 1 500 = 3 250(元)

借:坏账准备 3 250

贷:资产减值损失 3 250

3.5.2.2 账龄分析法

这种方法是根据应收款项的账龄长短估计坏账损失的方法。账龄是指客户所欠账款的时间。这种方法认为欠款单位拖欠账款的时间越长,收回账款的可能性就越小,那么发生坏账的可能性就越大,应提的坏账准备也就越多。

账龄分析法的具体计算方法,是通过将应收款项拖欠日期的长短划分为若干阶段,根据历史资料和经验为每一阶段确定一个坏账损失比例,以此估计坏账损失。这一方法同应收款项余额百分比方法一样,也应考虑“坏账准备”科目原有的余额。

【例3-13】 某公司20×5年年末应收账款账龄及估计坏账损失如表3-1所示。

表3-1 账龄分析及估计坏账损失 单位:元

应收账款账龄	应收账款金额	估计损失(%)	估计损失金额
未到期	12 000	0.5	60
过期1个月	7 500	1	75
过期2个月	8 000	2	160
过期3个月	1 500	3	45
过期3个月以上	1 000	5	50
合计	30 000		390

假设调整前“坏账准备”科目余额为贷方余额200元,则应补提190元,会计分录为:

借:资产减值损失 190

贷:坏账准备 190

假设调整前“坏账准备”科目余额为借方余额210元,则应补提600元,会计分录为:

借:资产减值损失 600

贷:坏账准备 600

假设调整前“坏账准备”科目余额为贷方余额550元,则应冲回160元,会计分录为:

借:坏账准备 160

贷:资产减值损失 160

3.5.2.3 销货百分比法

销货百分比法是指根据赊销金额和估计的坏账损失占赊销金额的比率估算坏账损失的方法。坏账损失率可以根据过去的资料和经验估计确定,确定后还应根据企业生产经营情况的变化及时调整。

【例3-14】 某公司20×5年全年的赊销金额为500 000元，根据以往资料和经验，估计坏帐损失率为2%。

本期估计的坏账损失为：500 000×2% =10 000(元)

会计分录为：

借：资产减值损失　　10 000

　　贷：坏账准备　　100 004

本章练习题

一、单项选择题

1. 甲企业为一般纳税人企业，从A企业购入材料10 000元，增值税额为1 700元，取得增值税专用发票，甲企业以6个月的带息商业承兑汇票支付货款和增值税，票面金额为11 700元，票面年利率为6%，则该票据到期后A企业应收票据的账面余额为(　　)元。

A. 11 700　　B. 12 051　　C. 12 000　　D. 12 402

2. 丙企业赊销商品一批，商品售价10 000元(不含增值税)，商业折扣20%，增值税率为17%，现金折扣条件为2/10，n/20。企业销售商品时代垫运费200元，则应收账款的入账金额为(　　)元。

A. 9 560　　B. 9 360　　C. 11 700　　D. 11 900

3. 某企业在2010年10月8日销售商品100件，增值税专用发票上注明的价款为15 000元，增值税额为2 550元。企业为了及早收回货款而在合同中规定的现金折扣条件为：2/10，1/20，N/30。假定计算现金折扣时考虑增值税。如买方在2010年10月16日付清货款，该企业实际收款金额应为(　　)元。

A. 17 550　　B. 17 400　　C. 17 199　　D. 17 250

4. 某企业在2010年10月8日销售商品100件，增值税专用发票上注明的价款为15 000元，增值税额为2 550元。企业为了及早收回货款而在合同中规定的现金折扣条件为：2/10，1/20，N/30。假定计算现金折扣时不考虑增值税。如买方在2010年10月24日付清货款，该企业实际收款金额应为(　　)元。

A. 17 550　　B. 17 400　　C. 17 374.5　　D. 17 250

5. 某企业在2010年10月8日销售商品100件，该商品单价为1 500元，增值税税率为17%，该企业给购货方10%的商业折扣，购货方尚未支付货款，则该企业应收账款的入账价值为(　　)。

A. 175 500　　B. 174 000　　C. 157 950　　D. 172 500

6. 设置"预付账款"科目的企业，在收到货物后需补付货款时，应编制(　　)会计分录。

A. 借：预付账款

原材料

贷:银行存款

B. 借:原材料

贷:预付账款

C. 借:原材料

贷:预付账款

银行存款

D. 借:预付账款

贷:银行存款

7. 某企业对基本生产车间所需备用金采用定额备用金制度,当生产车间报销日常管理支出而补足其备用金定额时,应借记的会计科目是(　　)。

A. 其他应收款　　B. 其他应付款　　C. 制造费用　　D. 生产成本

8. 企业在连续提取坏账准备的情况下,"坏账准备"科目在期末结账前如为贷方余额,其反映的内容是(　　)。

A. 已经发生的坏账损失

B. 上年末坏账准备的余额小于本年确认的坏账损失部分

C. 企业已提取但尚未转销的坏账准备数额

D. 本年提取的坏账准备

9. M 企业通过对应收款项的风险进行分析,决定按应收款项余额的一定比例计提坏账。"坏账准备"科目的年初余额为 4 000 元,"应收账款"和"其他应收款"科目的年初余额分别为 30 000 元和 10 000 元。当年,不能收回的应收账款 2 000 元确认为坏账损失。"应收账款"和"其他应收款"科目的年末余额分别为 60 000 元和 10 000 元,假定该企业年末确定的坏账提取比例为 10%。该企业年末应提取的坏账准备为(　　)元。

A. 1 000　　B. 3 000　　C. 5 000　　D. 7 000

10. 某企业在 2010 年 10 月 8 日销售商品 100 件,增值税专用发票上注明的价款为 15 000 元,增值税额为 2 550 元。企业为了及早收回货款而在合同中规定的现金折扣条件为:2/10,1/20,N/30。假定计算现金折扣时不考虑增值税。如买方在 2010 年 10 月 24 日付清货款,该企业实际收款金额应为(　　)元。

A. 17 550　　B. 17 400　　C. 17 374.5　　D. 17 250

11. B 企业通过对应收款项的风险进行分析,按账龄确定了一组风险组合,并分析出各组合坏账发生的比例,具体情况如下:该企业 2009 年 12 月 31 日应收账款余额为 200 万元,"坏账准备"科目贷方余额为 5 万元;2010 年发生坏账 8 万元,发生坏账回收 2 万元。2010 年 12 月 31 日应收账款余额为 120 万元(其中未到期应收账款为 40 万元,估计损失 1%;过期 1 个月应收账款为 30 万元,估计损失 2%;过期 2 个月的应收账款为 20 万元,估计损失 4%;过期 3 个月应收账款为 20 万元,估计损失

6%;过期3个月以上应收账款为10万元,估计损失10%。)。企业2010年应提取的坏账准备为(　　)万元。

A.5　　B.4　　C.3　　D.－5

12.甲企业会计期末应收账款余额200万元,计提的坏账准备余额7万元。甲企业通过对近几年应收款项发生坏账的情况进行分析,决定按赊销收入的一定比例计提坏账准备,比例为5%,则该企业本会计期末应补提的坏账准备金额为(　　)万元。

A.10　　B.5　　C.3　　D.7

13.某企业坏账损失采用备抵法核算,已作为坏账损失处理的应收账款2 000元,今又收回,应作的会计分录(　　)。

A.借:应收账款　2 000
　贷:贷:资产减值损失　2 000

B.借:银行存款　2 000
　贷:应收账款　2 000

C.借:银行存款　2 000
　贷:资产减值损失　2 000

D.借:银行存款　2 000
　贷:坏账准备　2 000

14.某企业根据对应收款项收回风险的估计,决定对应收款项按其余额的5%计提坏账准备,。2010年12月1日,"坏账准备"科目借方余额为30 000元。2010年12月31日,"应收账款"科目借方余额为700 000元,"其他应收款"科目借方余额为100 000元。该企业2010年12月31日应补提的坏账准备为(　　)元。

A.10 000　　B.65 000　　C.70 000　　D.80 000

15.2010年5月1日,企业销售商品收到一张面值为20 000元、票面利率为6%,期限为6个月的商业汇票,该企业中期期末对票据计提利息,则票据到期时应计入财务费用的金额为(　　)元。

A.200　　B.600　　C.150　　D.400

二、多项选择题

1.企业销售商品,发生的应收账款的入账价值应该包括(　　)。

A.销售商品的价款　　B.给予购货方的商业折扣

C.代购货方垫付的包装费　　D.给予购货方的现金折扣

2.下列项目中应通过"其他应收款"科目核算的有(　　)。

A.应收的各种罚款　　B.实行定额备用金制的企业日常报销时

C.收取的各种押金　　D.应向职工收取的各种垫付款项

3.下列各项中,构成应收账款入账价值的有(　　)。

A.确认商品销售收入时尚未收到的价款

B. 代购货方垫付的包装费

C. 代购货方垫付的运杂费

D. 销售货物发生的商业折扣

4. 下列各项中，会引起应收账款账面价值发生变化的有（　　）。

A. 结转到期不能收回的应收账款　　B. 计提应收账款坏账准备

C. 收回应收账款　　D. 收回已转销的坏账

三、判断题

1. 在备抵法下，企业将不能收回的应收账款确认坏账损失时，应计入资产减值损失，并冲销相应的应收账款。（　　）

2. 企业应当定期或者至少于每年年度终了，对其他应收款进行检查，预计其可能发生的坏账损失，并计提坏账准备。（　　）

3. 现金折扣和销售折让，均应在实际发生时计入当期财务费用。（　　）

4. 取得带息应收票据时，企业应于期末计算票据利息，并增加应收票据的账面价值，同时冲减管理费用。（　　）

5. 按现行制度规定应收账款的入账金额包括商业折扣，但不包括现金折扣。（　　）

6. 按规定，预付账款业务不多的企业，可以不设置"预付账款"科目，预付的货款在"应收账款"科目核算。（　　）

7. 由于企业应收及预付款项均属于债权，因此，都存在发生坏账损失的风险，按现行制度规定都应提取一定比例的坏账准备。（　　）

8. 企业已确认并转销的坏账损失，如果以后又收回，应及时按照收回的金额借记"银行存款"科目，贷记"坏账准备"科目。（　　）

9. "坏账准备"账户在期末结账前如为借方金额，反映的内容是已确认的坏账损失超出坏账准备的余额。（　　）

四、计算与核算题

1. 甲公司2010年3月1日向C公司销售商品一批，货款80 000元，增值税额为13 600元。甲公司为了尽快收回货款而在合同中规定符合现金折扣的条件为：2/10、1/20、n/30，假设C公司分别于3月9日、3月17日和3月30日付清货款（在计算折扣时不考虑增值税因素）。要求：根据上述资料，编制甲公司在不同时间收回的货款时的会计分录。（"应交税费"科目要求写出明细科目）

2. 某公司销售产品一批，价目表中该产品价格（不含税）为100 000元，增值税税率17%。商业折扣为10%，现金折扣为"1/5，N/10"，现金折扣考虑增值税。客户于第三天付款。

要求：

（1）采用总价法编制销售产品、收到货款的会计分录；

（2）如果客户于第十天付款，则收到货款时的会计分录应如何编制。

3. A 企业采用应收账款余额百分比法核算坏账损失，坏账准备提取比例为 5%，有关资料如下：

(1)该企业从 2007 年开始计提坏账准备，该年年末应收账款余额为 50 万元；

(2)2008 年和 2009 年年末应收账款余额分别为 125 万元和 110 万元，这两年均未发生坏账损失；

(3)2010 年 7 月，确认一笔坏账，金额为 90 000 元；

(4)2010 年 12 月，上述已核销的坏账又收回 25 000 元；

(5)2010 年年末应收账款余额为 100 万元。

要求：根据上述资料，编制有关的会计分录。

4. 某企业 2009 年 12 月 31 日总分类账中"应收账款"借方余额为 100 000 元，"坏账准备"账户的贷方余额为 5 000 元。

2010 年 1 月 1 日至 12 月 31 日发生以下经济业务：

(1)全年赊销产品总价款 500 000 元，增值税 85 000 元；

(2)收到赊销客户账款 450 000 元，存入银行；

(3)发生坏账损失 4 000 元；

(4)收到以前年度已列为坏账的应收账款 2 000 元，款项已存入银行；

(5)年底按应收账款余额的 5% 计提坏账准备。

要求：作出上述业务的会计分录。

5. A 公司采用备抵法核算坏账损失，并按年末应收账款余额百分比法计提坏账准备。2008 年 12 月 31 日"坏账准备"账户余额 24 000 元。2009 年 10 月将无法收回的应收账款 25 000 元作为坏账处理。2009 年末，应收账款余额 1 200 000 元，坏账准备提取率 3%；2010 年收回以前年度已作为坏账注销的应收账款 3 000 元，2010 年年末应收账款余额 1 000 000 元，坏账准备提取比率仍为 3%。

要求：根据给出的资料，按时间顺序作出有关的会计处理。（需要计算的，应列出计算过程）

4

存货

学习目的与要求

1. 了解存货的概念及分类。
2. 掌握实际成本法和计划成本法下原材料取得、发出的计价及核算。
3. 掌握包装物、低值易耗品、委托加工物资的核算。
4. 掌握存货的清查及期末计价。

4.1 存货概述

4.1.1 存货的概念

存货属于企业流动资产的一个重要项目,通常占全部资产的比重较大。存货的确认和计量对确定企业资产和收益的影响都比较大。

那么什么是存货呢?存货是指企业在日常活动中持有以备出售的产成品或商品、处在生产过程中的在产品、在生产过程或提供劳务过程中耗用的材料和物料等。

在界定存货范围时,企业为建造固定资产等工程而储备的各种材料物资虽然也具有存货的某些特征,但由于其不完全符合存货的定义,因此不能作为企业的存货进行核算。

依据企业会计准则的规定,存货同时满足下列条件的,才能予以确认:该存货包含的经济利益很可能流入企业;该存货的成本能够可靠计量。

因此,某个项目要确认为存货,不仅要符合存货的定义,还要满足上述存货确认的条件。存货的确认,应以企业对存货是否具有法定所有权为依据。对于法定所有权属于企业的存货,无论其存放在何处或处于何种状态,都应视为企业的存货;反之,凡是所有权不属于企业的存货,即使存放在本企业,也不应包含在本企业的存货范围之内。例如:

(1)按照合同规定已经开出发票,其所有权已经转移的物品,即使尚未运离本企业,也不应视为本企业的存货。

(2)已经确认为购进而尚未到达入库的在途商品,因其所有权已属于本企业,应视为本企业的存货。

(3)关于购货约定。对于约定未来购入的商品,由于企业并没有实际的购货行为发生,因此,不作为企业的存货,也不确认有关的负债和费用。

4.1.2 存货的分类

存货的价值占企业全部资产价值的比重较大,为了满足存货管理与核算的要求,应当对存货进行分类。按照经济用途,存货可以分为以下几类。

4.1.2.1 原材料

它是指企业在生产过程中经加工改变其形态或性质并构成产品主要实体的各种原料及主要材料、辅助材料、外购半成品(外购件)、修理用备件(备品备件)、包装材料、燃料等。

4.1.2.2 包装物

它是指为了包装本企业商品而储备的各种包装容器,如桶、箱、瓶、坛、袋等。但是值得注意的是,下列包装物品,会计上不作为包装物存货进行核算:

(1)各种包装用的材料,如纸、绳、铁丝、铁皮等,应将其作为原材料进行核算;

(2)企业在生产经营过程中用于储存和保管产品或商品、材料、半成品等,而不随同产品或商品出售、出租或出借的包装物,其由本企业内部使用,企业应按其价值大小和使用年限长短,分别列入固定资产或低值易耗品进行核算。

4.1.2.3 低值易耗品

它是指使用期限较短、单位价值较低的、在固定资产标准以下的各种用具物品,如一般用工具、专用工具、劳动保护用品等等。

4.1.2.4 在产品

它是指处于加工或装配过程中的产品以及虽已加工或装配完成但尚未验收入库的产品。

4.1.2.5 自制半成品

它是指经过一定生产过程并已检验合格交付半成品仓库,但尚未最终制造完成,仍需继续加工的中间产品。但不包括从一个生产车间转给另一个生产车间继续加工的自制半成品以及不能单独计算成本的自制半成品。

4.1.2.6 产成品

它是指已经完成全部生产过程并已验收合格可供销售的产品,包括企业自己投料加工完成的产品、用客户定货来料加工制造完成的代制品以及为客户修理完工的代修品。

4.1.2.7 商品

它是指从外单位购入不需要进行任何加工或装配就可以单独作价或出售的商品。

4.2 原材料

4.2.1 概述

原材料是企业生产经营过程中必不可少的物质要素。在生产过程中,它将被消耗掉或改变其原有的实物形态,其价值转移到产品成本中去,构成产品价值的一个重要组成部分。原材料具有较强的流动性,占企业流动资产的比重较大,是存货核算的重要内容。原材料包括企业在生产过程中经加工改变其形态或性质并构成产品主要实体的各种原料及主要材料、辅助材料、外购半成品(外购件)、修理用备件(备品备件)、包装材料、燃料等。

企业要对原材料进行核算,必须清楚取得原材料的计价。企业的原材料必须按照其实际成本进行计价。

4.2.1.1 外购的原材料

外购的原材料,其实际成本一般包括以下内容。

(1)买价。

(2)运杂费。主要包括装卸费、运输费、保险费等。

(3)运输途中的合理损耗。

(4)入库前的挑选整理费用。

(5)购入材料负担的税金。主要包括进口原材料所负担的关税、消费税等。值得注意的是,采购原材料所支付的增值税应通过"应交税费—应交增值税(进项税额)"科目进行核算,而不计入采购成本。

4.2.1.2 自制的原材料

自制材料的实际成本包括制造过程中发生的直接材料、直接人工和制造费用。

4.2.2 实际成本法

原材料可以采用实际成本法或计划成本法进行核算,首先介绍实际成本法的应用。

原材料按照实际成本法进行核算的特点是:从原材料的收发凭证到明细分类账和总分类账全部按照实际成本计价。在实际成本法下,取得原材料要通过"原材料"

和“在途物资”科目进行核算。

4.2.2.1 取得原材料的核算

1.购入原材料的核算

当企业购入原材料,按应计入材料采购成本的金额,借记“在途物资”科目,按实际支付或应支付金额,贷记“银行存款”、“应付账款”等科目。涉及增值税进项税额的,还应进行相应的处理。所购材料到达验收入库,借记“原材料”科目,贷记“在途物资”科目。“在途物资”科目的借方余额,反映企业在途材料的采购成本。

企业外购原材料时,由于结算方式和采购地点不同,材料入库和货款的支付不一定完全同步,相应的账务处理也不一样。

(1)对于发票账单与材料同时到达的采购业务,企业在支付货款或开出、承兑商业汇票时,材料验收入库后,应根据发票账单等结算凭证确定的材料成本,借记“原材料”科目,根据取得增值税专用发票上注明的税额,借记“应交税费—应交增值税(进项税额)”科目;贷记“银行存款”或“应付票据”科目等。

【例 4-1】 某公司为增值税一般纳税人,20××年 5 月 11 日该公司购入生产用木料一批,取得增值税专用发票上注明的原材料价款为 10 000 元,增值税额为 1 700 元,发票等结算凭证已经收到,货款通过银行转账支付,材料已验收入库。有关的账务处理如下:

借:原材料　　10 000

　应交税费—应交增值税(进项税额)　　1 700

　贷:银行存款　　11 700

(2)对于已经付款或已开出、承兑商业汇票,但材料尚未到达(或尚未验收入库)的业务,应根据结算凭证、发票账单等,借记“在途物资”,“应交税费—应交增值税(进项税额)”科目;贷记“银行存款”或“应付票据”等科目。等到材料验收入库后,再借记“原材料”科目,贷记“在途物资”科目。

仍以上述交易为例,并假定购入材料的发票等结算凭证已到,货款已经支付,但材料尚未收到。企业应在收到发票等结算凭证时,编制如下分录:

借:在途物资　　10 000

　应交税费—应交增值税(进项税额)　　1 700

　贷:银行存款　　11 700

(3)对于材料已到达并已验收入库,但发票账单等结算凭证未到,货款尚未支付的采购业务,应于月末,按材料的暂估价值,借记“原材料”,贷记“应付账款—暂估应付账款”科目。下月初作相反的分录予以冲回,以便下月付款或开出、承兑商业汇票后,按正常程序,借记“原材料”,“应交税费—应交增值税(进项税额)”科目,贷记“银行存款”或“应付票据”等。

【例 4-2】 假设【例 4-1】中购入的原材料已经运到,并已验收入库,但发票等结算凭证尚未到达,货款尚未支付。月末按暂估价入账,假定其暂估价为 12 500 元。

编制如下分录：

借：原材料　　12 500

　　贷：应付账款—暂估应付账款　　12 500

下月初作相反分录，将上述分录冲回

借：应付账款—暂估应付账款　　12 500

　　贷：原材料　　12500

(4)用预付货款的方式采购材料，应在预付材料价款时，按照实际预付金额，借记“预付账款”科目，贷记“银行存款”；已经预付货款的原材料验收入库时，根据发票账单等所列价款、税额等，借记“原材料”科目和“应交税费—应交增值税(进项税额)”科目，贷记“预付账款”科目；预付款不足，补付上项货款，按补付金额，借记“预付账款”科目，贷记“银行存款”；退回上项多付的款项，借记“银行存款”科目，贷记“预付账款”科目。

【例4-3】 某公司与B企业签订一份购销合同，采用预付货款的方式从B企业采购一批原材料，20××年6月11日，预付货款25 000元，6月25日所购原材料运到并已验收入库，收到B企业开具的增值税专用发票上注明材料价款为30 000元，增值税为5 100元，该企业于当日补付余款，并支付运杂费1 000元。该企业的会计处理如下：

6月11日，预付货款时，编制如下分录：

借：预付账款　　25 000

　　贷：银行存款　　25 000

6月25日，收到发票等账单，材料验收库时，编制如下分录：

借：原材料　　31 000

　　应交税费—应交增值税(进项税额)　　5 100

　　贷：预付账款　　35 100

　　　　银行存款　　1 000

补付货款时：

借：预付账款　　10 100

　　贷：银行存款　　10 100

2. 自制，委托加工原材料的核算

自制、委托外单位加工完成并验收入库的原材料，应借记“原材料”，贷记“生产成本”、“委托加工物资”科目。

3. 接受投资原材料的核算

企业接受其他单位以原材料作价投资时，按照投资合同或协议约定的价值确定原材料的入账价值，但合同或协议约定价值不公允的除外。

4.2.2.2 发出原材料的核算

1. 发出原材料的计价方法

《企业会计准则第 1 号 - 存货(2006)》规定,"企业应当采用先进先出法、加权平均法或者个别计价法确定发出存货的实际成本。对于性质和用途相似的存货,应当采用相同的成本计算方法确定发出存货的成本。对于不能替代使用的存货、为特定项目专门购入或制造的存货以及提供的劳务,通常采用个别计价法确定发出存货的成本。"

(1)个别计价法又称为个别认定法、具体辨认法或分批实际法。按照该方法,对于发出的各种存货,逐一辨认各批发出存货和期末存货所属购进批别,便于按照该批存货的实际单价计算发出存货和期末存货的成本。

采用这种方法计算发出存货的成本和期末存货的成本比较合理、准确,但计算起来的工作量却非常繁重,困难较大。因此,这种方法适用于容易辨别,存货品种数量不多,单位成本较高的存货计价,如房产、船舶、珠宝、名画等贵重物品。

(2)先进先出法是假定先购进的存货先发出,对发出存货进行计价的一种方法。举例说明如下。

【例 4-4】 某公司 20××年 2 月 A 材料的明细账如表 4-1 所示。

表 4-1 存货明细账

品名:A 材料　　规格:××　　产地:　　单位:件

20×0 年		凭证编号	摘要	收入			发出			结存		
月	日			数量	单价	金额	数量	单价	金额	数量	单价	金额
2	1	略	上月结存							1 000	2	2 000
	9		购进	1 000	2.5	2 500				1 000	2	2 000
										1 000	2.5	2 500
	15		发出				1 000	2	2 000	500	2.5	1 250
							500	2.5	1 250			
	18		购进	500	2	1 000				500	2.5	1 250
										500	2	1 000
	25		发出				400	2.5	1 000	100	2.5	250
										500	2	1 000
2	28		本月发生额及月末余额	1 500		3 500	1 900		4 250	100	2.5	250
										500	2	1 000

在上述的明细账中,采用先进先出法计算发出存货和期末存货的成本。

采用先进先出法,期末存货的成本是比较接近现行的市场价值的,更加符合实物流转顺序。在有关存货明细账上能逐笔登记发出数量,又能随时结转成本。其缺点是工作比较繁琐,对于存货进出量频繁的企业更是如此。而且当物价上涨幅度较大的情况下，使用该种方法计算的发出存货成本就偏低，从而会高估企业当期的利润和库存存货价值；反之会低估企业当期的利润和库存存货价值。

(3)加权平均法亦称全月一次加权平均法，指的是用本月全部进货数量加上月初存货数量作为权数，去除本月全部进货成本加上月初存货成本，计算出存货的加权平均成本，从而确定发出和期末结存存货的成本。计算公式如下：

$$\text{加权平均单位成本}=\frac{\text{期初库存存货的成本}+\text{本期购进存货成本}}{\text{期初库存存货的数量}+\text{本期购进存货数量}}$$

本期发出存货的成本 = 本期发出存货数量 × 加权平均单位成本

期末结存存货的成本 = 期末结存存货数量 × 加权平均单位成本

如果计算出的加权平均单位成本不是整数，为优先保证存货的结存成本的正确性，应采用倒挤成本法计算发出存货的成本，即：

期末结存存货的成本 = 期末结存存货数量 × 加权平均单位成本

本期发出存货的成本 = 期初库存存货的成本 + 本期购进存货成本 − 期末结存存货的成本

仍以上述例子中的存货明细账为例，采用加权平均法计算存货的成本如下：

$$\text{A 材料加权的平均单位成本}=\left|\frac{2\ 000+3\ 500}{1\ 000+1\ 500}\right|=2.2(\text{元})$$

本月结存 A 材料成本 = 本月结存存货数量 × 存货单位成本 = 600 × 2.2 = 1 320(元)

本月发出 A 材料成本 = 1 900 × 2.2 = 4 180(元)

采用加权平均法计算发出存货的成本较为均衡，而且只在月末计算一次加权平均单价，比较简单。但是，这种方法平常无法从账上提供发出和结存存货的单价和金额，不利于加强对存货的日常管理。

(4)移动加权平均法是在每次进货后，将进货前结存存货的金额加上本次购进存货的金额，然后除以进货前结存存货的数量加上本次购进存货的数量之和，计算出加权平均单价，并对发出存货进行计价的一种方法。

$$\text{加权平均单价}=\frac{\text{原有结存存货金额}+\text{本次购进存货金额}}{\text{原有结存存货数量}+\text{本次购进存货数量}}$$

仍采用【例 4-4】的资料，在发出存货采用移动加权平均法下，20××年 2 月 A 材料的明细账如表 4-2 所示。

表 4-2　存货明细账

品名：A 材料　　　　单位：件

20××年		凭证编号	摘要	收入			发出			结存		
月	日			数量	单价	金额	数量	单价	金额	数量	单价	金额
2	1	略	上月结存							1 000	2	2 000

续表

20××年		凭证编号	摘要	收入			发出			结存		
月	日			数量	单价	金额	数量	单价	金额	数量	单价	金额
	9		购进	1 000	2.5	2 500				2 000	2.25	4 500
	15		发出				1 500	2.25	3 375	500	2.25	1 125
	18		购进	500	2	1 000				1 000	2.125	2 125
	25		发出				400	2.125	850	600	2.125	1 275
2	28		本月发生额及月末余额	1 500		3 500	1 900		4 225	600	2.125	1 275

上述表格的计算如下：

2 月 9 日购入材料后，A 材料的加权平均单价 $=\dfrac{2\ 000+2\ 500}{1\ 000+1\ 000}=2.25$（元）

2 月 15 日，发出材料的成本 $=1500\times2.25=3\ 375$（元）

结存材料的成本 $=500\times2.25=1\ 125$（元）

2 月 18 日购入材料后，A 材料的加权平均单价 $=\dfrac{1\ 125+1\ 000}{500+500}=2.125$（元）

2 月 25 日，发出材料的成本 $=400\times2.125=850$（元）

结存材料的成本 $=600\times2.125=1\ 275$（元）

2. 领用原材料的核算

企业生产经营领用原材料时，按实际成本，借记“生产成本”、“制造费用”、“销售费用”、“管理费用”等科目，贷记“原材料”科目；企业发出委托外单位加工的原材料，借记“委托加工物资”科目，贷记“原材料”科目；在建工程领用原材料时，应借记“在建工程”科目，贷记“原材料”科目，贷记“应交税费—应交增值税（进项税额转出）”科目。

【例 4-5】 某企业 20××年 10 月，甲材料的“发料凭证汇总表”表明：基本生产车间生产领用 10 000 元，管理部门领用 5 000 元，销售部门领用 2 000 元。企业应编制如下分录：

借：生产成本　　10 000

　　管理费用　　5 000

　　销售费用　　2 000

　　贷：原材料　　17 000

4.2.3 计划成本法

原材料按计划成本计价方法进行核算，就是原材料的收发凭证按照计划成本进行计价，总分类账及明细分类账按计划成本计价。

在计划成本下，取得的原材料通过“材料采购”、“原材料”科目进行核算，材料的实际成本与计划成本的差异通过“材料成本差异”科目进行核算。

4.2.3.1 取得原材料的核算

平时，企业支付材料价款和运杂费等时，按应计入材料采购成本的金额，借记“材料采购”，按实际支付或应支付的金额，贷记“银行存款”、“应付账款”等。涉及增值税进项税额的，还应进行相应的账务处理。

月份终了，企业应将仓库转来的外购收料凭证，分别不同情况进行处理。

对于已经付款或已开出、承兑商业汇票的收款凭证，应按实际成本和计划成本分别汇总，按计划成本，借记“原材料”，贷记“材料采购”；将实际成本大于计划成本的差异，即超支差异，借记“材料成本差异”，贷记“材料采购”；实际成本小于计划成本的差异，即节约差异，做相反的会计分录。“材料成本差异”账户期末借方余额，反映企业库存材料等的实际成本大于计划成本的差异，即超支差异；贷方余额反映企业库存材料等的实际成本小于计划成本的差异，即节约差异。

对于尚未收到发票账单的收料凭证，应按计划成本暂估入账，借记“原材料”，贷记“应付账款—暂估应付账款”科目，下期初做相反分录予以冲回。下期收到发票账单的收料凭证，借记“材料采购”，贷记“银行存款”、“应付账款”等科目。涉及增值税进项税的，还应进行相应的处理。

【例 4-6】 某企业为增值税一般纳税人，增值税率为 17%。材料按照计划成本进行核算。该企业 A 材料 20×7 年 2 月初余额为 11 200 元，A 材料的“材料成本差异”月初余额为借方余额 1 200 元。该企业 20×7 年 2 月发生的有关 A 材料的购进业务如下。

(1)2 日，该公司购入 A 材料一批，取得增值税专用发票上注明的材料价款为 4 000 元，增值税额为 680 元，发票等结算凭证已经收到，签发承兑一张 2 个月后到期的商业汇票结算材料价款，材料已验收入库。

借:材料采购—A 材料	4 000	
应交税费—应交增值税(进项税额)	680	
贷:应付票据		4 680

(2)7 日，该公司购入 A 材料一批，取得增值税专用发票上注明的原材料价款为 6 000 元，供应单位代垫运杂费 200 元，增值税额为 1 020 元，发票等结算凭证已经收到，货款通过银行转账支付，材料已验收入库。该批材料的计划成本为 5 800 元。

借:材料采购—A 材料	6 200	
应交税费—应交增值税(进项税额)	1 020	
贷:银行存款		7 220

(3)12 日，购入 A 材料一批，材料已收到并已验收入库，但发票等结算凭证尚未收到，货款尚未支付。该批材料的计划成本为 7 000 元。企业应于月末按计划成本暂估入账。会计处理如下：

借:原材料—A 材料　　7 000

　贷:应付账款—暂估应付账款　　7 000

下月初用作相反分录予以冲回:

借:应付账款—暂估应付账款　　7 000

　贷:原材料—A 材料　　7 000

(4)20 日,该公司购入 A 原材料一批,取得增值税专用发票上注明的原材料价款为 8 000 元,增值税额为 1 360 元,货款通过银行转账支付,材料已验收入库。该批材料的计划成本为 10 000 元。

借:材料采购—A 材料　　8 000

　应交税费—应交增值税(进项税额)　　1 360

　贷:银行存款　　9 360

(5)月末,汇总本月已经付款或已开出、承兑商业汇票的入库材料的计划成本为 18 800(3 000 + 5 800 + 10 000)元,实际成本为 18 200(4 000 + 6 200 + 8 000)元,本月收入 A 材料成本差异为 600 元(18 800 - 18 000),为节约差异。

借:原材料—A 材料　　18 800

　贷:材料采购—A 材料　　18 800

借:材料采购—A 材料　　600

　贷:材料成本差异—A 材料　　600

值得注意的是:本月收入材料的计划成本中不包括暂估入账的材料的计划成本。

4.2.3.2 发出原材料的核算

计划成本法下,平时存货的发出仍是采用计划成本,但在期末需要通过"材料成本差异"科目,将发出存货和期末存货调整为实际成本。

材料成本差异随着材料的入库而形成,同时随着材料出库而减少。所以,期初和当期形成的材料成本差异,应当在已发出材料和期末结存材料之间进行分配。企业应当在会计期末计算材料成本差异分配率,据以分配当月形成的材料成本差异。材料成本差异的计算公式如下:

$$本月材料成本差异率=\frac{月初结存材料的成本差异+本月收入材料的成本差异}{月初结存材料的计划成本+本月收入材料的计划成本}$$

本月发出材料应负担的差异 = 发出材料的计划成本 × 本月材料成本差异率

特别需要注意的是,在计算材料成本差异单时,超支差异取正数,节约差异取负数。

仍以例 4-6 为例,计算 A 材料本月材料成本差异率:

$$本月材料成本差异率=\frac{1\ 200+(-600)}{11\ 200+18\ 800}=2\%$$

发出材料应负担的成本差异,必须按月分摊,不得在季末或年末一次分摊。结转发出材料应负担的材料成本差异,按实际成本大于计划成本的超支差异,借记“生产成本”、“管理费用”、“销售费用”等科目,贷记本科目;实际成本小于计划成本的节约差异做相反的分录。

仍以例4-6为例,假定该企业2月份领用的A材料的计划成本为12 000元,其中,车间生产领用4 000元,车间一般耗用1 000元,管理部门领用5 000元,出售2 000元。

1. 按计划成本发出原材料

借:生产成本	4 000	
制造费用	1 000	
管理费用	5 000	
其他业务成本	2 000	
贷:原材料—A 材料		12 000

2. 分摊材料成本差异

利用计算出的本月材料成本差异率2%计算分摊材料成本差异:

生产成本 =4 000 ×2% =80(元)

制造费用 =1 000 ×2% =20(元)

管理费用 =5 000 ×2% =100(元)

其他业务成本 =2 000 ×2% =40(元)

借:生产成本	80	
制造费用	20	
管理费用	100	
其他业务成本	40	
贷:材料成本差异—A 材料		240

4.3 包装物

包装物是指为了包装本企业商品而储备的各种包装容器,如桶、箱、瓶、坛、袋等。

包装物核算的内容包括:

(1)生产过程中用于包装产品并作为产品组成部分的包装物;

(2)随同产品销售,不单独计价的包装物;

(3)随同产品销售,但单独计价的包装物;

(4)出租或出借给购买单位的包装物。

但是值得注意的是,下列包装物品,会计上不作为包装物进行核算:

(1)各种包装用的材料,如纸、绳、铁丝、铁皮等,应将其作为原材料进行核算;

(2)企业在生产经营过程中用于储存和保管产品或商品、材料、半成品等,而不随同产品或商品出售、出租或出借的包装物,其由本企业内部使用,企业应按其价值大小和使用年限长短,分别列入固定资产或低值易耗品进行核算;

(3)单独列作企业产品的自制包装物,应当列作库存产成品处理。

按照相关规定,企业应当采用“周转材料”科目来核算企业周转材料的计划成本或实际成本,包括包装物和低值易耗品,以及企业(建造承包商)的钢模板、木模板、脚手架等;另外,企业的包装物、低值易耗品,也可单独设置“包装物”、“低值易耗品”科目。

包装物可以采用实际成本计价核算,也可采用计划成本计价核算。其核算方法与原材料类似。

4.3.1 取得包装物的核算

企业购入、自制、委托外单位加工完成并已验收入库的包装物,比照“原材料”科目进行核算。

4.3.2 发出包装物的核算

企业发出的包装物,应按其用途的不同分别进行结转。下面介绍实际成本法下发出包装物的核算。

4.3.2.1 生产领用包装物

生产领用包装物的核算与生产领用原材料的核算方法相同,即领用包装物用于包装产品时,应按领用包装物的实际成本,借记“生产成本”科目,贷记“周转材料—包装物”科目。

【例4-7】 某公司生产车间领用包装物一批,实际成本为6 000元,会计分录编制如下:

借:生产成本	6 000	
贷:周转材料—包装物		6 000

4.3.2.2 随同产品出售的包装物

随同产品出售的包装物应区分以下两种情况进行账务处理:

(1)随同产品出售但不单独计价的包装物,应按照包装物的实际成本,借记“销售费用”科目,贷记“周转材料—包装物”科目。

【例4-8】 某公司销售本公司产品,领用不单独计价的包装物一批,实际成本为2 000元,会计分录编制如下:

借:销售费用	2 000	
贷:周转材料—包装物		2 000

(2)随同产品出售并单独计价的包装物,应按照包装物的实际成本,借记“其他业务成本”科目,贷记“周转材料—包装物”科目。

【例4-9】 某公司销售本公司产品,领用单独计价的包装物一批,实际成本为1 000元,会计分录编制如下:

借:其他业务成本　　1 000
　贷:周转材料—包装物　　1 000

4.3.2.3　出租或出借的包装物

1.企业用于出租或出借的包装物

这些包装物通常是可以周转使用的包装物。无论是出租还是出借包装物,一般都要向客户收取押金,作为客户按规定归还包装物的资金保证。企业收到包装物押金时,借记“库存现金”、“银行存款”,贷记“其他应付款”,退回押金作相反的会计分录。在包装物逾期收不回来而将押金没收时,借记“其他应付款”,贷记“其他业务收入”、“应交税费—应交增值税(销项税额)”,这部分押金如需交纳消费税,应借记“营业税金及附加”,贷记“应交税费—应交消费税”。

【例4-10】　某公司出租一批包装物,收取押金600元。

(1)收到押金时,会计分录编制如下:

借:银行存款　　600
　贷:其他应付款　　600

(2)假设到期客户归还包装物,该公司退回押金,会计分录编制如下:

借:其他应付款　　600
　贷:银行存款　　600

(3)假设到期客户不能归还包装物,该公司没收押金,增值税销项税额为87元,会计分录编制如下:

借:其他应付款　　600
　贷:其他业务收入　　513
　　应交税费—应交增值税(销项税额)　　87

2.收到包装物的租金时处理

对于出租包装物收到的租金作为其他业务收入处理,借记“库存现金”、“银行存款”等科目,贷记“其他业务收入”、“应交税费—应交增值税(销项税额)”科目。

【例4-11】　仍以上述例题为例,假定该公司收取2 340元包装物租金并将其存入银行。会计分录编制如下:

借:银行存款　　2 340
　贷:其他业务收入　　2 340

3.包装物的摊销

企业出租或出借的包装物可以长期周转使用,使价值逐渐丧失,因此,要采用适当的方法摊销其成本。出租包装物的成本应计入其他业务成本;出借包装物通常是为了本企业商品的销售,因此应将其作为一项销售费用。按照企业会计准则的相关规定,企业应当采用“一次摊销法”或“五五摊销法”对包装物进行摊销,记入相关资产的成本或当期损益。

(1)一次摊销法。采用这种方法,在第一次领用新的包装物时,摊销其全部成本，按出租、出借包装物的实际成本，分别借记“其他业务成本”、“销售费用”科目，贷记“周转材料—包装物”科目。

包装物报废时，按报废包装物的残料价值，借记“原材料”等科目，贷记“其他业务成本”、“销售费用”科目。

【例 4-12】 某企业出租包装物一批，该批包装物的实际成本为 2 500 元。采用一次摊销法摊销其成本，会计分录编制如下：

借：其他业务成本　　2 500

　贷：周转材料—包装物　　2 500

【例 4-13】 某企业出借包装物一批给 B 企业，该批包装物的实际成本为 1 000 元，采用一次摊销法摊销其成本，会计分录编制如下：

借：销售费用　　1 000

　贷：周转材料—包装物　　1 000

(2)五五摊销法。采用这种方法，应分别“在库”、“在用”、“摊销”进行明细核算。在第一次领用新的包装物时，按照其账面价值，借记“周转材料—包装物—在用”，贷记“周转材料—包装物—在库”，同时，按出租、出借包装物成本的 50%，借记“其他业务成本”、“销售费用”科目，贷记“周转材料—包装物—摊销”。

包装物报废时，将该包装物成本的其余 50% 摊销，借记“其他业务成本”、“销售费用”科目，贷记“周转材料—包装物—摊销”；按报废包装物的残料价值，借记“原材料”等科目，贷记“其他业务成本”、“销售费用”科目；并转销全部已摊销额，借记“周转材料—包装物—摊销”，贷记“周转材料—包装物—在用”。

【例 4-14】 某企业出租包装物一批，该批包装物的实际成本为 3 000 元，采用五五摊销法摊销其成本。

领用该批包装物时，编制如下会计分录：

借：周转材料—包装物—在用　　3 000

　贷：周转材料—包装物—在库　　3 000

同时，摊销其成本的 50%：

借：其他业务成本　　1 500

　贷：周转材料—包装物—摊销　　1 500

假定该批包装物经过多次周转使用后，认定已不能再使用，报经有关部门批准予以报废，报废时有残料价值 150 元，会计分录编制如下：

借：其他业务成本　　1 500

　贷：周转材料—包装物—摊销　　1 500

借：原材料　　150

　贷：其他业务成本　　150

借：周转材料—包装物—摊销　　3 000

　贷：周转材料—包装物—在用　　3 000

包装物采用计划成本进行日常核算的，领用等发出包装物时，还应同时结转应分摊的成本差异。“周转材料—包装物”科目的期末借方余额，反映企业在库包装物的实际成本或计划成本以及在用包装物的摊余价值。

4.4 低值易耗品

低值易耗品是指使用期限较短、单位价值较低的、在固定资产标准以下的各种用具物品，如一般用工具、专用工具、劳动保护用品等等。由于其价值较低，较易损坏，因此，为了简化核算，会计上将其归入流动资产，视同存货进行管理。

如上节所述，企业的低值易耗品可以通过“周转材料”科目进行核算，也可以通过“低值易耗品”科目单独进行核算。

“周转材料—低值易耗品”科目属于资产类，其借方登记企业购入、自制、委托外单位加工完成而增加的低值易耗品的成本，贷方登记企业领用、摊销等原因而减少的低值易耗品的成本，期末借方余额反映企业在库低值易耗品的实际成本或计划成本以及在用低值易耗品的摊余价值。

4.4.1 取得低值易耗品的核算

企业购入、自制、委托外单位加工完成并已验收入库的低值易耗品，比照“原材料”科目进行核算。

4.4.2 发出低值易耗品的核算

企业发出低值易耗品，其价值可以根据不同种类的低值易耗品的特点，分别采用“一次摊销法”或“五五摊销法”对低值易耗品进行摊销，记入相关资产的成本或当期损益，账务处理方法与包装物相似。

4.4.2.1 一次摊销法

采用一次摊销法，在领用时应将其全部价值记入有关的成本、费用，借记“制造费用”、“管理费用”、“其他业务成本”等科目，贷记“周转材料—低值易耗品”科目；报废时，按低值易耗品的残料价值，借记“原材料”等科目，贷记“制造费用”、“管理费用”、“其他业务成本”等科目。

【例 4-15】 某企业生产车间领用一批低值易耗品，其成本为 2 100 元。编制会计分录如下：

借：制造费用　　　　2 100

　　贷：周转材料—低值易耗品　　　　2 100

假定该批低值易耗品报废时的残料价值为 200 元，应编制如下分录：

借：原材料　　　　200

　　贷：制造费用　　　　200

4.4.2.2 五五摊销法

采用这种方法，应分别“在库”、“在用”、“摊销”进行明细核算。在第一次领用新的低值易耗品时，按照其账面价值，借记“周转材料—低值易耗品—在用”，贷记“周转材料—低值易耗品—在库”，同时，按低值易耗品成本的50%，借记“制造费用”、“管理费用”、“其他业务成本”等科目，贷记“周转材料—低值易耗品—摊销”。

低值易耗品报废时，将该低值易耗品成本的其余50%摊销，借记“制造费用”、“管理费用”、“其他业务成本”等科目，贷记“周转材料—低值易耗品—摊销”；按报废低值易耗品的残料价值，借记“原材料”等科目，贷记“制造费用”、“管理费用”、“其他业务成本”等科目；并转销全部已提摊销额，借记“周转材料—低值易耗品—摊销”，贷记“周转材料—低值易耗品—在用”。

【例4-16】 某企业管理部门领用低值易耗品一批，实际成本为3 000元，采用五五摊销法摊销其成本。

(1)领用时，编制如下会计分录：

借：周转材料—低值易耗品—在用	3 000	
贷：周转材料—低值易耗品—在库		3 000

同时，摊销其成本的50%：

借：管理费用	1 500	
贷：周转材料—低值易耗品—摊销		1 500

(2)报废时摊销其价值的另一半，编制如下会计分录：

借：管理费用	1 500	
贷：周转材料—低值易耗品—摊销		1 500

(3)假定低值易耗品有残料价值为350元，编制如下会计分录：

借：原材料	350	
贷：管理费用		350

(4)注销在用低值易耗品的成本，编制如下会计分录：

借：周转材料—低值易耗品—摊销	3 000	
贷：周转材料—低值易耗品—在用		3 000

低值易耗品采用计划成本进行日常核算的，领用等发出低值易耗品时，还应同时结转应分摊的成本差异。

4.5 委托加工物资

企业由于生产经营的需要，有时需要将一些物资委托其他单位进行加工，从而制造其他的物资。在物资的加工过程中需要消耗原材料，并发生各种费用等。企业对委托加工物资进行核算，就是要正确地反映和监督委托加工物资的发出，加工费用的发生，以及物资加工完工后验收入库等。

因此，委托加工业务在会计处理上主要包括拨付加工物资、支付加工费用和税金、收回加工物资和剩余物资等几个环节。委托加工物资通过“委托加工物资”科目进行核算,该科目可以按照加工合同、受托加工单位以及加工物资的品种等进行明细核算。

4.5.1 拨付委托加工物资

企业发给外单位加工的物资,按实际成本,借记“委托加工物资”,贷记“原材料”、“库存商品”等;按计划成本或售价进行核算的企业,还应同时结转材料成本差异或商品进销差价。

4.5.2 支付加工费、运杂费和增值税等

企业支付加工费、应负担的运杂费、增值税等,借记“委托加工物资”、“应交税费—应交增值税(进项税额)”等科目,贷记“银行存款”等科目。

4.5.3 交纳的消费税

需要交纳消费税的委托加工物资,由受托方代收代交的消费税,应分别按以下两种情况进行处理:

(1)委托加工物资收回后直接用于销售的,委托方将受托方代收代交的消费税记入委托加工物资的成本,借记“委托加工物资”,贷记“银行存款”或“应付账款”等科目。

(2)委托加工物资收回后用于连续生产应税消费品的,委托方应按准予抵扣的受托方代收代交的消费税,借记“应交税费—应交消费税”,贷记“银行存款”或“应付账款”等科目。

4.5.4 加工完成收回加工物资

加工完成验收入库的物资和剩余物资,按其实际成本,借记“原材料”、“库存商品”等科目,贷记“委托加工物资”;采用计划成本或售价核算的企业,按计划成本或售价,借记“原材料”或“库存商品”科目,按实际成本,贷记“委托加工物资”,按实际成本与计划成本或售价之间的差额,借记或贷记“材料成本差异”或“商品进销差价”科目。

“委托加工物资”科目期末借方余额反映企业委托外单位加工尚未完成物资的实际成本。

【例4-17】 某企业原材料采用实际成本法进行核算。该企业委托B企业为其加工材料一批(属于应税消费品),发出原材料的实际成本为6 000元,支付的加工费3 000元(不含增值税),消费税税率10%,材料加工完成验收入库,加工费用等已经支付。双方适用的增值税率都是17%。有关会计处理如下。

(1)该企业将收回的委托加工物资直接用于销售:

①发出材料时,编制如下分录:

借:委托加工物资　　　　6 000

　　贷:原材料　　　　　　6 000

②支付加工费增值税时,编制如下分录:

借:委托加工物资 3 000

应交税费—应交增值税(进项税额) 510

贷:银行存款 3 510

③计算受托方代收代交的消费税:

$$消费税组成计税价格 = \frac{6\ 000 + 3\ 000}{1 - 10\%} = 10\ 000(元)$$

$$受托方代收代交的消费税 = 10\ 000 \times 10\% = 1\ 000(元)$$

支付受托方代收代交的消费税时,编制如下分录:

借:委托加工物资 1 000

贷:银行存款 1 000

④委托加工物资完工,验收入库时,编制如下分录:

借:原材料 10 000

贷:委托加工物资 10 000

(2)该企业将收回的委托加工物资用于连续生产应税消费品:

①发出材料时,编制分录同上;

②支付加工费增值税时,编制分录同上;

③支付受托方代收代交的消费税时,编制如下分录:

借:应交税费—应交消费税 1 000

贷:银行存款 1 000

④委托加工物资完工,验收入库时,编制如下分录:

借:原材料 9 000

贷:委托加工物资 9 000

4.6 存货的清查

4.6.1 存货清查的内容与意义

存货是企业资产的重要组成部分,而且具有较强的流动性。为了加强对存货的控制,维护存货的安全完整,企业应当定期或不定期地对存货进行清查盘点,并与账面记录进行核对,就是为了保证企业资产的安全和完整,确保存货账实相符。

通过存货的清查盘点确定企业各种存货的实际库存数量,并与账面记录核对,查明存货盘盈、盘亏和毁损的数量以及造成盘盈、盘亏和毁损的原因,并根据清查结果编制"存货盘点报告单",作为存货清查的原始凭证,并按规定程序,报经有关部门审批处理。

4.6.2 存货数量的盘存方法

存货应当定期盘点,每年至少盘点一次。常用的存货数量盘存的方法有实地盘存制与永续盘存制。

4.6.2.1 实地盘存制

实地盘存制也称定期盘存制，指会计期末通过对全部存货进行实地盘点以确定期末存货的数量，再乘以各项存货的单价，计算出期末存货的成本。倒挤本期耗用或已销售存货的成本。

采用这一方法，平时对有关存货明细账只登记收入数，不登记发出数。期末通过实地盘点确定存货实际结存的数量，据以计算出期末存货的成本和当期耗用或销货成本。这一方法又通常被称为“以存计耗”或“以存计销”。

该种方法所依据的等式为：

期初结存 + 本期购货 - 期末结存 = 本期耗用或销货

采用实地盘存制，平时不记录发出存货的数量和金额，因此，其最大的优点是简便易行。但缺点也很明显，一是不能随时反映存货的收入、发出和结存的情况，不宜于管理人员掌握情况；二是容易掩盖存货管理中的问题。由于“以存计耗”，“以存计销”倒挤成本，从而使得非正常消耗或耗用的存货损失、差错等原因引起的短缺全部计入耗用或销货成本之内，掩盖了存货管理上存在的问题，削弱了对存货的控制；最后，这种方法只能到期末才能结出结余的存货成本，不能随时结转成本。

所以，实地盘存制的实用性较差，只适用于那些自然消耗较大、数量不稳定的鲜活商品等。

4.6.2.2 永续盘存制

永续盘存制又称为账面盘存制，是通过分别品名规格设置存货明细账，逐笔逐日登记收入发出的存货，并随时结出结余存货的数量、金额的一种存货盘存方法。采用这种方法，通过会计账簿，就可以完整地反映存货的收入、发出和结存情况。但是为了验证存货账面记录，加强对存货的管理，每年至少应对存货进行一次全面盘点。

4.6.3 存货清查的核算

存货清查的核算通过“待处理财产损溢”科目进行。

4.6.3.1 存货盘盈

存货盘盈是指存货的实存数量超过了其账面结存的数量。存货发生盘盈时，如经查明是由于收发计量或核算上的误差等原因造成的，应及时办理存货入账的手续，调整存货的账面实存数，借记“原材料”、“库存商品”等存货科目，贷记“待处理财产损溢—待处理流动资产损溢”科目；待查明原因，报经批准处理后，冲减当期管理费用。

【例4-18】 某公司进行存货清查，发现盘盈原材料200千克，经查明是由于收发计量上的误差造成的。该材料的实际成本为20元/千克。有关的账务处理如下：

(1)盘盈的原材料，未经批准前入账，编制如下分录：

借：原材料	4 000	
贷：待处理财产损溢—待处理流动资产损溢		4 000

(2)报经批准处理后,冲减当期管理费用,编制如下分录:

借:待处理财产损溢—待处理流动资产损溢 4 000

贷:管理费用 4 000

4.6.3.2 存货盘亏和毁损

存货盘亏是指存货的实存数量低于其账面结存的数量。存货发生盘亏或毁损时,应借记"待处理财产损溢—待处理流动资产损溢"科目,贷记"原材料"、"库存商品"等存货科目。期末,再根据造成盘亏和毁损的原因,分别以下情况进行处理:

1. 属于自然损耗

这时产生的定额内损耗,计入管理费用,即借记"管理费用"科目,贷记"待处理财产损溢—待处理流动资产损溢"科目。

【例 4-19】 某企业进行存货清查,发现盘亏原材料 230 千克,实际成本为 25 元/千克。经查明,盘亏的原材料属于定额内的合理损耗,相关的账务处理如下:

(1)盘亏的原材料,未经批准前入账,编制如下分录:

借:待处理财产损溢—待处理流动资产损溢 5 750

贷:原材料 5 750

(2)报经批准处理后,计入当期管理费用,编制如下分录:

借:管理费用 5 750

贷:待处理财产损溢—待处理流动资产损溢 5 750

2. 属于计量收发差错和管理不善等原因

如此造成的存货短缺或毁损,应先扣除残料价值、可以收回的保险赔偿和过失人赔偿,然后将净损失计入管理费用。

【例 4-20】 某企业进行存货清查,发现甲产品毁损 100 件,实际成本为 5 500 元,残余价值为 500 元,经查明是由于管理不善造成的,应由责任人赔偿 1 000 元。相关账务处理如下。

(1)批准前,调整产品账面实存数,编制如下分录:

借:待处理财产损溢—待处理流动资产损溢 5 500

贷:库存商品 5 500

(2)残料作价入库时,编制如下分录:

借:原材料 500

贷:待处理财产损溢—待处理流动资产损溢 500

(3)应由责任人赔偿 1 000 元,编制如下分录:

借:其他应收款 1 000

贷:待处理财产损溢—待处理流动资产损溢 1 000

(4)扣除残料价和过失人赔偿,然后将净损失计入管理费用,,编制如下分录:

借:管理费用 4 000

贷:待处理财产损溢—待处理流动资产损溢 4 000

3. 属于自然灾害或意外事故等非常原因

以上原因造成的存货毁损，应先扣除残料价值、可以收回的保险赔偿和过失人赔偿，然后将净损失计入营业外支出。

【例 4-21】 某企业由于自然灾害毁损一批产品，实际成本为 5 000 元，残余价值为 200 元，应由保险公司赔偿 3 000 元。相关账务处理如下。

(1) 批准前，调整产品账面实存数，编制如下分录：

借：待处理财产损溢—待处理流动资产损溢	5 000	
贷：库存商品		5 000

(2) 残料作价入库时，编制如下分录：

借：原材料	200	
贷：待处理财产损溢—待处理流动资产损溢		200

(3) 应由保险公司赔偿 3 000 元，编制如下分录：

借：其他应收款	3 000	
贷：待处理财产损溢—待处理流动资产损溢		3 000

(4) 扣除残料价和过失人赔偿，然后将净损失计入营业外支出，编制如下分录：

借：营业外支出	1 800	
贷：待处理财产损溢—待处理流动资产损溢		1 800

4.7 存货的期末计价

4.7.1 存货的成本与可变现净值孰低法

根据《企业会计准则》的相关规定，资产负债表日，存货应当按照成本与可变现净值孰低计量。存货成本高于其可变现净值的，应当计提存货跌价准备，计入当期损益。

可变现净值，是指在日常活动中，以存货的估计售价减去至完工时将要发生的成本、销售费用以及相关税费后的金额。企业确定存货的可变现净值，应当以取得的确凿证据为基础，并且考虑持有存货的目的、资产负债表日后事项的影响等因素，按照相关规定分别选择以合同价格、一般销售价格和市场价格为基础确定存货的可变现净值。不同存货的可变现净值的确定方法也不相同。

4.7.2 成本与可变现净值孰低的账务处理

4.7.2.1 存货跌价准备的提取方法

企业每期都应当重新确定存货的可变现净值，如果存货存在下列情形之一的，表明存货的可变现净值低于成本：

(1) 该存货的市场价格持续下跌，并且在可预见的未来无回升的希望；

(2) 企业使用该项原材料生产的产品的成本大于产品的销售价格；

(3)企业因产品更新换代,原有库存原材料已不适应新产品的需要,而该原材料的市场价格又低于其账面成本;

(4)因企业所提供的商品或劳务过时或消费者偏好改变而使市场的需求发生变化,导致市场价格逐渐下跌;

(5)其他足以证明该项存货实质上已经发生减值的情形。

存货存在下列情形之一的,表明存货的可变现净值为零:

(1)已霉烂变质的存货;

(2)已过期且无转让价值的存货;

(3)生产中已不再需要,并且已无使用价值和转让价值的存货;

(4)其他足以证明已无使用价值和转让价值的存货。

《企业会计准则》规定,企业应当按照单个存货项目计提存货跌价准备。对于数量繁多、单价较低的存货,可以按照存货类别计提存货跌价准备。与具有类似目的或最终用途并在同一地区生产和销售的产品系列相关,且难以与其他项目分开计量的存货,可以合并计提存货跌价准备。

4.7.2.2 存货跌价准备的账务处理

企业计提存货跌价准备应通过"存货跌价准备"科目进行核算,该科目可以按照存货项目或类别进行明细核算。该科目期末贷方余额,反映企业已计提但尚未转销的存货跌价准备。

期末,企业计算出的存货可变现净值低于成本的差额与"存货跌价准备"科目余额进行比较,确定是应当补提或是冲回存货跌价准备。提取存货跌价准备时,借记"资产减值损失 - 计提的存货减值准备"科目,贷记"存货跌价准备"科目,冲回时作相反的分录;但是,如果以前减记存货价值的影响因素已经消失的,减记的金额应当予以恢复,并应在原已计提的存货跌价准备的金额内转回,转回的金额计入当期损益,借记"存货跌价准备"科目,贷记"资产减值损失"科目;发出存货结转存货跌价准备的,借记"存货跌价准备"科目,贷记"主营业务成本"、"生产成本"等科目。

【例 4-22】 某公司对存货采用成本与可变现净值孰低法进行计量。

(1)20×7 年 12 月 31 日该公司拥有的某原材料账面成本为 25 000 元,由于市场价格下跌,可变现净值为 20 000 元。应计提的存货跌价准备为 5 000 元,作如下处理:

借:资产减值损失—计提的存货减值准备　　5 000
　　贷:存货跌价准备　　5 000

(2)20×8 年 6 月 30 日。由于市场价格有所上涨,该材料的预计可变现净值为 21 000 元,应当冲减计提的存货跌价准备 1 000 元,作如下处理:

借:存货跌价准备　　1 000
　　贷:资产减值损失—计提的存货减值准备　　1 000

(3)20×8 年 12 月 31 日。假设由于市场价格有所上涨,该材料的预计可变现净值为26 000元。尽管以前减记存货价值的影响因素已经消失，减记的金额应当予以恢复，但应在原已计提的存货跌价准备的金额内转回，转回金额为4 000元，应作如下处理：

借：存货跌价准备　　4 000

　贷：资产减值损失—计提的存货减值准备　　40 005

本章练习题

一、单项选择题

1. 某工业企业为增值税一般纳税人，2010年10月9日购入材料一批，取得的增值税专用发票上注明的价款为21 200元，该企业适用的增值税税率为17%，材料入库前的挑选整理费为200元，材料已验收入库。则该企业取得的该材料的入账价值应为（　　）元。

A. 20 200　　B. 21 400　　C. 23 804　　D. 25 004

2. 材料采购过程中，运输途中发生的合理损耗在工业企业应直接计入（　　）。

A. 存货成本　　B. 主营业务成本　　C. 营业外支出　　D. 当期损益

3. 下列相关的经济业务中，不应计入营业外支出的是（　　）。

A. 计量差错引起的原材料盘亏　　B. 固定资产的盘亏

C. 自然灾害造成的原材料损失　　D. 固定资产处置的净损失

4. 某企业为增值税一般纳税企业，适用的增值税税率为17%，适用的消费税税率为10%。该企业委托其它单位（增值税一般纳税企业）加工一批属于应税消费品的原材料，该批委托加工原材料收回后直接用于销售。发出材料的成本为18万元，支付的不含增值税的加工费为9万元，支付的增值税为1.53万元。该批原材料已加工完成并验收入库，则原材料成本为（　　）万元。

A. 27　　B. 28　　C. 30　　D. 31.53

5. 对随同商品出售而单独计价的包装物进行会计处理时，应将其实际成本结转到（　　）。

A. "制造费用"科目　　B. "销售费用"科目

C. "营业外支出"科目　　D. "其他业务成本"科目

6. 对随同商品出售而不单独计价的包装物进行会计处理时，其实际成本应结转到（　　）。

A. "制造费用"科目　　B. "销售费用"科目

C. "营业外支出"科目　　D. "其他业务成本"科目

7. 某企业购进材料一批100公斤，计划单价10元，实际单价12元，验收时发现短缺20公斤，其中10公斤为途中合理损耗，10公斤由运输部门负责，则入库材料的成本差异额为（　　）元。

A. 200　　B. 160　　C. 280　　D. 180

8. 某企业原材料按实际成本进行日常核算。20×7 年 3 月 1 日结存甲材料 100 公斤，每公斤实际成本为 20 元；3 月 15 日购入甲材料 280 公斤，每公斤实际成本为 24 元；3 月 31 日发出甲材料 200 公斤。如按先进先出法计算，3 月份发出甲材料的实际成本应为（　　）元。

A. 4 000　　B. 5 000　　C. 4 400　　D. 4 800

9. 某材料期初计划成本为 50 000 元，成本差异率为 4%，本月没有材料收入业务，发出材料计划成本为 40 000 元，则本月发出该材料的实际成本为（　　）

A. 38 400 元　　B. 39 111 元　　C. 40 000 元　　D. 41 600 元

10. 某工业企业月初库存原材料计划成本为 18 500 元，材料成本差异贷方余额为 1 000 元，本月 10 日购入原材料的实际成本为 42 000 元，计划成本为 41 500 元。本月发出材料计划成本为 20 000 元。本月月末发出材料的实际成本为（　　）元。

A. 20 000　　B. 39 687　　C. 19 833　　D. 40 322

11. 某企业月初结存 A 材料 300 件，每件实际成本为 15 元，本月收入 A 材料 700 件，每件实际成本为 13 元，本月发出 A 材料 800 件，若采用一次加权平均法计算发出 A 材料的单位成本，则本月发出 A 材料的实际成本为（　　）。

A. 9 520 元　　B. 10 400　　C. 10 880 元　　D. 12 000 元

12. 企业对于已记入"待处理财产损溢"科目的存货盘亏及毁损事项进行会计处理时，应计入管理费用的是（　　）。

A. 管理不善造成的存货净损失　　B. 自然灾害造成的存货净损失

C. 应由保险公司赔偿的存货损失　　D. 应由过失人赔偿的存货损失

13. 某一般纳税企业委托外单位加工一批消费税应税消费品，材料成本 150 万元，加工费 15 万元（不含税），受托方增值税税率为 17%，受托方代扣代缴消费税 20 万元。该批材料加工后委托方直接出售，则该批材料加工完毕入库时的成本为（　　）万元。

A. 163.5　　B. 185　　C. 158.5　　D. 155

14. 在物价持续下跌的情况下，下列各种存货计价方法中，能使企业计算出来的当期利润最小的计价方法是（　　）。

A. 先进先出法　　B. 移动平均法　　C. 加权平均法　　D. 以上三种方法均可

15. 可变现净值孰低法对存货进行期末计价，成本与可变现净值按单项存货进行比较。2008 年 12 月 31 日，甲、乙、丙三种存货成本与可变现净值分别为：甲存货成本 10 万元，可变现净值 8 万元；乙存货成本 12 万元，可变现净值 15 万元；丙存货成本 18 万元，可变现净值 15 万元。甲、乙、丙三种存货已计提的跌价准备分别为 1 万元、2 万元、2 万元。假定该企业只有这三种存货，2008 年 12 月 31 日应补提的存货跌价准备总额为（　　）万元。

A. −0.5　　B. 5　　C. 2　　D. 0

二、多项选择题

1. 下列各项中,属于存货采购成本的有(　　)。

A. 采购价格　　B. 入库前的挑选整理费

C. 运输途中的合理损耗　　D. 运输途中因遭受灾害发生的损耗

2. "材料成本差异"账户借方可以用来登记(　　)。

A. 购进材料实际成本小于计划成本的差额

B. 发出材料应负担的超支差异

C. 发出材料应负担的节约差异

D. 购进材料实际成本大于计划成本的差额

3. 期末存货计价过高,可能会引起(　　)。

A. 所有者权益减少　　B. 当期利润减少

C. 当期利润增加　　D. 销售成本降低

4. 某企业委托外单位加工材料,加工材料收回后用于本企业继续生产应税产品,则下列项目中构成委托加工材料实际成本的有(　　)。

A. 受托方代扣代交的消费税　　B. 加工费用

C. 外地运杂费　　D. 发出材料的实际成本

5. 下列项目中,应作为销售费用处理的有(　　)。

A. 随同产品出售不单独计价包装物的成本

B. 随同产品出售单独计价包装物的成本

C. 出租包装物的摊销价值

D. 出借包装物的摊销价值

三、判断题

1. 月末一次加权平均法有利于存货成本日常管理与控制。(　　)

2. 盘盈的存货冲减管理费用,盘亏及毁损的存货,按扣除残料价值和应由保险公司、过失人赔款后的净损失,作为管理费用。(　　)

3. 存货发出计价方法的选择直接影响着资产负债表中资产总额的多少,而与利润表中净利润的大小无关。(　　)

4. 委托加工物资收回后,直接用于对外销售的,委托方应将交纳的消费税计入委托加工物资的成本。(　　)

5. 采用计划成本进行材料日常核算的,月末分摊材料成本差异时,无论是节约还是超支,均记入"材料成本差异"账户的贷方。(　　)

6. 已完成销售手续、但购买方在月末尚未提取的产品,销售方仍应作为本企业库存商品核算。(　　)

四、计算与核算题

1. A公司20××年8月1日,甲材料期初结存数量500件,单价10元;本月购入、发出甲材料的有关资料如下:

(1)8 月 5 日,发出材料 300 件;

(2)8 月 10 日,购进材料 600 件,单价 11 元;

(3)8 月 15 日,发出材料 600 件;

(4)8 月 20 日,购进材料 800 件,单价 12 元;

(5)8 月 27 日,发出材料 700 件。

要求:根据上述资料,分别采用"先进先出法"和"移动加权平均法"计算 A 公司 8 月份发出甲材料和月末结存甲材料的成本。

2. 某企业 20××年 5 月初结存原材料的计划成本为 100 000 元;本月购入材料的计划成本为 200 000 元,实际成本为 204 000 元,本月发出材料的计划成本为 200 000 元,其中生产车间直接耗用 120 000 元,管理部门耗用 80 000 元。材料成本差异的月初数为 2 000 元(超支)。

要求:(1)计算材料成本差异率;

(2)计算发出材料应负担的成本差异;

(3)计算发出材料的实际成本;

(4)计算结存材料的实际成本;

(5)作出材料领用的会计分录,以及期末分摊材料成本差异的会计处理。

3. 某工业企业为增值税一般纳税企业,材料按计划成本计价核算。A 材料计划单位成本为每公斤 10 元。该企业 20××年 4 月份有关资料如下:"原材料"账户月初余额 40 000 元,"材料成本差异"账户月初贷方余额 500 元,"材料采购"账户月初借方余额 10 800 元(上述账户核算的均为 A 材料)。

(1)4 月 5 日,企业上月已付款的 A 材料 1 000 公斤如数收到,已验收入库。

(2)4 月 15 日,从外地 A 公司购入 A 材料 6 000 公斤,增值税专用发票注明的材料价款为 58 000 元,增值税额 9 860 元,企业已用银行存款支付上述款项,材料尚未到达。

(3)4 月 20 日,从 A 公司购入的 A 材料到达,验收入库时发现短缺 40 公斤,经查明为途中定额内自然损耗。按实收数量验收入库。

(4)4 月 30 日,汇总本月发料凭证,本月共发出 A 材料 7 000 公斤,全部用于产品生产。

要求:根据上述业务编制相关的会计分录,并计算本月材料成本差异率、本月发出材料应负担的成本差异及月末库存材料的实际成本。

5 投资

学习目的与要求

1. 理解交易性金融资产的概念。
2. 掌握交易性金融资产的核算。
3. 理解持有至到期投资的概念。
4. 掌握持有至到期投资的初始计量、持有期间和到期的会计处理方法。
5. 了解长期股权投资企业和被投资企业之间的关系。
6. 掌握长期股权投资成本法的会计处理方法。
7. 掌握长期股权投资权益法的会计处理方法。

5.1 交易性金融资产

5.1.1 交易性金融资产概述

交易性金融资产主要是指企业为了近期内出售而持有的金融资产。例如，企业利用闲置资金，以赚取差价为目的从二级市场购入的股票、债券、基金等。为了集中反映企业各种交易性金融资产的现有价值，以使会计报表信息使用者了解和掌握企业交易性金融资产的现有规模，各种交易性金融资产应通过“交易性金融资产”核算，并设置“交易性金融资产”、“公允价值变动损益”、“投资收益”等会计科目。

“交易性金融资产”科目核算企业为交易日所持有的债券投资、股票投资、基金投资等交易性金融资产的公允价值。企业持有的直接指定为以公允价值计量且其变动计入当期损益的金融资产也在“交易性金融资产”科目核算。“交易性金融资产”科目的借方登记交易性金融资产的取得成本、资产负债表日其公允价值高于账面余额的差额等;贷方登记资产负债表日其公允价值低于账面余额的差额,以及企业出售交易性金融资产时结转的成本和公允价值变动损益。本科目借方余额反映企业持有的交易性金融资产的公允价值。在资产负债表上,一般以“交易性金融资产”项目列示于流动性资产项目内。企业应当按照交易性金融资产的类别和品种,分别设置“成本”、“公允价值变动”等明细科目进行核算。

“公允价值变动损益”科目核算企业交易性金融资产等公允价值变动而形成的应计入当期损益的利得或损失,贷方登记资产负债表日企业持有的交易性金融资产等的公允价值高于账面余额的差额;借方登记资产负债表日企业持有的交易性金融资产等的公允价值低于账面余额的差额。企业可按交易性金融资产、交易性金融负债、投资性房地产等明细科目进行核算。

“投资收益”科目核算企业持有交易性金融资产等期间取得的投资收益以及处置交易性金融资产等实现的投资收益或投资损失,贷方登记企业出售交易性金融资产等实现的投资收益;借方登记企业出售交易性金融资产等发生的投资损失。企业可按投资项目进行明细核算,期末应将“投资收益”科目余额转入“本年利润”科目,结转后该科目无余额。

5.1.2 交易性金融资产的取得

交易性金融资产的取得以购入方式为主,有时也可能以非货币性资产交换、债务重组、投资者投入等方式取得。本章仅以交易性股票、债券的购入为主说明交易性金融资产的会计处理原则和方法。

交易性金融资产以公允价值购入,其入账成本就是该交易性金融资产的购买价格。但由于购买交易性金融资产时,还需要支付交易费用(如印花税、手续费、佣金等),因而交易性金融资产的购买成本会大于交易性金融资产的入账成本。对于支付的交易费用应当在发生时计入投资收益。取得交易性金融资产所发生的相关交易费用是指可直接归属于购买、发行或处置金融工具新增的外部费用,包括支付给代理机构、咨询公司、券商等的手续费和佣金及其他必要支出。交易性金融资产取得成本中包括的已经宣告发放但未发放的股利或已到付息期尚未领取的债券利息,应进行专门记录,并通过“应收股利”、“应收利息”科目反映。

在会计处理上,企业取得交易性金融资产,按其公允价值,借记“交易性金融资产—成本”科目,按发生的交易费用,借记“投资收益”科目,按已到付息期但尚未领取的利息或已宣告但尚未发放的现金股利,借记“应收利息”或“应收股利”科目,按实际支付的金额,贷记“银行存款”等科目。

【例5-1】 20×7年1月20日,甲公司委托某证券公司从上海证券交易所购入

M上市公司股票3 000股,每股购买价格10元,另支付交易手续费及印花税等计230元,款项以存入证券公司投资款支付。

借:交易性金融资产—M公司股票—成本　　30 000
　投资收益　　230
　贷:其他货币资金—存出投资款　　30 230

【例5-2】 20×7年1月8日,乙公司购入N公司发行的公司债券,该笔债券于20×6年7月1日发行,面值为250万元,票面利率为4%,债券利息按年支付。甲公司将其划分为交易性金融资产,支付价款为260万元(其中包含已到付息期尚未领取的债券利息5万元),另支付交易费用3万元。乙公司应作如下会计处理:

借:交易性金融资产—N公司债券—成本　　2 550 000
　应收利息　　50 000
　投资收益　　30 000
　贷:银行存款　　2 630 000

5.1.3 交易性金融资产持有期间收到的现金股利和利息

交易性金融资产在持有期间可以凭持有的交易性金融资产依法获得相关的股利或债券利息收入。企业持有交易性金融资产期间对于被投资单位宣告发放的现金股利,或在资产负债表日按分期付息、一次还本债券投资的票面利率计算的利息收入,应作为交易性金融资产持有期间实际实现的投资收益,借记"应收股利"或"应收利息"科目,贷记"投资收益"科目。实际收到现金股利或债券利息时,借记"银行存款"、"其他货币资金"等科目,贷记"应收股利"、"应收利息"科目。

【例5-3】 续例5-1,M公司于20×7年3月1日宣告发放现金股利,每股1元,甲公司持M公司股票3 000股,应收股利3 000元,该股利于20×7年3月15日实际收到。

(1)3月1日,M公司宣告发放现金股利时,确认投资收益:

借:应收股利—M公司　　3 000
　贷:投资收益　　3 000

(2)3月15日,收到M公司发放的现金股利时:

借:其他货币资金—存出投资款　　3 000
　贷:应收股利—M公司　　3 000

【例5-4】 续例5-2,20×7年2月5日,乙公司收到该笔债券利息5万元。20×8年2月10日,乙公司收到债券利息10万元。乙公司应作如下会计处理。

(1)20×7年2月5日,收到购买价款中已到付息期尚未领取的债券利息时。

借:银行存款　　50 000
　贷:应收利息　　50 000

(2)20×7年12月31日,确认甲公司的公司债券利息收入时:

借:应收利息　　100 000

贷:投资收益　　100 000

(3)20×8 年 2 月 10 日,收到持有 N 公司的公司债券利息时:

借:银行存款　　100 000

贷:应收利息　　100 000

5.1.4　交易性金融资产的期末计价

为了使交易性金融资产能够反映预计给企业带来的经济利益以及交易性金融资产预计获得价差的能力,在资产负债表日,应按当日各项交易性金融资产的公允价值对交易性金融资产账面价值进行调整,公允价值与账面余额之间的差额计入当期损益。

资产负债表日,交易性金融资产公允价值高于其账面价值的差额应增加交易性金融资产账面价值,一方面记录为该交易性金融资产待实现收益的增加或待实现损失的减少,另一方面反映企业交易性金融资产公允价值变动收益。交易性金融资产公允价值低于其账面价值的差额应调减交易性金融资产账面价值,一方面记录为该交易性金融资产待实现收益的减少或待实现损失的增加,另一方面反映企业交易性金融资产公允价值变动损失。即交易性金融资产公允价值高于其账面价值时,应按其差额借记"交易性金融资产—公允价值变动"科目,贷记"公允价值变动损益";交易性金融资产公允价值低于其账面价值时,应按其差额做相反分录。

【例 5-5】　续例 5-1、例 5-3,20×7 年 12 月 31 日甲公司持有 M 公司股票当日收盘价为每股 8 元,购买的 M 公司 3 000 股股票当日公允价值为 24 000 元,应调低该股票账面价值 6 000 元。

借:公允价值变动损益—交易性金融资产　　6 000

贷:交易性金融资产—M 公司股票—公允价值变动　　6 000

【例 5-6】　续例 5-2、例 5-4,假定 20×8 年 12 月 31 日,乙公司购买的该笔债券的市价为 258 万元;乙公司应作如下会计处理:

20×8 年 12 月 31 日,确认该笔债券的公允价值变动损益时:

借:交易性金融资产—N 公司债券—公允价值变动　　30 000

贷:公允价值变动损益　　30 000

公允价值变动损益 = 2 580 000 − 2 530 000 = 30 000

假定 20×8 年 12 月 31 日,乙公司购买的该笔债券的市价为 253 万元,则

借:公允价值变动损益　　20 000

贷:交易性金融资产—N 公司债券—公允价值变动　　20 000

5.1.5　交易性金融资产的出售

交易性金融资产出售时,其损益已经实现。应当将该金融资产出售时的公允价值与其初始入账金额之间的差额确认为投资收益,通过"投资收益—交易性金融资产投资收益"科目反映。同时调整公允价值变动损益。

交易性金融资产出售所实现的损益由两部分构成:

①出售该交易性金融资产时的出售收入与其账面价值的差额;

②原来已经作为公允价值变动损益入账的金额。

会计处理上,交易性金融资产出售后,出售收入与其账面价值的差额,以及原来已经作为公允价值变动损益入账的金额,均应作为投资收益入账,以集中反映出售该交易性金融资产实际实现的损益。如果交易性金融资产是部分出售的,无论是其账面价值,还是原来已经计入公允价值变动损益的金额,均应按出售的交易性金融资产占该交易性金融资产比例计算。

出售交易性金融资产时,按实际收到的金额借记"银行存款"、"其他货币资金"等科目,按出售交易性金融资产的成本贷记"交易性金融资产—成本"科目,按该项交易性金融资产的公允价值变动借记或贷记"交易性金融资产—公允价值变动"科目,按两者的差额借记或贷记"投资收益—交易性金融资产投资收益"科目。

【例5-7】 续例5-1、例5-3、例5-5,假如20×8年3月18日甲公司将其记录的持有M公司3 000股股票全部出售,实得价款27 000元。

出售时,甲公司记录的持有M公司3 000股股票的账面价值如下:

"交易性金融资产—M公司股票—成本"借方余额30 000元;"公允价值变动"贷方余额为6 000元;其账面价值为24 000元。

甲公司出售股票时:

借:其他货币资金—存出投资款	27 000	
交易性金融资产—M公司股票—公允价值变动	6 000	
贷:交易性金融资产—M公司股票—成本		30 000
投资收益		3 000

同时:

借:投资收益	6 000	
贷:公允价值变动损益		6 000

【例5-8】 续例5-6,假定20×8年4月15日,甲公司出售了所持有的丙公司的公司债券,售价为258.5万元,应作如下会计处理:

借:银行存款	2 585 000	
贷:交易性金融资产—N公司债券—成本		2 550 000
—公允价值变动		30 000
投资收益		5 000

同时,

借:公允价值变动损益	30 000	
贷:投资收益		30 000

5.2 持有至到期投资

5.2.1 持有至到期投资概述

持有至到期投资,是指到期日固定、回收金额固定或可确定,且企业有明确意图和能力持有至到期的非衍生金融资产。如:企业购入的国债和公司债券等。

到期日固定、回收金额固定或可确定是指相关合同明确了投资者在确定的期间内获得或应收取现金流量(例如,投资利息和本金等)的金额时间;有明确意图持有至到期,是指投资者在取得投资时意图就是明确的,除非遇到一些企业所不能控制、预期不会重复发生且难以合理预计的独立事件,否则将持有至到期;有能力持有至到期,是指企业有足够的财务资源,并不受外部因素影响将投资持有至到期。

持有至到期投资通常具有长期性质,但期限较短(1 年以内)的债券投资,符合持有至到期投资条件的,也可将其划分为持有至到期投资。

企业持有至到期投资的摊余成本应通过“持有至到期投资”科目核算,并按持有至到期投资的类别和种类分别设置“成本”、“利息调整”、“应计利息”等明细科目。“持有至到期投资”期末余额在借方,反映企业持有至到期投资的摊余成本。

5.2.2 持有至到期投资的初始计量

持有至到期投资的初始成本,是指取得持有至到期投资时的公允价值和相关费用之和。但实际支付的价款中包含的已到付息期但尚未领取的利息,作为应收利息单独核算。企业取得的持有至到期投资,应按该投资的面值,借记“持有至到期投资—成本”科目,按支付的价款中包含的已到付息期但尚未领取的利息,借记“应收利息”科目,按实际支付的金额,贷记“银行存款”等科目,按其差额,借记或贷记“持有至到期投资—利息调整”科目。

【例 5-9】 20×1 年 2 月 1 日,甲公司支付价款 102 000 元(含交易费用)从二级市场购入某公司 20×0 年 1 月 1 日发行的 5 年期债券,面值 100 000 元,票面利率 5%,按年支付利息,本金最后一次支付。支付的价款中包含应收利息 5 000(100 000×5%)。

借:持有至到期投资—成本	100 000	
应收利息	5 000	
贷:银行存款		102 000
持有至到期投资—利息调整		3 000

5.2.3 持有至到期投资的会计处理

持有至到期投资的会计处理主要应解决在资产负债表日该金融资产实际利率的计算、摊余成本的确定、持有期间的收益确认及将其处置时损益的处理。

企业持有至到期投资收益的主要来源是利息收入。企业购入不同还本付息方式的债券,投资收益的核算方法有所不同。

5.2.3.1 到期一次还本付息债券

持有至到期投资为一次还本付息债券投资的,应于资产负债表日按票面利率计算确定的应收未收利息,借记“持有至到期投资—应计利息”科目,按持有至到期投资摊余成本和实际利率计算确定的利息收入,贷记“投资收益”科目,按其差额,借记或贷记“持有至到期投资—利息调整”科目。

采用实际利率法确认各期的投资收益,首先应以债券到期时的面值与票面利息之和作为终值,以债券的初始投资成本作为现值,计算的折现率即实际利率(企业的折现期不同,实际利率也不同);然后按照初始投资成本或摊余成本乘以实际利率计算利息收入,确认投资收益。

【例5-10】 20×0年1月1日,甲公司支付价款94 035元(含交易费用),从二级市场购入某公司3年期企业债券,面值100 000元,票面利率4%,该债券到期一次还本付息。经计算该债券的实际利率为6%,根据以上资料编制会计分录如下:

(1)20×0年1月1日,购入债券:

借:持有至到期投资—成本　　100 000

　贷:银行存款　　94 035

　　持有至到期投资—利息调整　　5 965

(2)20×0年12月31日,确认实际利息收入:

实际利息=期初摊余成本(持有至到期投资的账面余额)×实际利率

=(100 000-5 965)×6%

=5 642.1

应计利息=债券面值×票面利率=1 000 000×4%=4 000

借:持有至到期投资—应计利息　　4 000

　—利息调整　　1 642.1

　贷:投资收益　　5 642.1

期末摊余成本=期初摊余成本(持有至到期投资的账面余额)+实际利息

=100 000-5 965+5 642.1

=99 677.1

(3)20×1年12月31日,确认实际利息收入:

实际利息=期初摊余成本×实际利率=99 677.1×6%=5 980.63

借:持有至到期投资—应计利息　　4 000

　—利息调整　　1 980.63

　贷:投资收益　　5 980.63

期末摊余成本=期初摊余成本+实际利息=99 677.1+5 980.63

=105 657.73

(4)20×2年12月31日,确认实际利息收入,收到本金和名义利息:

实际利息 = 期初摊余成本 × 实际利率 = 105 657.73 ×6% ≈6 342.27 *

摊余成本 = 上期摊余成本 + 实际利息 = 105 657.73 +6 342.27 = 112 000

借:持有至到期投资—应计利息　　4 000

　　　　　　　　—利息调整　　2 342.27

　贷:投资收益　　6 342.27

* 考虑了计算过程中出现的尾差 2.81 元。

借:银行存款　　112 000

　贷:持有至到期投资—成本　　100 000

　　　　　　　　　—应计利息　　12 000

上例中各期投资收益及利息调整的摊销如表 5-1 所示。

表 5-1　各期投资收益及利息调整摊销　　单位:元

年　份	期初摊余成本 A	实际利息 B	票面利息 C	利息调整摊销 D	摊余成本
	账面余额	A × 实际利率	面值 × 票面利率	B − C	A + B
20 ×0 年	94 035	5 642.1	4 000	1 642.1	99 677.1
20 ×1 年	99 677.1	5 980.63	4 000	1 980.63	105 657.73
20 ×2 年	105 657.73	6 342.27 *	4 000	2 342.27	112 000

【例 5-11】 20 ×0 年 1 月 1 日,甲公司支付价款 104 110 元(含交易费用),从二级市场购入某公司 3 年期企业债券,面值 100 000 元,票面利率 8%,该债券到期一次还本付息。经计算该债券的实际利率为 6%,根据以上资料编制会计分录如下:

(1)20 ×0 年 1 月 1 日,购入债券:

借:持有至到期投资—成本　　100 000

　　　　　　　　—利息调整　　4 110

　贷:银行存款　　104 110

(2)20 ×0 年 12 月 31 日,确认实际利息收入为:

实际利息 = 期初摊余成本(持有至到期投资的账面余额) × 实际利率

= (100 000 +4 110) ×6%

=6 246.6

应计利息 = 债券面值 × 债券利率 =1 000 000 ×8% =8 000

借:持有至到期投资—应计利息　　8 000

　贷:投资收益　　6 246.6

　　持有至到期投资—利息调整　　1 753.4

期末摊余成本 = 期初摊余成本(持有至到期投资的账面余额) + 实际利息

=100 000 +4 110 +6 246.6

=110 356.6

(3)20×1 年 12 月 31 日,确认实际利息收入为:

实际利息 = 期初摊余成本 × 实际利率 = 110 356.6 ×6% = 6 621.40

借:持有至到期投资—应计利息　　8 000

　贷:投资收益　　6 621.40

　　持有至到期投资—利息调整　　1 378.6

期末摊余成本 = 期初摊余成本 + 实际利息 = 110 356.6 + 6 621.40

= 116 978

(4)20×2 年 12 月 31 日,确认实际利息收入,收到本金和名义利息为:

实际利息 = 期初摊余成本 × 实际利率 = 116 978 ×6% ≈7 022 *

摊余成本 = 期初摊余成本 + 实际利息 = 116 978 + 7 022 = 124 000

借:持有至到期投资—应计利息　　8 000

　贷:投资收益　　7 022

　　持有至到期投资—利息调整　　978

借:银行存款　　124 000

　贷:持有至到期投资—成本　　100 000

　　　　　　　　—应计利息　　24 000

上例中各期投资收益及利息调整的摊销如表 5-2 所示:

表 5-2　各期投资收益及利息调整摊销　　单位:元

年　份	期初摊余成本 A	实际利息 B	票面利息 C	利息调整摊销 D	摊余成本
	账面余额	A×实际利率	面值×票面利率	C－B	A+B
20×0 年	104 110	6 246.6	8 000	1 753.4	110 356.6
20×1 年	110 356.6	6 621.40	8 000	1 378.6	116 978
20×2 年	116 978	7 022 *	8 000	978	124 000

* 考虑了计算过程中出现的尾差 3.32 元。

5.2.3.2　分期付息、一次还本债券

持有至到期投资为分期付息、一次还本债券投资的,应于资产负债表日按票面利率计算确定的应收未收利息,借记"应收利息"科目,按持有至到期投资摊余成本和实际利率计算确定的利息收入,贷记"投资收益"科目,按其差额,借记或贷记"持有至到期投资—利息调整"科目。

【例 5-12】　20×0 年 1 月 1 日,甲公司支付价款 91 800 元(含交易费用),从二级市场购入某公司 5 年期企业债券,面值 100 000 元,票面利率 5%,该债券每年付息,到期一次还本。经计算该债券的实际利率为 7%,根据以上资料编制会计分录如下。

各期投资收益及利息调整的摊销如表 5-3 所示。

表 5-3 各期投资收益及利息调整摊销 单位:元

年 份	期初摊余成本 A	实际利息 B	票面利息 C	利息调整摊销 D	摊余成本
	账面余额	A×实际利率	面值×票面利率	B-C	A+B-C
20×0 年	91 800	6 426	5 000	1 426	93 226
20×1 年	93 226	6 525.82	5 000	1 525.82	94 751.82
20×2 年	94 751.82	6 632.63	5 000	1 632.63	96 384.45
20×3 年	96 384.45	6 746.91	5 000	1 746.91	98 131.36
20×4 年	98 131.36	6 868.64 *	5 000	1 868.64	100 000

* 考虑了计算过程中出现的尾差 0.56 元。

根据上述数据,甲公司的有关帐务处理如下:

(1)20×0 年 1 月 1 日,购入债券为:

借:持有至到期投资—成本 100 000
　贷:银行存款 91 800
　　持有至到期投资—利息调整 8 200

(2)20×0 年 12 月 31 日,确认实际利息收入为:

借:应收利息 5 000
　持有至到期投资—利息调整 1 426
　贷:投资收益 6 426
借:银行存款 5 000
　贷:应收利息 5 000

(3)20×1 年 12 月 31 日,确认实际利息收入为:

借:应收利息 5 000
　持有至到期投资—利息调整 1 525.82
　贷:投资收益 6 525.82
借:银行存款 5 000
　贷:应收利息 5 000

(4)20×2 年 12 月 31 日,确认实际利息收入为:

借:应收利息 5 000
　持有至到期投资—利息调整 1 632.63
　贷:投资收益 6 632.63
借:银行存款 5 000
　贷:应收利息 5 000

(5)20×3 年 12 月 31 日,确认实际利息收入为:

借:应收利息 5 000
　持有至到期投资—利息调整 1 746.91

贷:投资收益 6 746.91

借:银行存款 5 000

贷:应收利息 5 000

(6)20×4 年 12 月 31 日,确认实际利息收入,收到本金和名义利息为:

借:应收利息 5 000

持有至到期投资—利息调整 1 868.64

贷:投资收益 6 868.64

借:银行存款 105 000

贷:持有至到期投资—成本 100 000

应收利息 5 000

【例 5-13】 20×0 年 1 月 1 日,甲公司支付价款 108 200 元(含交易费用),从二级市场购入某公司 5 年期企业债券,面值 100 000 元,票面利率 9%,该债券每年付息,到期一次还本。经计算该债券的实际利率为 7%,根据以上资料编制会计分录如下。

各期投资收益及利息调整的摊销如表 5-4 所示。

表 5-4 各期投资收益及利息调整摊销 单位:元

年 份	期初摊余成本 A	实际利息 B	票面利息 C	利息调整摊销 D	摊余成本
	账面余额	A×实际利率	面值×票面利率	C－B	A＋B－C
20×0 年	108 200	7 574	9 000	1 426	93 226
20×1 年	93 226	6 525.82	5 000	1 525.82	94 751.82
20×2 年	94 751.82	6 632.63	5 000	1 632.63	96 384.45
20×3 年	96 384.45	6 746.91	5 000	1 746.91	98 131.36
20×4 年	98 131.36	6 868.64＊	5 000	1 868.64	100 000

＊考虑了计算过程中出现的尾差 0.56 元。

根据上述数据,甲公司的有关帐务处理如下:

(1)20×0 年 1 月 1 日,购入债券为:

借:持有至到期投资—成本 100 000

贷:银行存款 91 800

持有至到期投资—利息调整 8 200

(2)20×0 年 12 月 31 日,确认实际利息收入为:

借:应收利息 5 000

持有至到期投资—利息调整 1 426

贷:投资收益 6 426

借:银行存款 5 000

贷:应收利息 5 000

(3)20×1 年 12 月 31 日,确认实际利息收入为:

借:应收利息 5 000

持有至到期投资—利息调整 1 525.82

贷:投资收益 6 525.82

借:银行存款 5 000

贷:应收利息 5 000

(4)20×2 年 12 月 31 日,确认实际利息收入为:

借:应收利息 5 000

持有至到期投资—利息调整 1 632.63

贷:投资收益 6 632.63

借:银行存款 5 000

贷:应收利息 5 000

(5)20×3 年 12 月 31 日,确认实际利息收入为:

借:应收利息 5 000

持有至到期投资—利息调整 1 746.91

贷:投资收益 6 746.91

借:银行存款 5 000

贷:应收利息 5 000

(6)20×4 年 12 月 31 日,确认实际利息收入,收到本金和名义利息为:

借:应收利息 5 000

持有至到期投资—利息调整 1 868.64

贷:投资收益 6 868.64

借:银行存款 10 5000

贷:持有至到期投资—成本 100 000

应收利息 5 000

上述几例中出售持有至到期投资,应按实际收到的金额,借记“银行存款”等科目,按其账面余额,贷记“持有至到期投资—成本、利息调整、应计利息”科目,按其差额,贷记或借记“投资收益”科目。已计提减值准备的,还应同时结转减值准备。

5.2.4 持有至到期投资减值

企业应当在资产负债表日对持有至到期投资的账面价值进行检查,有客观证据表明其发生减值的,应当计提减值准备。持有至到期投资发生减值时,应当将该持有至到期投资的账面价值减记至预计未来现金流量现值,减记的金额确认为资产减值损失,计入当期损益,借记“资产减值损失”科目,贷记“持有至到期投资减值准备”科目。预计未来现金流量现值,可以按照该持有至到期投资初始确定的实际利率折现计算,也可以采用合同规定的现行实际利率折现计算。

持有至到期投资确认资产减值后,如有客观证据表明该投资价值得以恢复,且客观上与确认该损失后发生的事项有关,应在原已计提的减值准备金额内,按恢复增加的金额,借记"持有至到期投资减值准备"科目,贷记"资产减值损失"科目,但是,该转回后的账面价值不应超过假定不计提减值准备情况下该持有至到期投资在转回日的摊余成本。

5.3 长期股权投资

5.3.1 长期股权投资概述

5.3.1.1 长期股权投资的概念

长期股权投资是指通过投出各种资产取得被投资企业股权且不准备随时出售的投资,其主要目的是为了长远利益而影响、控制其他在经济业务上相关联的企业。企业进行长期股权投资后,成为被投资企业的股东,有参与被投资企业经营决策的权利。

长期股权投资包括企业持有的对其子公司、合营企业及联营企业的权益性投资,以及企业持有的对被投资单位不具有控制、共同控制或重大影响,且在活跃市场中没有报价、公允价值不能可靠计量的权益性投资。

5.3.1.2 投资企业与被投资企业的关系

按照投资企业对被投资企业的影响程度,投资企业与被投资企业的关系可以分为以下几种类型。

1. 控制

控制是指投资企业有权决定被投资企业的财务和经营决策,并能据以从该企业的经营活动中获取利益。控制一般存在于以下情况:

(1)投资企业直接拥有被投资单位50%以上的表决权资本;

(2)投资企业虽然直接拥有被投资单位50%或以下的表决权资本,但能够通过章程、协议、法律等其他方式拥有半数以上表决权,或能够任免董事会多数成员,或在董事会中拥有半数以上投票权等具有实质控制权的,也视为对被投资企业拥有控制权。

2. 共同控制

共同控制是指按照合同约定与其他投资者对被投资企业所共有的控制,一般来说,具有共同控制权的各投资方所持有的表决权资本相同。在这种情况下,被投资企业的重要财务和经营决策只有在分享控制权的投资方一致同意时才能通过。被各投资方共同控制的企业,一般称为投资企业的合营企业。

3. 重大影响

重大影响是指对一个企业的财务和经营决策有参与的权利,但并不能够控制或者与其他方一起共同控制这些决策的制定。当投资企业直接拥有被投资单位20%

或以上至50%的表决权资本时，一般认为对被投资单位具有重大影响。此外，虽然投资企业直接拥有被投资单位20%以下的表决权资本，但投资企业在被投资企业的董事会中派有董事，或能够参与被投资企业的财务和经营决策的制定，也应确认为对被投资单位具有重大影响。被投资企业如果受到投资企业的重大影响，一般称为投资企业的联营企业。

5.3.2 长期股权投资的初始计量

企业的长期股权投资，可以分为两大类：一类是企业合并取得的，另一类是非企业合并取得的。企业合并取得的长期股权投资，又分为同一控制下企业合并和非同一控制下企业合并取得的长期股权投资。不同方式取得的长期股权投资，会计处理方法有所不同。

5.3.2.1 同一控制下企业合并取得的长期股权投资

同一控制下的企业合并，是指参与合并的企业在合并前后均受同一方或相同的多方最终控制，且该控制并非暂时性的。例如，A公司为B公司和C公司的母公司，A公司将其持有C公司60%的股权转让给B公司。转让股权后，B公司持有C公司60%的股权，但B公司和C公司仍由A公司所控制。

同一控制下的企业合并，在合并日取得对其他参与合并企业控制权的一方为合并方，参与合并的其他企业为被合并方。合并日，是指合并方实际取得对被合并方控制权的日期。

同一控制下的企业合并，合并双方的合并行为不完全是自愿进行和完成的，这种企业合并不属于交易行为，而是参与合并各方资产和负债的重新组合，因此，合并方可以按照被合并方的账面价值进行初始计量。

同一控制下企业合并形成的长期股权投资，应在合并日按取得被合并方所有者权益账面价值的份额，借记“长期股权投资—成本”科目，按享有被投资单位已宣告但尚未发放的现金股利或利润，借记“应收股利”科目，按支付的合并对价的账面价值，贷记有关资产或负债科目，按其差额，贷记“资本公积—资本溢价或股本溢价”科目；若差额在借方，借记“资本公积—资本溢价或股本溢价”科目，资本公积（资本溢价或股本溢价）不足冲减的，借记“盈余公积”、“利润分配—未分配利润”科目。

5.3.2.2 非同一控制下企业合并取得的长期股权投资

非同一控制下的企业合并，是指参与合并的各方在合并前后不受同一方或相同的多方最终控制。相对于同一控制下的企业合并而言，非同一控制下的企业合并是合并各方自愿进行的交易行为，作为一种公平的交易，应当以公允价值为基础进行计量。

非同一控制下的企业合并，在购买日取得对其他参与合并企业控制权的一方为购买方，参与合并的其他企业为被购买方。购买日，是指购买方实际取得对被购买方控制权的日期。

非同一控制下企业合并形成的长期股权投资，应在购买日按企业合并成本（不含应自被投资单位收取的现金股利或利润),借记"长期股权投资—成本"科目,按享有被投资单位已宣告但尚未发放的现金股利或利润,借记"应收股利"科目,按支付合并对价的账面价值,贷记有关资产或负债科目,按发生的直接相关费用,贷记"银行存款"等科目,按其差额,贷记"营业外收入"或借记"营业外支出"等科目。非同一控制下企业合并涉及以库存商品等作为合并对价的,应按库存商品的公允价值,贷记"主营业务收入"科目,并同时结转相关的成本。涉及增值税的,还应进行相应的处理。

5.3.2.3 非企业合并取得的长期股权投资

非企业合并取得的长期股权投资,其初始投资成本的确定与非同一控制下企业合并取得的长期股权投资成本的确定方法相同。以支付现金的方式取得被购买方的股权,应以支付的现金作为初始投资成本,借记"长期股权投资—成本"科目,贷记"银行存款"科目。以付出资产、发生或承担负债的方式取得被购买方的股权,应按照资产、负债的公允价值作为初始投资成本,借记"长期股权投资—成本"科目;按照资产、负债的账面价值,贷记有关资产、负债科目;将其公允价值与账面价值的差额计入当期损益,借记"营业外支出"科目或贷记"营业外收入"科目。

投资企业为进行长期股权投资发生的各项直接相关费用也应计入长期股权投资成本。

5.3.3 长期股权投资核算的成本法

5.3.3.1 成本法的概念及适用范围

成本法是指投资按投资成本计价的方法。在成本法下,长期股权投资以取得股权时的初始投资成本计价入账后,除了投资企业追加或收回投资外,长期股权投资的账面价值一般应保持不变。

企业持有的长期股权投资,在下列情况下应采用成本法核算。

(1)投资企业能够对被投资企业实施控制的长期股权投资。由于投资企业能够对被投资企业实施控制,需要编制合并财务报表,因此,长期股权投资可以按照成本计价,以免在编制合并财务报表时,抵销过多的内部重复计算项目。

投资企业对子公司的长期股权投资采用成本法核算,在编制合并财务报表时按照权益法进行调整。

(2)投资企业对被投资企业不具有共同控制或重大影响,并且在活跃市场中没有报价、公允价值不能可靠计量的长期股权投资。由于投资企业对被投资企业不具有影响力,因此,按照重要性原则,投资成本可以按照成本计价,不再反映在被投资企业所有者权益中享有份额的变动情况。

5.3.3.2 成本法的核算方法

1. 取得长期股权投资

取得长期股权投资时,应按照初始投资成本计价。除企业合并形成的长期股权投资以外,以支付现金、非现金资产等其他方式取得的长期股权投资,应按照实际支付的购买价款扣除已宣告但尚未发放的现金股利或利润后的金额，借记“长期股权投资”科目，按照已宣告但尚未发放的现金股利或利润借记“应收股利”科目，按照实际支付的购买价款贷记“银行存款”等科目。

【例 5-14】 甲公司 20×7 年 5 月 15 日以银行存款购买信达股份有限公司的股票 100 000 股作为长期投资，每股买入价为 10 元，每股价格中包含有 0.2 元的已宣告分派的现金股利，另支付相关税费 7 000 元。该企业应作如下会计处理：

借：长期股权投资 987 000
　　应收股利 20 000
　　贷：银行存款 1 007 000

初始投资成本 = 100 000 × 10 + 7 000 − 100 000 × 0.2 = 987 000（元）

假定甲公司 20×7 年 6 月 20 日收到信达股份有限公司分来的购买该股票时已宣告分派的股利 20 000 元。此时，应作如下会计处理：

借：银行存款 20 000
　　贷：应收股利 20 000

2. 长期股权投资持有期间被投资单位宣告发放现金股利或利润

长期股权投资持有期间被投资单位宣告发放现金股利或利润时，企业按应享有的部分确认为投资收益，借记“应收股利”科目，贷记“投资收益”科目。

【例 5-15】 甲企业 20×9 年 2 月 2 日购入 A 公司股份 5 000 股，每股价格 12.12 元，另支付相关税费 3 200 元，甲企业购入 A 公司股份占 A 公司有表决权资本的 3%，并准备长期持有。A 公司于 20×9 年 5 月 2 日宣告分派现金股利，每股 0.2 元。甲企业应作如下会计处理。

20×9 年 2 月 2 日，购入股票时：

借：长期股权投资 609 200
　　贷：银行存款 609 200

初始投资成本 = 5 000 × 12.12 + 3 200 = 609 200（元）

20×9 年 5 月 2 日 A 公司宣告分派现金股利时：

借：应收股利 1 000
　　贷：投资收益 1 000

投资企业在确认自被投资企业应分得的现金股利或利润后，应当考虑长期股权投资是否发生减值。即应当关注长期股权投资的账面价值是否大于享有被投资单位所有者权益账面价值的份额等情况。若出现类似情况，则需要对长期股权投资进行减值测试，可收回金额低于账面价值的，应当计提减值准备。

3. 长期股权投资的处置

处置长期股权投资时，按实际取得的价款与长期股权投资账面价值的差额确认为投资损益，并应同时结转已计提的长期股权投资减值准备。其会计处理是：企业处置长期股权投资时，应按实际收到的金额，借记“银行存款”等科目，按原已计提的减值准备，借记“长期股权投资减价准备”科目，按该项长期股权投资的账面余额，贷记“长期股权投资”科目，按尚未领取的现金股利或利润，贷记“应收股利”科目，按其差额，贷记或借记“投资收益”科目。

【例5-16】 甲公司将其作为长期投资持有的C股份有限公司15 000股股票，以每股10元的价格卖出，支付相关税费1 000元，取得价款149 000元，款项已由银行收妥。该长期股权投资账面价值为140 000元，假定没有计提减值准备，甲公司应作如下会计处理：

借：银行存款	149 000	
贷：长期股权投资		140 000
投资收益		9 000

在这种情况下，企业处置长期股权投资，应按实际取得的价款与长期股权投资账面价值的差额确认为投资损益，并应同时结转已计提的长期股权投资减值准备。

5.3.4 长期股权投资核算的权益法

5.3.4.1 权益法的概念及适用范围

权益法是指投资最初以投资成本计价，以后根据投资企业享有被投资单位所有者权益份额的变动对投资的账面价值进行调整的方法。在权益法下，长期股权投资的账面价值随着被投资单位所有者权益的变动而变动，包括被投资单位实现净利润或发生净亏损以及其他所有者权益项目的变动。

投资企业对被投资企业具有共同控制或重大影响的长期股权投资，应采用权益法进行核算。

5.3.4.2 权益法的核算方法

采用权益法进行长期股权投资的核算，可以在“长期股权投资”科目下，分别设置“成本”、“损益调整”、“其他权益变动”等明细科目。其中，“成本”明细科目反映购入股权时在被投资企业按公允价值确定的所有者权益中占有的份额；“损益调整”明细科目反映购入股权以后随着被投资企业留存收益的增减变动而享有份额的调整数；“其他权益变动”明细科目反映购入股权以后随着被投资企业资本公积的增减变动而享有份额的调整数。

1. 取得长期股权投资

取得长期股权投资，长期股权投资的初始投资成本大于投资时应享有被投资单位可辨认净资产公允价值份额的，该部分差额系投资企业在购入该项投资过程中通过购买作价体现出的与所取得股权份额相对应的商誉，不须调整已确认的初始投资成本。借记“长期股权投资—成本”科目，贷记“银行存款”等科目；长期股权投资的初始投资成本小于投资时应享有被投资单位可辨认净资产公允价值份额的，该部分差额可以看作是被投资单位的股东给予投资企业的让步，或者出于其他方面的考虑，被投资单位的原有股东无偿赠与投资企业的价值，因而应确认为当期收益，同时调整长期股权投资的成本。借记“长期股权投资—成本”科目，贷记“银行存款”等科目，按其差额,贷记“营业外收入”科目。

【例5-17】 甲公司20×5年1月15日购买信达股份有限公司发行的股票50万股准备长期持有,占信达股份有限公司股份的30%。每股买入价为6元,另外,购买该股票时发生有关税费5万元,款项已由银行存款支付。20×4年12月31日,信达股份有限公司的所有者权益的账面价值(与其公允价值不存在差异)为1 000万元。甲公司应作如下会计处理:

借:长期股权投资—成本　　3 050 000

　贷:银行存款　　3 050 000

初始投资成本 = 500 000 × 6 + 50 000 = 3 050 000(元)

在本例中,长期股权投资的初始投资成本305万元大于投资时应享有被投资单位可辨认净资产公允价值份额300万元(1 000万×30%),其差额5万元不调整已确认的初始投资成本。

假定上例中取得投资时信达股份有限公司所有者权益的公允价值为1 050万元,甲公司按持股比例计算确定应享有315万元(1 050万×30%),则初始投资成本与应享有被投资单位净资产公允价值份额之间的差额10万元应计入取得投资当期的损益。

借:长期股权投资—成本　　3 150 000

　贷:银行存款　　3 050 000

　　营业外收入　　100 000

2. 持有长期股权投资期间被投资单位实现净利润或发生净亏损

投资企业取得长期股权投资后,应当按照应享有或应分担的被投资单位实现的净损益的份额,确认投资损益并调整长期股权投资的账面价值。借记“长期股权投资—损益调整”科目,贷记“投资收益”科目。被投资单位发生净亏损作相反的分录,但以本科目的账面价值减记至零为限,借记“投资收益”科目,贷记“长期股权投资—损益调整”科目。

被投资单位以后宣告发放现金股利或利润时,投资企业按照被投资单位宣告分派的利润或现金股利计算应分得的部分,相应减少长期股权投资的账面价值。借记“应收股利”科目,贷记“长期股权投资—损益调整”科目。收到被投资单位宣告发放的股票股利,不进行账务处理,但应在备查簿中登记。

【例5-18】 续例5-17,20×5年信达股份有限公司实现净利润100万元。甲公司按照持股比例确认投资收益30万元。20×6年5月15日,信达股份有限公司宣告发放现金股利,每10股派3元,甲公司可分派到15万元。20×6年6月15日,甲公司收到信达股份有限公司分派的现金股利。甲公司应作如下会计处理。

(1)确认信达股份有限公司实现的投资收益时:

借:长期股权投资—损益调整　　300 000

　贷:投资收益　　300 000

(2)信达股份有限公司宣告发放现金股利时：

借:应收股利　　150 000

　贷:长期股权投资—损益调整　　150 000

(3)收到信达股份有限公司宣告发放的现金股利时：

借:银行存款　　150 000

　贷:应收股利　　150 000

【例5-19】 续例5-17、例5-18,20×6年信达股份有限公司发生亏损200万元,甲公司20×6年末按照持股比例冲减"长期股权投资"账面价值的金额60万元,作如下会计处理：

借:投资收益　　600 000

　贷:长期股权投资—损益调整　　150 000

　　　　　　　—成本　　450 000

假定20×6年信达股份有限公司发生亏损1200万元,甲公司20×6年末按照持股比例应冲减"长期股权投资"360万元(1 200万元×30%),但甲公司20×6年末长期股权投资的账面价值为320万元(305万+30万-15万),应作如下会计处理：

借:投资收益　　3 200 000

　贷:长期股权投资—损益调整　　150 000

　　　　　　　—成本　　3 050 000

对于企业未确认的投资损失40万元作备查记录。

3. 持有长期股权投资期间被投资单位所有者权益的其他变动

投资企业对于被投资单位除净损益以外所有者权益的其他变动,企业在持股比例不变的情况下,按持股比例计算应享有的份额调整长期股权投资的账面价值,同时增加或减少资本公积。借记或贷记"长期股权投资—其他权益变动"科目,贷记或借记"资本公积—其他资本公积"科目。

【例5-20】 甲公司持有信达股份有限公司30%的股份。20×7年信达股份有限公司因持有的可供出售金融资产的公允价值增加了30万元。甲公司按照持股比例确认相应的资本公积9万元。甲公司应作如下会计处理：

借:长期股权投资—其他权益变动　　90 000

　贷:资本公积—其他资本公积　　90 000

4. 长期股权投资的处置

处置长期股权投资时,按实际取得的价款与长期股权投资账面价值的差额确认为投资损益,并应同时结转已计提的长期股权投资减值准备。其会计处理是:企业处置长期股权投资时,应按实际收到的金额,借记"银行存款"等科目,按原已计提的减值准备,借记"长期股权投资减值准备"科目,按该长期股权投资的账面余额,贷记"长期股权投资"科目,按尚未领取的现金股利或利润,贷记"应收股利"科目,按其差额,贷记或借记"投资收益"科目。

采用权益法核算的长期股权投资,因被投资单位除净损益以外所有者权益的其他变动而计入所有者权益的,处置该项投资时应当将原计入所有者权益的部分转入当期损益(投资收益)。借记或贷记"资本公积—其他资本公积"科目,贷记或借记"投资收益"科目。

部分处置某项长期股权投资时,应按该项投资的总平均成本确定其处置部分的成本,并按相应比例结转已计提的减值准备和资本公积项目。

【例5-21】 续例5-17、例5-18和例5-20,20×8年10月20日,甲公司出售所持信达股份有限公司的股票50万股,每股出售价为10元,款项已收回。甲公司应作如下会计处理:

借:银行存款	5 000 000	
贷:长期股权投资—成本		3 050 000
—损益调整		150 000
—其他权益变动		90 000
投资收益		1 710 000

同时:

借:资本公积—其他资本公积	90 000	
贷:投资收益		90 000

5.3.5 长期股权投资减值

5.3.5.1 长期股权投资减值金额的确定

(1)企业对子公司、合营企业及联营企业的长期股权投资在资产负债表日存在可能发生减值的迹象时,其可收回金额低于账面价值的,应当将该长期股权投资的账面价值减记至可收回金额,减记的金额确认为减值损失,计入当期损益,同时计提相应的资产减值准备。

(2)企业对被投资单位不具有控制、共同控制或重大影响,且在活跃市场中没有报价、公允价值不能可靠计量的长期股权投资,应当将该长期股权投资在资产负债表日的账面价值,与按照类似金融资产当时市场收益率对未来现金流量折现确定的现值之间的差额,确认为减值损失,计入当期损益。

5.3.5.2 长期股权投资减值的会计处理

企业计提长期股权投资减值准备,应当设置"长期股权投资减值准备"科目核算。企业按应减记的金额,借记"资产减值损失—计提的长期股权投资减值准备"科目,贷记"长期股权投资减值准备"科目。

长期股权投资减值损失一经确认,在以后会计期间不得转回。只有处置该长期股权投资时,其原已计提的减值准备才可予以转销。

本章练习题

一、单项选择题

1. 成本法核算下,投资企业于投资当年分得的利润或现金股利,是由投资前被投资单位实现的利润分配得来的,因此应作为(　　)。

A. 投资损益　　B. 投资成本的收回

C. 清算股利　　D. 资本公积

2. 企业购入股票作为交易性金融资产,共付款6 000元,其中含有已宣告未发放的股利800元,则企业应作如下会计分录(　　)。

A. 借:交易性金融资产　　6 000
　　贷:银行存款　　6 000

B. 借:交易性金融资产　　5 200
　　贷:银行存款　　5 200

C. 借:交易性金融资产　　5 200
　　投资收益　　800
　　贷:银行存款　　6 000

D. 借:交易性金融资产　　5 200
　　应收股利　　800
　　贷:银行存款　　6 000

3. 企业取得交易性金融资产时支付的税金、手续费等相关费用,应(　　)。

A. 全部计入投资成本　　B. 一次计入财务费用

C. 分次计入财务费用　　D. 直接计入当期投资收益

4. 交易性金融资产持有期间获得的现金股利或利息应(　　)。

A. 冲减交易性金融资产　　B. 冲减财务费用

C. 计入投资收益　　D. 冲减应收股利

5. 采用权益法核算时,企业对于被投资企业所分配的现金股利,应当(　　)。

A. 作为投资收益或长期股权投资减少处理

B. 作为长期股权投资减少处理

C. 作为投资收益处理

D. 作为营业外收入处理

6. 甲企业于2009年1月收购了乙公司60%的股权,并与丙企业共同控制乙公司,购买成本为800 000元,09年乙公司实现净利润100 000元,向投资者分配利润60 000元,10年乙公司发生亏损50 000元,未向投资者分配利润。甲企业采用权益法核算,2010年12月31日甲企业"长期股权投资"账户余额应为(　　)。

A. 800 000元　　B. 860 000元　　C. 794 000元　　D. 824 000元

二、多项选择题

1. 采用权益法核算时，可能记入“长期股权投资—××公司(损益调整)”科目贷方发生额的有(   )。

A. 投资企业收回长期股权投资　　B. 被投资企业宣告分派现金股利

C. 被投资企业发生亏损　　D. 被投资企业实现净利润

2. 下列各项，不应反映在交易性金融资产的初始计量金额中的有(   )。

A. 支付的手续费　　B. 债券的买入价

C. 支付的印花税　　D. 已到付息期但尚未领取的利息

3. 采用成本法核算长期股权投资时，被投资单位宣告分派现金股利时，投资企业应计入(   )科目。

A. 利润分配　　B. 投资收益　　C. 长期股权投资　　D. 应收股利

4. 下列各项中，在购入交易性金融资产时不应计入其入账价值的有(   )。

A. 买入价　　B. 支付的手续费

C. 支付的印花税　　D. 已到付息期但尚未领取的利息

5. 企业采用成本法核算长期股权投资的现金股利时，可能涉及到的会计科目有(   )。

A. 长期股权投资　　B. 投资收益　　C. 应收股利　　D. 银行存款

三、判断题

1. 在采用权益法核算的情况下，投资企业应于被投资单位宣告分派利润时，按持有表决权资本比例计算应分得的利润，确认投资收益，并调整长期股权投资的账面价值。(   )

2. 企业在长期股权投资持有期间所取得的现金股利，应全部计入投资收益。(   )

3. 按新会计准则的规定，企业认购的股票或债券，均应按实际支付的金额记入“交易性金融资产”或“持有至到期投资”账户。(   )

4. 由于我国的债券一般是到期还本付息，因此，购入的债券无论期限长短，均应于收到债券利息时计入损益。(   )

四、计算与核算题

1. A公司发生下列与长期股权投资相关的业务：

(1)2008年1月7日，购入B公司有表决权的股票100万股，占B公司股份的10%。该股票每股买入价为8元，其中每股含已宣告分派但尚未领取的现金股利0.20元；另外，A公司在购买股票时还支付相关税费10 000元，款项均由银行存款支付。

(2)2008年3月10日，收到B公司宣告分派的现金股利。

(3)2008年度，B公司实现净利润2 000 000元。

(4)2009年2月1日，B公司宣告分派2008年度股利，每股分派现金股利0.10

元(属于投资后产生)。

(5)2009 年 2 月 20 日,A 公司收到 B 公司分派的 2008 年度的现金股利(不考虑相关税费)。

(6)2009 年度,B 公司发生亏损 200 000 元。

(7)2010 年 1 月 30 日,A 公司出售所持有的 B 公司的股票 10 万股,每股销售价格为 10 元。

要求:假定不考虑长期股权投资减值因素,根据上述业务,编制 A 公司相关会计分录。

2. 甲公司 2009 年 2 月 5 日购入乙公司股份 10 000 股,每股价格 10 元,另支付交易费用 1 000 元,甲企业购入乙公司股份占乙公司有表决权资本的 3%,甲公司将其作为交易性金融资产核算。乙公司于 2009 年 5 月 5 日宣告分派现金股利,每股 0.5 元。2009 年 6 月 30 日该股票的公允价值为 106 000 元,2009 年 12 月 20 日,甲公司出售了该股票,取得价款 110 000 元,已存入银行。

要求:根据上述资料,编制甲公司有关会计分录。

6

固定资产

学习目的与要求

1. 了解固定资产的分类方法及影响固定资产折旧的因素。
2. 熟悉固定资产的概念和基本特点。
3. 掌握从不同来源取得固定资产入账价值的确定及账务处理。
4. 掌握固定资产折旧的计提范围、计提方法及账务处理。
5. 掌握固定资产的后续支出、处置及期末计价的账务处理。

6.1 固定资产概述

6.1.1 固定资产的概念和特征

《企业会计准则第4号—固定资产》中规定：固定资产是指同时具有以下特征的有形资产：

第一，为生产商品、提供劳务、出租或经营管理而持有的；

第二，使用寿命超过一个会计年度。

由此可以看出，作为企业的固定资产应具备以下两个特征：

(1)企业持有固定资产的目的，是为了生产商品、提供劳务、出租或经营管理的需要，而不像商品一样为了对外出售。这一特征是固定资产区别于商品等流动资产的重要标志。

"出租"不包括作为投资性房地产的以经营租赁方式租出的建筑物。"持有"可能是该企业拥有对该资产的所有权,也可能是形式上并不拥有对该资产的"所有权",而实质上企业拥有该资产,如融资租赁的固定资产。

(2)企业使用固定资产的期限较长,使用寿命一般超过1个会计年度。这一特征表明企业固定资产的收益期超过1年,能在1年以上的时间里为企业创造经济利益。

使用寿命,是指企业使用固定资产的预计期间,或者该固定资产所能生产产品或提供劳务的数量。例如,房屋建筑物通过其使用年限表示,而汽车等交通工具可能通过其具有最高行驶里程数量而表示。

6.1.2 固定资产的确认

固定资产在同时满足以下两个条件时,才能予以确认:

1. 与该固定资产有关的经济利益很可能流入企业

企业在确定固定资产时,需要判断该项固定资产是否能给企业带来经济利益。如果某一固定资产预期不能给企业带来经济利益,就不能确认为企业的固定资产。在实务工作中,首先,需要判断该项固定资产所包含的经济利益是否很可能流入企业。如果该项固定资产包含的经济利益不是很可能流入企业,那么,即使其满足固定资产确认的其他条件,企业也不应将其确认为固定资产;如果该项固定资产包含的经济利益很可能流入企业,并同时满足固定资产确认的其他条件,那么,企业应将其确认为固定资产。

判断固定资产包含的经济利益是否很可能流入企业,主要依据与该固定资产所有权相关的风险和报酬是否转移给了企业。其中,与固定资产所有权相关的风险,是指由于经营情况变化造成的相关收益的变动,以及由于资产闲置、技术陈旧等原因造成的损失;与固定资产所有权相关的报酬,是指在固定资产使用寿命内直接使用该资产而获得的收入以及处置该资产所实现的利得等。通常,取得固定资产的所有权是判断与固定资产所有权相关的风险和报酬转移给了企业的一个重要标志。凡是所有权已属于企业,不论企业是否收到或持有该固定资产,均可作为企业的固定资产;反之,如果没有取得所有权,即使存放在企业,也不能作为企业的固定资产。有时某项固定资产的所有权虽然不属于企业,但是,企业能够控制该项固定资产所包含的经济利益流入企业。在这种情况下,可以认为与固定资产所有权相关的风险和报酬实质上已转移给企业,也可以作为企业的固定资产加以确认。比如,融资租入固定资产,企业(承租人)虽然不拥有该固定资产的所有权,但企业能够控制该固定资产所包含的经济利益,与固定资产所有权相关的风险和报酬实质上已转移到了企业,因此,符合固定资产确认的第一个条件。

2. 该固定资产的成本能够可靠地计量

成本能够可靠地计量,是资产确认的另一项基本条件。固定资产作为企业资产的重要组成部分，要予以确认，其为取得该固定资产而发生的支出也必须能够可靠地计量。如果固定资产的成本能够可靠地计量，并同时满足其他确认条件，就可以加以确认；否则，企业不应加以确认。

企业在确定固定资产成本时，有时需要根据所获得的最新资料，对固定资产的成本进行合理的估计。比如，企业对于已达到预定可使用状态的固定资产，在尚未办理竣工决算前，需要根据工程预算、工程造价或者工程实际发生的成本等资料，按估计价值确定固定资产的成本，待办理竣工决算后，再按实际成本调整原来的暂估价值。

在实务中，对于固定资产进行确认时，还需要注意以下两个问题。

一是固定资产的各组成部分具有不同使用寿命或者以不同方式为企业提供经济利益，适用不同折旧率或折旧方法的，应当分别将各组成部分确认为单项固定资产。

二是与固定资产有关的后续支出，满足固定资产确认条件的，应当计入固定资产成本；不满足固定资产确认条件的，应当在发生时计入当期损益。

6.1.3 固定资产的分类

企业固定资产的种类繁多，规格不一，用途各异，为了加强管理，正确进行固定资产核算，应按不同标准对固定资产进行分类。

6.1.3.1 按经济用途进行分类

固定资产按经济用途进行分类，可以分为生产经营用固定资产和非生产经营用固定资产。

1. 生产经营用固定资产

是指直接参加生产经营过程或直接服务于生产经营过程的各种房屋及建筑物、机器设备、运输设备、动力传导设备、工具器具和管理用具等。

2. 非生产经营用固定资产

是指生活福利部门等非生产经营部门使用的房屋、器具以及职工住宅等。

固定资产按经济用途分类，可以清楚地反映企业生产经营用固定资产和非生产经营用固定资产之间的组成变化情况，借以考核和分析企业固定资产管理和利用情况，从而促进固定资产的合理配置，充分发挥其效用。

6.1.3.2 按使用情况分类

固定资产按使用情况分类，可以分为使用中固定资产、未使用固定资产和不需用固定资产。

1. 使用中固定资产

是指正在使用的各种固定资产。由于季节性经营或修理等原因，暂时停止使用的固定资产仍属于企业使用中的固定资产；企业出租给其他单位使用的固定资产以及内部替换使用的固定资产，也属于使用中的固定资产。

2. 未使用的固定资产

是指已完工或已购建的尚未交付使用的固定资产，以及因进行改建、扩建等原因停止使用的固定资产。如企业购建的尚待安装的固定资产、经营任务变更停止使用的固定资产等。

3. 不需用固定资产

是指不适合本企业需要,准备出售处理的各种固定资产。

固定资产按使用情况进行分类,有利于企业掌握固定资产的使用情况,便于比较分析固定资产的利用效率,挖掘固定资产的使用潜力,促进固定资产的合理使用,同时也便于企业准确合理地计提固定资产折旧。

6.1.3.3 按所有权分类

固定资产按所有权进行分类,可以分为自有固定资产和融资租入固定资产。

(1)自有固定资产是指企业拥有所有权的各种固定资产。

(2)融资租入固定资产是指企业采取融资租赁方式租入的固定资产,在租赁期内,应视同自有固定资产进行管理。

6.1.3.4 固定资产按经济用途和使用情况进行综合分类

固定资产综合以上分类可分为生产经营用固定资产、非生产经营用固定资产、租出固定资产、不需用固定资产、未使用固定资产、土地及融资租入固定资产七大类。

土地是指过去已经估价单独入账的土地。因征地而支付的补偿费,应计入与土地有关的房屋、建筑物的价值内,不单独作为土地价值入账。企业取得的土地使用权,应作为无形资产管理,不作为固定资产管理。

固定资产按综合分类,可以反映生产经营用固定资产和非生产经营用固定资产之间以及生产经营用各类固定资产之间的构成和变化情况,为分析企业固定资产分布、使用情况,促进固定资产合理分配、充分使用固定资产提供了资料,同时还为正确计提折旧提供了依据。

由于企业的经营性质不同,经营规模有大有小,对于固定资产的分类可以有不同的分类方法,企业可以根据自己的实际情况和经营管理、会计核算的需要进行必要的分类。

6.1.4 固定资产的计价

为了正确反映固定资产价值的增减变动,应按一定的标准对固定资产进行计价。固定资产的计价标准一般有以下 4 种。

6.1.4.1 原始价值

原始价值亦称原价或者原值,是指企业购建某项固定资产达到可使用状态前所发生的一切合理、必要的支出。它反映固定资产的原始投资额,在一定程度上反映企业现有的生产能力和生产规模,其主要优点是具有客观性和可验证性。由于固定资产的取得方式不同,其原始价值的具体构成也有所差异。

(1)购置的不需要经过建造即可使用的固定资产,按实际支付的买价、运输途中发生的各种包装运杂费以及在使用前发生的各种调试费之和作为固定资产原价。企业购置计算机硬件所附带的,未单独计价的软件也一同计入。如需要安装的还应加上安装过程中的安装成本。

(2)自行建造的固定资产,按建造该项资产达到预定可使用状态前所发生的全部支出作为原价。

(3)投资者投入的固定资产,按投资各方确认的价值作为原价。

(4)融资租入的固定资产,按租赁开始日租赁资产的公允价值与最低租赁付款额的现值两者较低者作为原价。如果融资租赁资产占企业资产总额的比例等于或低于30%的,在租赁开始日也可按最低租赁付款额作为原价。

(5)在原有固定资产基础上进行改建、扩建的,按原固定资产的账面价值,减去改建、扩建过程中发生的变价收入,加上由于改建、扩建而使固定资产达到预定可使用状态前发生的支出作为原价。

(6)接受捐赠的固定资产,应按以下规定确定其原价。

①捐赠方提供了有关凭据的,按凭据上标明的金额加上应支付的相关税费作为原价。

②捐赠方没有提供有关凭据的,按如下顺序确定其原价:

同类或类似固定资产存在活跃市场的,按同类或类似固定资产的市场价格估计的金额,加上应支付的相关税费作为原价;

同类或类似固定资产不存在活跃市场的,按该接受捐赠的固定资产的预计未来现金流量现值作为原价。

③如受赠的系旧的固定资产,按照上述方法确认的价值减去按该项资产的新旧程度估计的价值损耗后的余额作为原价。

(7)盘盈的固定资产,按同类或类似固定资产的市场价格,减去按该项资产的新旧程度估计的价值损耗后的余额作为原价。

6.1.4.2 重置价值

重置价值也称重置完全价值,是指企业在当前的条件下,重新购置同样的固定资产所需的全部耗费的货币表现。重置价值的构成内容与原值的构成内容相同。

6.1.4.3 折余价值

折余价值也称为“净值”,是指固定资产的原始价值减去已提折旧后的净额。它可以反映企业实际占用在固定资产上的资金数额,同时通过原始价值和净值的对比,还可以反映企业固定资产的新旧程度,便于合理安排固定资产的更新改造或投资。这种计价方法主要用于计算盘盈、盘亏、毁损固定资产的溢余或损失等。

6.1.4.4 现值

现值是指固定资产在使用期间以及处置时产生的未来净现金流量的折现值。

6.2 固定资产取得

企业取得的固定资产,按其来源不同分为:外购的固定资产、自行建造的固定资产、投资者投入的固定资产、融资租入的固定资产、接受捐赠的固定资产以及盘盈的固定资产等。为了反映固定资产的增减变动,企业一般需要设置“固定资产”、“累计折旧”、“工程物资”、“在建工程”等科目。

1.“固定资产”科目

该科目是核算固定资产的原始价值增减变动和结存情况的资产类科目。“固定资产”科目一般分为三级。

(1)“固定资产”总账。总括反映固定资产原值的增减变动和结存情况。该科目借方登记增加固定资产的原值,贷方登记减少固定资产的原值,借方余额表示实有固定资产的原值。

(2)固定资产二级账。固定资产二级账也称为固定资产登记簿,按照固定资产类别开设账页,账内按照使用和保管单位开设专栏。月末,各类固定资产登记簿的余额之和应与“固定资产”总账科目余额核对相符。

(3)固定资产明细账。固定资产明细账也称为固定资产卡片,应按照每一项独立的固定资产设置,登记固定资产原值、预计净残值、预计使用年限、月折旧率、开始使用时间、使用期间内的停用记录和大修理记录以及其他与该项固定资产相关的记录等,并按照固定资产的类别和使用保管单位的顺序排列。月末,各类固定资产卡片的原值合计数应与各该类固定资产登记簿余额核对相符。

2.“累计折旧”科目

该科目是“固定资产”的备抵调整科目,用来核算企业固定资产的累计折旧数额。贷方登记折旧额的增加数,借方登记折旧额的冲销数,期末余额在贷方,表示企业现有固定资产的累计折旧额。

3.“工程物资”科目

该科目反映各项工程物资实际成本的增减变动和结存情况,借方登记验收入库的工程物资的实际成本,贷方登记领用、盘亏、报废、毁损的工程物资的实际成本,期末余额在借方,表示库存的工程物资的实际成本。工程物资可按“专用材料”、“专用设备”、“工器具”等设置明细账。

4.“在建工程”科目

该科目用来核算企业进行基建、更新改造等在建工程发生的支出。借方登记企业自营基建工程达到预定可使用状态前发生的全部净支出,工程建设期间所发生的工程物资盘亏、报废和毁损的处置损失以及基建工程达到预定可使用状态前进行负荷联合试车发生的费用;贷方登记基建工程达到预定使用状态转出的实际工程成本;期末余额在借方,表示企业尚未完成的基建工程发生的各项实际支出。“在建工程”可按“建筑工程”、“安装工程”、“在安装工程”、“待摊支出”以及单项工程等设置明细账。

6.2.1 购置固定资产

企业购入的固定资产,有些不需要安装即可投入使用,有些则需要安装后才能使用。可能采用现购结算方式,也可能采用赊购结算方式。企业应根据不同情况,分别采用不同的核算方法。

6.2.1.1 购入不需要安装的固定资产

企业购入不需要安装的固定资产,应按实际支付的购买价款、相关税费以及使固定资产达到预定可使用状态前所发生的可归属于该项资产的运输费、装卸费和专业人员服务费等,作为固定资产成本,借记“固定资产”科目,贷记“银行存款”等科目。

若企业为一般纳税人,则企业购进机器设备等固定资产的进项税额不纳入固定资产成本核算,可以再从销项税额中抵扣。

【例6-1】 甲公司购入一台不需要安装即可投入使用的设备,取得的增值税专用发票上注明的设备价款为40 000元,增值税额为6 800元,另支付运输费400元,包装费300元,款项以银行存款支付。甲公司应作如下会计处理:

借:固定资产 40 700
  应交税费——应交增值税(进项税额) 6 800
  贷:银行存款 47 500

固定资产的成本=40 000+6 800+400+300=47 500(元)

6.2.1.2 购入需要安装的固定资产

购入需要安装的固定资产,应在购入的固定资产取得成本的基础上加上安装调试成本等,作为购入固定资产的成本,先通过“在建工程”科目核算,待安装完毕达到预定可使用状态时,再由“在建工程”科目转入“固定资产”科目。

企业购入固定资产时,按实际支付的购买价款、运输费、装卸费和其他相关税费等,借记“在建工程”科目,贷记“银行存款”等科目;支付安装费用等时,借记“在建工程”科目,贷记“银行存款”等科目;安装完毕达到预定可使用状态时,按其实际成本,借记“固定资产”科目,贷记“在建工程”科目。

【例6-2】 甲企业购入需要安装的设备一台,发票价格50 000元,增值税税款8 500元,发生运费1 000元,设备由供货方安装,支付安装费2 000元,款项均以银行存款付清。甲企业应作如下会计处理。

(1)购入该项设备时:

借:在建工程 51 000
  应交税费——应交增值税(进项税额)8 500
  贷:银行存款 59 500

(2)支付安装费时:

借:在建工程 2 000
  贷:银行存款 2 000

(3)该项设备安装完毕交付使用时:

借:固定资产 61 500
  贷:在建工程 61 500

固定资产的价值=59 500+2 000=61 500(元)

6.2.1.3 以一笔款项购入多项没有单独标价的固定资产

企业基于产品价格等因素的考虑,可能以一笔款项购入多项没有单独标价的固定资产。如果这些资产均符合固定资产的定义,并满足固定资产的确认条件,则应将各项资产单独确认为固定资产,并按各项固定资产公允价值的比例对总成本进行分配,分别确定各项固定资产的成本。

【例6-3】 某发电企业同时购入两台(A和B)发电机组,其中A机组的总功率为2万千瓦,B机组的总功率为2.5万千瓦,总价款为8 400 000元,增值税款为1 428 000元,发生的运输费为20 000元,安装费为30 000元。假定A、B两台发电机组的公允价值分别为:4 000 000元和5 000 000元,款项已全部用银行存款付清。

分析:两台发电机组的总成本 = 8 400 000 + 20 000 + 30 000 = 8 450 000(元)

A发电机组分摊比例:4 000 000/(4 000 000 + 5 000 000) = 45%

应分摊的成本价值为:8 450 000 × 45% = 3 802 500(元)

B发电机组分摊比例为:5 000 000/(4 000 000 + 5 000 000) = 55%

应分摊的成本价值为8 450 000 × 55% = 4 647 500(元)

借:固定资产—A发电机组	3 802 500	
—B发电机组	5 432 900	
应交税费——应交增值税(进项税额)	1 428 000	
贷:银行存款		9 878 000

6.2.2 建造固定资产

建造的固定资产是指企业利用自己的力量自营建造以及出包建造的固定资产。建造固定资产应先通过"在建工程"科目核算,工程达到预定可使用状态时,再从"在建工程"科目转入"固定资产"科目。由于采用的建设方式不同,其会计处理也不同。企业自营建造的固定资产原值,原则上应包括建造期间的全部支出,包括直接材料、直接人工、管理费、征地费、可行性研究费、临时设施费、监理费等其他与自营建造固定资产相关的支出,以及在固定资产达到使用状态前发生的长期负债利息等。企业出包建造的固定资产,以实际支付的全部工程价款以及应负担的长期负债利息等作为原值。企业不论采用何种方式自行建造固定资产,均应通过"在建工程"科目进行核算。

6.2.2.1 自营方式建造固定资产

自营工程是指企业自行组织工程物资采购、自行组织施工人员施工的建筑工程和安装工程。企业自营工程耗用的材料物资,一般应单独进行核算。

企业购入自营工程所需材料物资时,应根据实际支付的全部价款,借记"工程物资"科目,贷记"银行存款"等科目。

企业自营工程领用材料物资时,应根据实际成本,借记"在建工程"科目,贷记"工程物资"科目。

企业自营工程领用本企业原材料时,借记"在建工程"科目,贷记"原材料"科目。

若用于厂房建筑物的建造,还应将原购入原材料时形成的进项税额转出。

企业自营工程领用本企业商品产品时,应将该产品的实际成本和应负担的税金计入自营工程成本,借记"在建工程"科目,贷记"库存商品"、"应交税费—应交增值税(销项税额)"科目。

企业自营工程发生的其他费用支出(如工程人员工资等),借记"在建工程"科目,贷记"银行存款"、"应付职工薪酬"等科目。

企业自营建造的固定资产在交付使用前应负担的长期负债利息,应计入自营工程成本,借记"在建工程"科目,贷记"长期借款"等科目。

自营工程达到预定可使用状态时,应根据自营工程的实际成本,借记"固定资产"科目,贷记"在建工程"科目。

【例6-4】 某企业自建厂房一幢,购入为工程准备的各种物资500 000元,支付的增值税额为85 000元,全部用于工程建设。领用本企业生产的水泥一批,实际成本为80 000元,税务部门确定的计税价格为100 000元,增值税税率17%;工程人员应计工资80 000元,自营工程应负担的长期借款利息9 000元,支付的其他费用30 000元。工程完工并达到预定可使用状态。该企业应作如下会计处理。

(1)购入工程物资时:

借:工程物资	585 000	
贷:银行存款		585 000

(2)工程领用工程物资时:

借:在建工程	585 000	
贷:工程物资		585 000

(3)工程领用本企业生产的水泥,确定应计入在建工程成本的金额为:

$$80\ 000 + 100\ 000 \times 17\% = 97\ 000(\text{元})$$

借:在建工程	97 000	
贷:库存商品		80 000
应交税费—应交增值税(销项税额)		17 000

(4)分配工程人员工资时:

借:在建工程	80 000	
贷:应付职工薪酬		80 000

(5)自营工程应负担的长期借款利息:

借:在建工程	9 000	
贷:长期借款		9 000

(6)支付工程发生的其他费用时:

借:在建工程	30 000	
贷:银行存款		30 000

(7)工程完工转入固定资产成本为:

585 000 + 97 000 + 80 000 + 9 000 + 30 000 = 801 000(元)

借:固定资产　　801 000

　贷:在建工程　　801 000

6.2.2.2 出包方式建造固定资产

出包工程是指企业通过招标等方式将工程项目发包给建造承包商,由建造承包商组织施工的建筑工程和安装工程。企业采用出包方式进行的固定资产工程,其工程的具体支出主要由建造承包商核算。在这种方式下,“在建工程”科目主要是企业与建造承包商办理工程价款的结算科目,企业支付给建造承包商的工程价款作为工程成本,通过“在建工程”科目核算。企业按合理估计的发包工程进度和合同规定向建造承包商结算的进度款,借记“在建工程”科目,贷记“银行存款”等科目;工程完成时按合同规定补付的工程款,借记“在建工程”科目,贷记“银行存款”等科目;出包工程在竣工结算之前应负担的长期负债利息等,也应计入工程成本,借记“在建工程”科目,贷记“长期借款”等科目。工程达到预定可使用状态时,按其成本,借记“固定资产”科目,贷记“在建工程”科目。

【例 6-5】 某企业将一座仓库的建造工程出包给丁公司承建,按合理估计的发包工程进度和合同规定向丁公司结算进度款 150 000 元。工程完工后,收到丁公司有关工程结算单据,补付工程款 300 000 元,出包工程应负担长期借款利息 20 000 元。工程完工并达到预定可使用状态,该企业应作如下会计处理。

(1)按合理估计的发包工程进度和合同规定向丁公司结算进度款:

借:在建工程　　150 000

　贷:银行存款　　150 000

(2)工程完工,用银行存款补付工程款:

借:在建工程　　300 000

　贷:银行存款　　300 000

(3)结转工程应负担的长期借款利息:

借:在建工程　　20 000

　贷:长期借款　　20 000

(4)工程完工并达到预定可使用状态:

借:固定资产　　470 000

　贷:在建工程　　470 000

6.2.3 接受投资的固定资产

企业接受固定资产投资时,投资者投入固定资产的成本,应当按照投资合同或协议约定的价值确定,但合同或协议约定价值不公允的除外。这实际上是按照双方确认的公允价值确认固定资产成本借记“固定资产”科目,贷记“实收资本”科目。如果固定资产的价值大于投资方在企业注册资本中占有的份额,其差额应贷记“资本公积”科目。

6.2.4 接受捐赠的固定资产

企业接受固定资产捐赠时，应根据确定的价值，借记“固定资产”科目，贷记“营业外收入”科目。

6.3 固定资产折旧

6.3.1 折旧的性质

固定资产折旧是指固定资产由于损耗而减少的价值。固定资产损耗分为有形损耗和无形损耗两种。有形损耗是指固定资产在使用过程中由于使用和自然力影响使用价值和价值上的损耗；无形损耗是指由于技术进步而引起的固定资产价值上的损耗。固定资产与存货不同，它的价值不是一次转移计入产品成本或费用，而是在长期使用过程中，随着损耗程度，以折旧费项目分期计入产品成本或费用，并通过取得相应的收入而得到补偿。

6.3.2 计提折旧应考虑的因素

影响折旧的因素主要有以下几个方面。

(1)固定资产原价，是指固定资产的成本。

(2)预计净残值，是指假定固定资产预计使用寿命已满并处于使用寿命终了时的预期状态，企业目前从该项资产处置中获得的扣除预计处置费用后的金额。从理论上讲，某项固定资产应计提折旧总额并不等于该项固定资产原值。这是因为固定资产在报废清理时会取得残值收入，这部分残值收入不需要通过计提折旧方式予以补偿，应在计提折旧时预先估计，从原值中扣除；此外，固定资产在报废清理时还会发生清理费用，这部分清理费用应视为使用固定资产的必要支出，在计提折旧时应予以考虑，预计清理费用一般从预计残值收入中扣除。预计残值收入减去预计清理费用后的余额，称为预计净残值。

(3)固定资产减值准备，是指固定资产已计提的固定资产减值准备累计金额。

(4)固定资产的使用寿命，是指企业使用固定资产的预计期间，或者该固定资产所能生产产品或提供劳务的数量。企业确定固定资产使用寿命时，应当考虑下列因素：

①该项资产预计生产能力或实物产量；

②该项资产预计有形损耗，如设备使用中发生磨损、房屋建筑物受到自然侵蚀等；

③该项资产预计无形损耗，如因新技术的出现而使现有的资产技术水平相对陈旧、市场需求变化使产品过时等；

④法律或者类似规定对该项资产使用的限制。

在我国，各类固定资产预计使用年限的上下限由国家统一规定，各企业在其范围内确定本企业各类固定资产的预计使用年限。

总之，企业应当根据固定资产的性质和使用情况，合理确定固定资产的使用寿命和预计净残值。固定资产的使用寿命、预计净残值一经确定，不得随意变更，但是符合《企业会计准则第 4 号—固定资产》第十九条规定的除外。

6.3.3 固定资产折旧范围

企业应对所有的固定资产进行计提折旧，只有已提足折旧仍继续使用的固定资产和单独计价入账的土地除外。也就是说，固定资产折旧范围是以企业对资产是否确认其为企业固定资产作为计提折旧的范围，而不再以固定资产是否处于不同的使用状态(正使用、未使用或不需用)作为计提折旧的范围。

在确定计提折旧的范围时，还应注意以下几点。

(1)固定资产应当按月计提折旧，当月增加的固定资产，当月不计提折旧，从下月起计提折旧；当月减少的固定资产，当月仍计提折旧，从下月起不计提折旧。

(2)固定资产提足折旧后，不论能否继续使用，均不再计提折旧；提前报废的固定资产，也不再补提折旧。所谓提足折旧，是指已经提足该项固定资产的应计折旧额。

(3)已达到预定可使用状态但尚未办理竣工决算的固定资产，应当按照估计价值确定其成本，并计提折旧；待办理竣工决算后，再按实际成本调整原来的暂估价值，但不需要调整原已计提的折旧额。

(4)符合《企业会计准则第 4 号—固定资产》第四条规定的确认条件的固定资产装修费用，应当在两次装修期间与固定资产剩余使用寿命两者中较短的期间内计提折旧。融资租赁方式租入的固定资产发生的装修费用，符合固定资产准则规定的确认条件的，应当在两次装修期间、剩余租赁期间内与固定资产剩余使用寿命三者中较短的期间内计提折旧。

(5)处于更新改造过程而停止使用的固定资产，符合《企业会计准则第 4 号—固定资产》规定的确认条件的，应当转入在建工程停止计提折旧；已计减值准备的固定资产，还应扣除已计提的固定资产减值准备累计金额。

企业至少应当于每年年度终了，对固定资产的使用寿命、预计净残值和折旧方法进行复核。使用寿命预计数与原先估计数有差异的，应当调整固定资产使用寿命。预计净残值预计数与原先估计数有差异的，应当调整预计净残值。与固定资产有关的经济利益预期实现方式有重大改变的，应当改变固定资产折旧方法。固定资产使用寿命、预计净残值和折旧方法的改变应当作为会计估计变更。

6.3.4 固定资产的折旧方法

企业应当根据与固定资产有关的经济利益的预期实现方式，合理选择固定资产折旧方法。可选用的折旧方法包括年限平均法、工作量法、双倍余额递减法和年数总和法等。

6.3.4.1 年限平均法

年限平均法是指按照固定资产的预计使用年限平均计提折旧的方法,其累计折旧额为使用时间的线性函数。采用这种方法,假定固定资产的服务潜力随着时间的推移而逐渐递减,其效能与固定资产的新旧程度无关。因此,固定资产的应计提折旧总额可以均匀摊配于预计使用年限内的各个会计期间。

年限平均法的计算公式如下:

$$\text{年折旧额}=\frac{\text{固定资产原值}-(\text{预计残值收入}-\text{预计清理费用})}{\text{预计使用年限}}$$

$$=\frac{\text{固定资产应计提折旧总额}}{\text{预计使用年限}}$$

$$\text{月折旧额}=\frac{\text{年折旧额}}{12}$$

上述公式为固定资产折旧年限平均法的一般原理。在实际工作中,固定资产折旧额一般根据固定资产原值乘以折旧率计算。在年限平均法下,固定资产折旧率是固定资产折旧额与固定资产原值的比率,其计算公式为:

$$\text{年折旧率}=\frac{(1-\text{预计净残值率})}{\text{预计使用年限}}\times 100\%$$

$$\text{月折旧率}=\frac{\text{年折旧率}}{12}$$

$$\text{月折旧额}=\text{固定资产原值}\times\text{月折旧率}$$

【例 6-6】 甲公司有一幢厂房,原价为 5 000 000 元,预计可使用 20 年,预计报废时的净残值率为 2%。该厂房的折旧率和折旧额的计算如下:

$$\text{年折旧率}=\frac{(1-2\%)}{20}=4.9\%$$

$$\text{月折旧率}=\frac{4.9\%}{12}=0.41\%$$

$$\text{月折旧额}=5\ 000\ 000\times 0.41\%=20\ 500(\text{元})$$

本例采用的是年限平均法计提固定资产折旧,其特点是将固定资产的应计折旧额均衡地分摊到固定资产预计使用寿命内,采用这种方法计算的每期折旧额是相等的。

6.3.4.2 工作量法

工作量法是指按照固定资产预计完成的工作总量平均计提折旧的方法,其累计折旧额为完成工作量的线性函数。采用这种方法,假定固定资产的服务潜力随着完成工作量的增加而逐渐递减,其效能与固定资产的新旧程度无关。因此,固定资产的应计提折旧总额可以均匀摊配于预计的每一单位工作量。采用工作量法计提折旧,也应首先确定固定资产应计提折旧总额;然后根据固定资产应计提折旧总额和预计完成的工作总量,确定单位工作量折旧额;最后根据单位工作量折旧额和某月实际完成的工作量，就可以计算出该月折旧额。基本计算公式如下：

$$单位工作量折旧额=\frac{固定资产原价\times(1-预计净残值率)}{预计总工作量}$$

某项固定资产月折旧额＝该项固定资产当月工作量×单位工作量折旧额

不同的固定资产，其工作量有不同的表现形式。对于运输设备来说，其工作量表现为运输里程；对于机器设备来说，其工作量表现为机器工时和机器台班。

【例6-7】 某企业的一辆运货卡车的原价为600 000元，预计总行使里程为500 000公里，预计报废时的净残值率为5%，本月行驶4 000公里。该辆汽车的月折旧额计算如下：

$$单位里程折旧额=\frac{600\ 000\times(1-5\%)}{500\ 000}=1.14(元/公里)$$

本月折旧额＝4 000×1.14＝4 560(元)

工作量法一般适用于价值较高的大型精密机床以及运输设备等固定资产的折旧计算。这些固定资产的价值较高，各月的工作量一般不很均衡，采用平均年限法计提折旧，会使各月成本费用的负担不够合理。

6.3.4.3 双倍余额递减法

双倍余额递减法是指在不考虑固定资产预计净残值的情况下，根据每期期初固定资产净值和双倍的直线法折旧率计算折旧的一种方法。其计算公式如下：

$$年折旧率=\frac{2}{预计使用寿命(年)}\times100\%$$

年折旧额＝固定资产期初净值×双倍直线折旧率

月折旧额＝固定资产年折旧额÷12

采用双倍余额递减法计提固定资产折旧，一般应在固定资产使用寿命到期前两年，将固定资产账面净值扣除预计残值后的净值平均折旧，也就是说，最后两年改为直线法折旧。

【例6-8】 某企业某项固定资产原值为60 000元，预计净残值为3 000元，预计使用年限为5年。该项固定资产采用双倍余额递减法计提折旧。每年的折旧额计算如下：

年折旧率＝2/5×100%＝40%

第1年应提的折旧额＝60 000×40%＝24 000(元)

第2年应提的折旧额＝(60 000－24 000)×40%＝14 400(元)

第3年应提的折旧额＝(36 000－14 400)×40%＝8 640(元)

从第4年起改用年限平均法(直线法)计提折旧。

$$第4年、第5年的年折旧额=\frac{(21\ 600-8\ 640)-3\ 000}{2}$$

每年各月折旧额根据年折旧额除以12来计算。

年折旧率及各年折旧额计算见表6-1。

表 6-1 折旧计算表(双倍余额递减法)

单位:元

年份	期初净值	年折旧率	年折旧额	累计折旧	期末净值
1	60 000	40%	24 000	24 000	36 000
2	36 000	40%	14 400	38 400	21 600
3	21 600	40%	8 640	47 040	12 960
4	12 960		4 980	52 020	7 980
5	7 480		4 980	57 000	3 000

从表 6-1 中可以看出,该项固定资产第 4 年如果仍按双倍余额递减法计提折旧,年折旧额应为 5 184 元(12 960 ×40%);如果改按平均年限法计提折旧,年折旧额应为4 980 元[(12 960 -3 000)/2]。由于该项固定资产第 4 年按双倍余额递减法计提的折旧额小于按平均年限法计提的折旧额,因此从第 4 年开始,该项固定资产改按年限平均法计提折旧。

假定该项固定资产于 20 ×7 年 8 月开始计提折旧,则 20 ×7 年 8 月至 20 ×8 年 7 月,各月的折旧额为 2 000 元(24 000/12);20 ×8 年 8 月至 20 ×9 年 7 月,各月的折旧额为 1 200 元(14 400/12);依此类推。

6.3.4.4 年数总和法

年数总和法又称年限合计法,是指将固定资产的原价减去预计净残值后的余额,乘以一个逐年递减的分数计算每年的折旧额,这个分数的分子代表固定资产尚可使用寿命,分母代表预计使用寿命逐年数字总和。各年尚可使用年数总和(简称年数总和),是一个以预计使用年限为 n 项且初项和公差均为 1 的等差数列。其年折旧率和年折旧额的计算公式如下:

$$年折旧率 = \frac{尚可使用年限}{预计使用寿命的年数总和} \times 100\%$$

$$= \frac{预计使用寿命 - 已使用年限}{预计使用寿命 \times (预计使用寿命 + 1)/2} \times 100\%$$

$$年折旧额 = (固定资产原价 - 预计净残值) \times 年折旧率$$

$$月折旧额 = 固定资产年折旧额/12$$

【例 6-9】 承例 6-8,假如采用年数总和法,计算的各年折旧额。

该项固定资产的尚可使用年数总和为 =5 +4 +3 +2 +1 =15

或:=5 ×(5 +1)/2 =15

各年折旧率和折旧额计算见表 6-2。

表 6-2 折旧计算表(年数总和法)

单位:元

年份	尚可使用年限	原价 - 净残值	变动折旧率	年折旧额	累计折旧
1	5	5 700	5/15	1 900	1 900
2	4	5 700	4/15	1 520	3 420
3	3	5 700	3/15	1 140	4 560
4	2	5 700	2/15	760	5 320
5	1	5 700	1/15	380	5 700

6.3.4.5 直线法与加速折旧法的比较

年限平均法和工作量法统称为直线法。采用直线法计提折旧,固定资产的转移价值平均摊配于其使用的各个会计期间或完成的工作量,优点是使用方便,易于理解。但是,这种方法没有考虑固定资产使用过程中相关支出摊配于各个会计期间或完成的工作量的均衡性。因为随着固定资产使用时间的推移,其磨损程度也会逐渐增加,使用后期的维修费支出将会高于使用前期的维修费支出,即使各个会计期间或单位工作量负担的折旧费相同,但各个会计期间或单位工作量负担的固定资产使用成本(折旧费与维修费之和)将会不同。

双倍余额递减法和年数总和法统称为加速折旧法。加速折旧法也称为递减费用法,是指在固定资产使用初期计提折旧较多而在后期计提折旧较少,从而相对加速折旧的方法。采用加速折旧法,各年的折旧额呈递减趋势。采用加速折旧法计提折旧,克服了直线法的不足。因为这种方法前期计提的折旧费较多而维修费较少,后期计提的折旧费较少而维修费较多,从而保持了各个会计期间负担的固定资产使用成本的均衡性。此外,由于这种方法前期计提的折旧费较多,能够使固定资产投资在前期较多地收回,在税法允许将各种方法计提的折旧费作为税前费用扣除的前提下,还能够减少前期的所得税额,符合谨慎性原则。但是,在固定资产各期工作量不均衡的情况下,这种方法可能导致单位工作量负担的固定资产使用成本不够均衡。此外,由于这种方法不适宜采用分类折旧方式,在固定资产数量较多的情况下,计提折旧的工作量较大。

企业在计提折旧时,可以根据具体情况,选择各种折旧计算方法。需要指出的是,按照可比性原则,某种折旧方法一经选定,不应随意改变,以保证会计核算方法的前后期一致,便于进行比较分析。如果企业根据具体情况的变化决定改变折旧方法,其变更时间一般应为年初,以保持年度内折旧方法的一致。

6.3.5 固定资产折旧的账务处理

固定资产应当按月计提折旧,计提的折旧应当记入“累计折旧”科目,并根据用途计入相关资产的成本或者当期损益。基本生产车间所使用的固定资产,其计提的折旧应计入制造费用；管理部门使用的固定资产，其计提的折旧应计入管理费用；销售部门所使用的固定资产，其计提的折旧应计入销售费用；经营租出的固定资产，其计提的折旧额应计入其他业务成本；企业自行建造固定资产过程中使用的固定资产，其计提的折旧应计入在建工程成本。企业计提固定资产折旧时，借记“制造费用”、“管理费用”、“销售费用”、“其他业务成本”等科目，贷记“累计折旧”科目。

为了进行计提折旧的总分类核算，企业应按月根据固定资产计提折旧的范围和采用的折旧计算方法，编制固定资产折旧计算表。固定资产计算表应反映各个使用单位各类固定资产的当月应计提的折旧额。

采用个别折旧方式，各类固定资产当月应计提的折旧额，可以根据该类固定资产月折旧额之和计算。

采用分类折旧方式，各类固定资产当月应计提的折旧额，可以根据该类固定资产的原值乘以月分类折旧率计算。

当月固定资产应提折旧额 = 上月固定资产计提的折旧额 + 上月增加固定资产应计提的折旧额 − 上月减少固定资产应计提的折旧额

【例 6-10】 某企业 20×7 年 5 月份的固定资产折旧计算表见表 6-3。

表 6-3 固定资产折旧计算表

20×7 年 5 月

单位：元

使用部门	固定资产类别	上月折旧额	上月增加固定资产		上月减少固定资产		本月应提折旧额
			原价	应提折旧额	原价	应提折旧额	
一车间	厂房	50 000					50 000
	机器设备	20 000	100 000	600			20 600
	小计	70 000					70 600
二车间	厂房	8 000			8 000		
	机器设备	24 000	80 000	400	23 600		
	小计	32 000			31 600		
管理部门	房屋建筑物	10 000					10 000
	运输工具	8 000					8 000
	小计	18 000					18 000
销售部门	房屋建筑物	2 000					2 000
	运输工具	10 000	110 000	11 000			21 000
	小计	12 000					23 000
合计		132 000	210 000	11 600	80 000	400	143 200

根据上述固定资产折旧计算表编制如下会计分录：

借：制造费用— 一车间　　　　70 600

　　　　　　— 二车间　　　　31 600

　　管理费用　　　　　　　　18 000

销售费用　　23 000
　贷:累计折旧　　143 200

6.4 固定资产的后续支出

固定资产的后续支出是指固定资产在使用过程中发生的更新改造支出、修理费用等。企业的固定资产投入使用后,由于各个组成部分耐用程度不同或者使用的条件不同,因而往往发生固定资产的局部损坏。为了保持固定资产的正常运转和使用,充分发挥其使用效能,就必须对其进行必要的后续支出。

固定资产的更新改造等后续支出,符合《企业会计准则第 4 号—固定资产》第四条规定的确认条件,增强了固定资产获取未来经济利益的能力,提高了固定资产的性能,应当计入固定资产成本,如有被替换的部分,应同时将被替换部分的账面价值从该固定资产原账面价值中扣除;不符合《企业会计准则第 4 号—固定资产》规定的确认条件的固定资产修理费用等,应当在发生时计入当期损益。

6.4.1 资本化的后续支出

在对固定资产发生可资本化的后续支出后,企业应将该固定资产的原价、已计提的累计折旧和减值准备转销,将固定资产的账面价值转入在建工程,并停止计提折旧。固定资产发生的可资本化的后续支出,通过"在建工程"科目核算。在固定资产发生的后续支出完工并达到预定可使用状态时,再从"在建工程"科目转入"固定资产"科目,并按重新确定的使用寿命、预计净残值和折旧方法计提折旧。

6.4.2 费用化的后续支出

固定资产的日常维护支出只是确保固定资产的正常工作状态,并不导致固定资产性能的改变,不满足固定资产的确认条件,应当在发生时记入当期损益,不得采用预提或待摊方式处理。企业生产车间(部门)发生的固定资产修理费用和行政管理部门发生的固定资产修理费用等后续支出,借记"管理费用"科目,贷记"银行存款"等科目;企业发生的与专设销售机构相关的固定资产修理费用等后续支出,借记"销售费用"科目,贷记"银行存款"等科目。

【例 6-11】 A 企业现拥有一辆运输车,20 ×7 年 5 月花费保养维修费用 4 000 元;7 月企业为了增加其运载能力,使其载重能力由 4 吨增加到 6 吨,为此支出了 20 000 元的改造费用。

分析:企业对这辆汽车的支出,5 月的保养维修费支出属于日常维修费用,它只是为了确保车辆的正常运输能力而进行的保养,属于费用性支出,因此,在发生时直接计入管理费用。其账务处理如下:

借:管理费用　　4 000
　贷:银行存款　　4 000

7 月的改造费用支出由于增强了车辆的载重能力，提高了该资产获取经济的能力，因此属于资本性支出，应将其资本化，增加企业固定资产的价值。其账务处理如下：

借：固定资产　　20 000
　贷：银行存款　　20 000

6.5 固定资产的处置

企业在生产经营过程中，可能将不适用或不需用的固定资产对外出售转让，或因磨损、技术进步等原因对固定资产进行报废，或因遭受自然灾害而对毁损的固定资产进行处理。对于上述事项在进行会计核算时，应按规定程序办理有关手续，结转固定资产的账面价值，计算有关的清理收入、清理费用及残料价值等。

固定资产处置包括固定资产的出售、报废、毁损、对外投资、非货币性资产交换、债务重组等。为了反映转入清理过程的固定资产账面价值、清理费支出、变价收入和其他收入的取得以及清理净损益的情况，应设置“固定资产清理”科目。“固定资产清理”科目是资产类科目，借方登记转入清理的固定资产的净值和发生的清理费用，贷方登记清理固定资产的变价收入和由保险公司或过失人承担的损失等。企业出售、报废和毁损等原因减少的固定资产，在会计核算上一般分以下几个步骤处理。

1. 固定资产转入清理的处理

企业因出售、报废、毁损、对外投资、非货币性资产交换、债务重组等转出的固定资产，按该项固定资产的账面价值，借记“固定资产清理”科目，按已计提的累计折旧，借记“累计折旧”科目，按已计提的减值准备，借记“固定资产减值准备”科目，按其账面原价贷记“固定资产”科目。

2. 发生的清理费用的处理

固定资产清理过程中应支付的相关税费及其他费用（如支付清理人员的工资等），借记“固定资产清理”科目，贷记“银行存款”、“应交税费—应交营业税”等科目。

3. 收回出售固定资产的价款、残料价值和变价收入等的处理

企业收回出售固定资产的价款、报废的固定资产的残料价值和变价收入等，借记“银行存款”、“原材料”等科目，贷记“固定资产清理”科目。

4. 保险赔偿等的处理

企业计算或收到的应由保险公司或过失人员赔偿的报废、毁损固定资产的损失时，借记“其他应收款”等科目，贷记“固定资产清理”科目。

5. 清理净损益的处理

固定资产清理后发生的净收益或净损失，因为与企业的生产经营活动没有直接关系，处理固定资产发生的损益作为“营业外收入”或“营业外支出”。发生的净收益,借记“固定资产清理”科目,贷记“营业外收入”科目;发生的净损失,应分别按不同的情况转账,属于自然灾害等非正常损失,借记“营业外支出—非常损失”科目,贷记“固定资产清理”科目,属于正常清理损失,借记“营业外支出—处置非流动资产损失”科目,贷记“固定资产清理”科目。

6.5.1 固定资产出售

企业因调整经营方针或因考虑技术进步等因素,可以将不需用的固定资产出售给其他企业,按照有关规定,企业销售不动产,还应按照销售额计算交纳营业税。

【例6-12】 某企业出售一座建筑物,原值2 000 000元,已使用6年,计提折旧300 000元,未计提减值准备,出售的价格收入为1 900 000元,已通过银行收回价款,营业税率5%。该企业应作如下会计处理。

(1)注销固定资产原值和已提折旧额时:

借:固定资产清理　　1 700 000
　　累计折旧　　300 000
　　贷:固定资产　　2 000 000

(2)收回出售固定资产的价款时:

借:银行存款　　1 900 000
　　贷:固定资产清理　　1 900 000

(3)计算销售该固定资产应交纳的营业税时:

计算应缴纳的营业税 =1 900 000 ×5% =95 000(元)

借:固定资产清理　　95 000
　　贷:应交税费 - 应交营业税　　95 000

(4)上交营业税时:

借:应交税费 - 应交营业税　　95 000
　　贷:银行存款　　95 000

(5)结转出售固定资产实现的利得时:

借:固定资产清理　　105 000
　　贷:营业外收入　　105 000

6.5.2 固定资产报废和毁损

固定资产报废的原因一般有两类:一类是由于使用期限已满不再继续使用而形成的正常报废;另一类是由于对折旧年限估计不准确或非正常原因造成的提前报废,如确定预计使用年限时未考虑无形损耗而在技术进步时必须淘汰的固定资产,以及由于管理不善或自然灾害造成的固定资产毁损等。

固定资产的毁损主要是指自然灾害和责任事故所致。

固定资产的报废和毁损的核算方法基本相同。

【例6-13】 乙公司现有一台设备由于性能等原因决定提前报废,原价为

500 000 元,已计提折旧 450 000 元,未计提减值准备。报废时的残值变价收入为 20 000 元,报废清理过程中发生清理费用 3 500 元。有关收入、支出均通过银行办理结算。乙公司应作如下会计处理。

(1)将报废固定资产转入清理时:

借:固定资产清理　　50 000

　累计折旧　　450 000

　贷:固定资产　　500 000

(2)收回残料变价收入时:

借:银行存款　　20 000

　贷:固定资产清理　　20 000

(3)支付清理费用时:

借:固定资产清理　　3 500

　贷:银行存款　　3 500

(4)结转报废固定资产发生的净损失时:

借:营业外支出—处置非流动资产损失　　33 500

　贷:固定资产清理　　33 500

【例 6-14】 某企业因火灾烧毁一栋厂房,该厂房原值 1 500 000 元,已提折旧额 600 000 元,经保险公司核定应赔偿损失 700 000 元,以现金支付清理费用 1 000 元,残料估价 5 000 元,已入库。

(1)将毁损固定资产转入清理时:

借:固定资产清理　　900 000

　累计折旧　　600 000

　贷:固定资产　　1 500 000

(2)收回残料变价收入时:

借:原材料　　5 000

　贷:固定资产清理　　5 000

(3)支付清理费用时:

借:固定资产清理　　1 000

　贷:库存现金　　1 000

(4)应由保险公司承担赔偿损失:

借:其他应收款　　700 000

　贷:固定资产清理　　700 000

(5)结转报废固定资产发生的净损失时:

借:营业外支出 - 非常损失　　196 000

　贷:固定资产清理　　196 000

6.6 固定资产的清查

固定资产作为企业的主要劳动资料,是企业财产物资管理的重点之一,企业应当定期或至少于每年年末对固定资产进行清查盘点,以保证固定资产核算的真实性,充分挖掘企业现有固定资产的潜力。在固定资产清查过程中,如果发现盘盈、盘亏的固定资产,应填制固定资产盘盈盘亏报告表。清查固定资产的损溢,应及时查明原因,并按照规定程序报批处理。

6.6.1 固定资产盘盈

企业在财产清查中盘盈的固定资产,作为前期差错处理。企业在财产清查中盘盈的固定资产,在按管理权限报经批准处理前应先通过"以前年度损益调整"科目核算。盘盈的固定资产,应按以下规定确定其入账价值:如果同类或类似固定资产存在活跃市场的,按同类或类似固定资产的市场价格,减去按该项资产的新旧程度估计的价值损耗后的余额,作为入账价值;如果同类或类似固定资产不存在活跃市场的,按该项固定资产的预计未来现金流量的现值,作为入账价值。企业应按上述规定确定的入账价值,借记"固定资产"科目,贷记"以前年度损益调整"科目。

【例6-15】 乙公司在财产清查过程中,发现一台未入账的设备,按同类或类似商品市场价格,减去按该项资产的新旧程度估计的价值损耗后的余额为30 000元,报经有关部门批准后,将盘盈固定资产的净值转为营业外收入。根据《企业会计准则第28号—会计政策、会计估计变更和差错更正》规定,该盘盈固定资产作为前期差错进行处理。假定乙公司适用的所得税税率为25%,按净利润的10%计提法定盈余公积。乙公司应作如下会计处理。

(1)盘盈固定资产时:

借:固定资产	30 000	
贷:以前年度损益调整		30 000

(2)确定应交纳的所得税时:

借:以前年度损益调整	7 500	
贷:应交税费—应交所得税		7 500

(3)结转为留存收益时:

借:以前年度损益调整	22 500	
贷:盈余公积—法定盈余公积		2 250
利润分配—未分配利润		20 250

6.6.2 固定资产盘亏

企业在财产清查中盘亏的固定资产,按盘亏固定资产的账面价值,借记"待处理财产损溢"科目,按已计提的累计折旧,借记"累计折旧"科目,按已计提的减值准备,借记“固定资产减值准备”科目，按固定资产的原价，贷记“固定资产”科目。按管理权限报经批准后处理时，按可收回的保险赔偿或过失人赔偿，借记“其他应收款”科目，按应计入营业外支出的金额，借记“营业外支出—盘亏损失”科目，贷记“待处理财产损溢”科目。

【例 6-16】 乙公司进行财产清查时发现短缺一台笔记本电脑，原价为 10 000 元，已计提折旧 6 000 元。乙公司应作如下会计处理。

(1)盘亏固定资产时：

借：待处理财产损溢	4 000	
累计折旧	6 000	
贷：固定资产		10 000

(2)报经批准转销时：

借：营业外支出—盘亏损失	4 000	
贷：待处理财产损溢		4 000

6.7 固定资产的期末计价

由于固定资产使用期限较长，在使用过程中会发生损坏而造成价值的损失；同时，现代科学技术发展日新月异，新的效率更高、价格更便宜的生产工具不断出现，又会使原有的固定资产因技术陈旧等而发生贬值。因发生损坏、技术陈旧或其他经济原因，导致固定资产可收回的金额低于其账面价值的，称为固定资产减值。按照会计核算的真实性、谨慎性原则的要求，企业应及时确认固定资产的减值损失，并将这部分损失从固定资产价值中抵消，否则，就会出现虚夸资产价值的现象，不利于企业的稳健经营。

固定资产在资产负债表日存在可能发生减值的迹象时，其可收回金额低于账面价值的，企业应当将该固定资产的账面价值减记至可收回金额，减记的金额确认为减值损失，计入当期损益，同时计提相应的资产减值准备，借记“资产减值损失—计提的固定资产减值准备”科目，贷记“固定资产减值准备”科目。固定资产减值损失一经确认，在以后会计期间不得转回。

6.7.1 固定资产的减值迹象

每年年末，企业应对固定资产的账面价值进行检查。如果出现下列情况之一，表明该固定资产已出现减值迹象，应对固定资产的可收回金额进行估计。

(1)资产的市价当期大幅度下跌，其跌幅明显高于因时间的推移或者正常使用而预计的下跌。

(2)企业经营所处的经济、技术或者法律等环境以及固定资产所处的市场在当期或者将在近期发生重大变化，从而对企业产生不利影响。

(3)企业市场利率或者其他市场投资报酬率在当期已经提高，从而影响企业计算固定资产预计未来现金流量现值的折现率,导致固定资产可收回金额大幅度降低。

(4)有证据表明固定资产已经陈旧过时。

(5)固定资产已经或者将被闲置、终止使用或者计划提前处置。

(6)企业内部报告的证据表明固定资产的经济绩效已经低于或者将低于预期,如固定资产所创造的净现金流量或者实现的营业利润(或者亏损)远远低于(或者高于)预计金额等。

(7)其他表明固定资产可能已经发生减值的迹象。

6.7.2 固定资产可收回金额的计量

固定资产可收回金额应当根据固定资产的公允价值减去处置费用后的净额与固定资产预计未来现金流量的现值两者之间较高者确定。

固定资产的公允价值,应当根据公平交易中销售协议价格确定。不存在销售协议但存在资产活跃市场的,应当按照该固定资产的市场价格确定。固定资产的市场价格通常应当根据资产的买方出价确定。在不存在销售协议和固定资产活跃市场的情况下,应当以可获取的最佳信息为基础,估计固定资产的公允价值。

企业按照上述规定仍然无法可靠估计固定资产的公允价值减去处置费用后的净额的,应当以该固定资产预计未来现金流量的现值作为其可收回金额。

6.7.3 固定资产减值损失的确定

固定资产可收回金额的计量结果表明,固定资产的可收回金额低于其账面价值的,应当将固定资产的账面价值减记至可收回金额,借记"资产减值损失"科目,贷记"固定资产减值准备"科目。固定资产减值损失确认后,固定资产的折旧费用应当在未来期间作相应调整,以使该固定资产在剩余使用寿命内,系统地分摊调整后的固定资产账面价值。固定资产减值损失一经确认,在以后会计期间不得转回。

【例6-17】 20×7年12月31日,丙公司的某生产线存在可能发生减值的迹象。经计算,该机器的可收回金额合计为1 230 000元,账面价值为1 400 000元,以前年度未对该生产线计提过减值准备。

由于该生产线的可收回金额为1 230 000元,账面价值为1 400 000元,可收回金额低于账面价值,应按两者之间的差额170 000元(1 400 000 - 1 230 000)计提固定资产减值准备。丙公司应作如下会计处理:

借:资产减值损失—计提的固定资产减值准备　　170 000

　贷:固定资产减值准备　　170 000

本章练习题

一、单项选择题

1. 某企业购入需要安装的设备一台,价款20 000元,增值税3 400元,并投入安装,安装中领用生产用料实际成本为2 000元,领用自产库存商品,实际成本1 800

元,售价为 2 500 元,安装完毕达到预定可使用状态。本企业为一般纳税人,适用增值税率 17%,在不考虑所得税情况下,固定资产入账价值为(　　)元。

A. 24 925　　B. 24 225　　C. 27 625　　D. 28 325

2. 某项固定资产的原值为 200 000 元,预计净残值为 2 000 元,预计使用年限为 4 年。则在直线法下第二年的折旧额为(　　)元。

A. 39 600　　B. 49 500　　C. 50 000　　D. 59 400

3. 某项固定资产的原值为 200 000 元,预计净残值为 2 000 元,预计使用年限为 4 年。则在双倍余额递减法下第二年的折旧额为(　　)元。

A. 39 600　　B. 49 500　　C. 50 000　　D. 59 400

4. 某项固定资产的原值为 200 000 元,预计净残值为 2 000 元,预计使用年限为 4 年。则在年数总和法下第二年的折旧额为(　　)元。

A. 39 600　　B. 49 500　　C. 50 000　　D. 59 400

5. 企业进行财产清查时盘亏设备一台,其账面原值 25 000 元,已提取折旧 18 000 元,计提的减值准备为 2 000,则应记入"待处理财产损溢"科目的金额是(　　)。

A. 5 000　　B. 12 000　　C. 25 000　　D. 30 000

6. 某企业 2010 年 2 月初固定资产原值 100 万元,2 月份购入固定资产 40 万元,经营租出固定资产 30 万元。上述固定资产均为在用固定资产,假定年折旧率为 12%,则该企业 2010 年 2 月份应提的折旧费用应是(　　)。

A. 1 万元　　B. 1. 1 万元　　C. 1. 3 万元　　D. 1. 4 万元

7. 某企业出售一座建筑物,账面原价 1 000 000 元,已使用 2 年,已提折旧 100 000 元,出售时发生清理费用 10 000 元,出售价格 980 000 元,销售不动产的营业税率为 5%,该企业出售此建筑物时发生的净损益为(　　)。

A. 70 000 元　　B. 80 000 元　　C. 21 500 元　　D. 21 000 元

8. 下列固定资产减少业务不应通过"固定资产清理"科目核算的是(　　)。

A. 固定资产的出售　　B. 固定资产的盘亏

C. 固定资产的毁损　　D. 固定资产的报废

9. 某公司有运输车 2 辆,采用工作量法计提折旧。原值为 200 000 元,预计使用 10 年,每年行驶里程 60 000 公里,净残值率为 5%,当月两辆车的行使里程都是 4 000 公里,该运输车的当月折旧额为(　　)元。

A. 2 533. 33　　B. 25 333. 33　　C. 2 666. 66　　D. 6 000

10. 盘盈的固定资产,应按(　　)入账。

A. 评估价值计价　　B. 原始价值计价

C. 重置完全价值计价　　D. 市价减去估计折旧后的净值计价

二、多项选择题

1. 下列固定资产中应计提折旧的有(　　)。

A. 季节性停用的机器设备
B. 大修理停用的机器设备
C. 未使用的机器设备
D. 按规定单独估价作为固定资产入账的土地

2. 固定资产的后续支出可以计入(　　)。

A. 管理费用　　B. 制造费用　　C. 销售费用　　D. 财务费用

3. 在固定资产使用前几年,提取固定资产折旧时,需要考虑固定资产净残值的折旧方法是(　　)。

A. 直线法　　B. 双倍余额递减法
C. 工作量法　　D. 年数总和法

4. 下列有关固定资产的情况中,本月不提取折旧的有(　　)。

A. 本月初投入使用的固定资产
B. 本月初退出使用的固定资产
C. 已提足折旧,本月仍在用在固定资产
D. 已报废,但尚未提足折旧的固定资产

5. 下列关于计提固定资产折旧的说法中正确的有(　　)。

A. 公司当月减少的固定资产当月照提折旧
B. 公司当月增加的固定资产当月开始计提折旧
C. 提前报废但未提足折旧的固定资产不再补提折旧
D. 固定资产提足折旧后仍继续使用的需补提折旧

6. 下列固定资产中,不计提折旧的固定资产有(　　)。

A. 不需用的设备　　B. 当月增加的固定资产
C. 未提足折旧提前报废的固定资产　　D. 经营租入的固定资产

三、判断题

1. 盘盈固定资产通过“待处理财产损溢”科目核算,其净收益计入当期营业外收入。(　　)

2. 企业生产车间的固定资产修理费用应当计入制造费用。(　　)

3. 按双倍余额递减法计提的折旧额在任何时期都大于按平均年限法计提的折旧额。(　　)

4. 双倍余额递减法不需要考虑固定资产的预计净残值。(　　)

5. 以融资租赁方式租入的固定资产,应由出租方计提该项固定资产折旧。(　　)

6. 企业为取得固定资产而交纳的契税、耕地占用税和印花税,应计入固定资产入账价值。(　　)

7. 盘亏和盘盈的固定资产都应该通过“待处理财产损溢”科目核算。(　　)

8. 企业对其账面上的固定资产均拥有所有权。(　　)

四、计算与核算题

1. 甲公司于2008年6月，购入需安装的生产设备一台，发票上注明总价款58,500元，当即签发一张面额为58,500元、期限为60天的商业汇票支付，用转账支票支付该设备运杂费900元；安装过程中，领用本企业所生产的商品产品，成本为1 800元，计税价2 000元，适用增值税税率17%；应付工程人员薪酬2 280元；另用现金支付调试费180元。设备于2008年10月20日安装完毕投入使用。该设备预计使用5年，预计净残值率为4%，按平均年限法计提折旧。2011年9月该设备被出售，收取价款30 000元，存入银行。应按5%计算应交营业税。

要求：(1)计算该设备的入账价值，并编制相应的会计分录；

(2)计算该设备每月应计提的折旧额，并编制相应的会计分录；

(3)计算该设备转让时已经计提的累计折旧额；

(4)作出该设备出售时的会计处理，并计算结转出售的净损益。

2. 某企业2005年3月份购置生产线一套，总价款81 900元。安装过程领用自产产品，其成本为1 600元，售价为2 000元，(适用增值税税率为17%)；支付安装人员工资4 500元，用现金支付其他费用1 660元。同年8月份投入使用，预计使用年限为5年，预计净残值率4%，按直线法计提折旧。该生产线于2010年7月份报废，收取残料入库，价值5 000元，用现金支付清理费2 300元。

要求：(1)计算该生产线的入账价值并编制有关的会计分录；

(2)计算该生产线每月的折旧额并编制计提折旧的会计分录；

(3)计算该生产线报废前应计提的累计折旧；

(4)作出该生产线报废时的账务处理。(需计算的列出计算过程)

7

无形资产

学习目的及要求

1. 熟悉无形资产的概念、内容及其特征。
2. 掌握无形资产的确认与计量方法。
3. 掌握无形资产取得、摊销、减值、报废及处置的账务处理。

7.1 无形资产概述

7.1.1 无形资产的概念

无形资产，是指企业拥有或者控制的没有实物形态的可辨认非货币性资产。根据《企业会计准则第6号—无形资产》的规定，无形资产具有如下基本特征。

7.1.1.1 不具有实物形态

无形资产是企业拥有的一个特殊资产项目。它没有实物形态，但可以产生经济利益。没有实物形态是无形资产最基本的特征。

7.1.1.2 在创造经济利益方面存在较大不确定性

符合无形资产定义的重要表现之一，就是企业能够拥有或控制该无形资产产生的经济利益。无形资产的经济价值在很大程度上受企业外部因素的影响，其预期的获利能力不能准确地加以确定。无形资产的取得成本并不代表其经济价值。

7.1.1.3 属于非货币性长期资产

无形资产所表现出的不确定性使其归属于非货币性资产。由于其可以在多个会计期间为企业带来经济利益,因而属于长期资产。企业为取得无形资产发生的支出属于资本性支出,需要在各会计期间进行摊销。

7.1.1.4 具有可辨认性

《企业会计准则第6号—无形资产》指出资产满足下列条件之一的,符合无形资产定义中的可辨认性标准:

①能够从企业中分离或者划分出来,并能够单独或者与相关合同一起,用于出售、转移、授予许可、租赁或者交换;

②源自合同性权利或其他法定权利,无论这些权利是否可以从企业或其他权利和义务中转移或者分离。

此外,对于企业合并中产生商誉的确认和计量、石油天然气矿区权益的确认和计量、作为投资性房地产的土地使用权三个项目,由于不适用无形资产准则,故不在本章介绍。

7.1.2 无形资产的内容

无形资产一般包括专利权、非专利技术、商标权、著作权、特许权、土地使用权等。

7.1.2.1 专利权

专利权是指国家专利局依法授予发明创造专利申请人对其发明创造在法定期限内所享有的专有权利。专利权的主体是依据专利法被授予专利权的个人或单位,专利权的客体是受专利法保护的专利范围。

7.1.2.2 非专利技术

非专利技术也称专有技术。它是指企业中实用的、先进的、未公开的和未申请专利的知识和技术,包括各种设计资料、图纸数据、技术规范、工艺流程和配方等,具有经济性、机密性、动态性等特点。非专利技术并不是专利法的保护对象,用自我保密的方式来维持其独占性。

7.1.2.3 商标权

商标权是指专门在某种指定的商品或产品上使用特定名称或图案的权利。按照我国商标法的规定,核准注册的商标为注册商标,商标注册人享有商标专用权,受法律保护。商标权的有效期限为10年,期满可申请延期。

7.1.2.4 著作权

著作权又称版权,是指著作权人对其创作的文学、科学和艺术作品依法享有的某些特殊权利。包括发表权、署名权、修改权、保护作品完整权、使用权和获得报酬权等。著作权可以转让、出售或者赠与。

7.1.2.5 特许专营权

特许专营权是指企业在某一地区经营或销售某种特定商品的权利或是一家企业使用其商标、商号、技术秘密托报告的权利。特许专营权有两种:一种是指政府机构特许企业使用国有财产,或在一定区域享有经营某种业务的独占权,比如电力、电信、自来水等专营权、烟草专卖权等;另一种是指一个企业依照合同,永久或有限期地使用另一个企业的商标、专利、专有技术等的权利,如连锁店的分店等。

7.1.2.6 土地使用权

土地使用权是指国家准许某企业在一定期间内对国有土地享有的开发、利用、经营的权利。在我国,土地所有权归国家,任何企业或个人对土地仅有使用权而无所有权。国有土地可依法确定给国有企业、集体企业等单位,其使用权可依法转让。

无形资产可按不同的标准进行分类:按其来源划分,分为外来的无形资产和自创的无形资产;按其有无期限划分,可分为有期限无形资产和无期限无形资产。

7.2 无形资产的确认和计量

7.2.1 无形资产的确认

无形资产确认是指将符合无形资产确认条件的项目,作为企业的无形资产加以记录并将其列入企业资产负债表的过程。《企业会计准则第6号—无形资产》中规定无形资产在符合无形资产定义并同时满足以下两个条件时,才能予以确认。

7.2.1.1 与该无形资产有关的经济利益很可能流入企业

企业在判断无形资产产生的经济利益是否很可能流入时,应当对无形资产在预计使用寿命内可能存在的各种经济因素做出合理估计,并且应当有明确证据支持。通常情况下,无形资产产生的未来经济利益可能包括在销售商品、提供劳务的收入当中,或者企业使用该项无形资产而减少或节约的成本中,或者体现在获得的其他利益当中。例如,生产加工企业在生产工序中使用了某种知识产权,使其降低了未来生产成本。

7.2.1.2 该无形资产的成本能够可靠地计量

成本能够可靠地计量是确认资产的一项基本条件,对于无形资产而言,这个条件相对更为重要。例如,企业自创商誉以及内部产生的品牌、报刊名等,因其成本无法可靠地计量,因此不作为企业的无形资产加以确认。

7.2.2 无形资产的初始计量

《企业会计准则第6号—无形资产》第十二条规定:无形资产应当按照实际成本进行初始计量。

7.2.2.1 外购的无形资产

外购无形资产的成本,包括购买价款、相关税费以及直接归属于使该项资产达到预定用途所发生的其他支出。如果购买无形资产的价款超过正常信用条件延期支付,实质上具有融资性质的,无形资产的成本以购买价款的现值为基础确定。实际支付的价款与购买价款的现值之间的差额,作为未确认的融资费用,在付款期间内按照实际利率法摊销确认为各期财务费用。

7.2.2.2 投资者投入的无形资产

投资者投入无形资产的成本,应当按照投资合同或协议约定的价值确定,但合同或协议约定价值不公允的应按无形资产的公允价值作为其初始成本入账。

7.2.2.3 接受捐赠的无形资产

接受捐赠的无形资产的入账价值,应分别按以下情况确定:当捐赠方提供有关凭据的,按凭据上表明的金额加上应支付的相关税费确定;当捐赠方没有提供有关凭据的,按如下顺序确定:一是同类或类似无形资产存在活跃市场的,应参照同类或类似无形资产的市场价格估计的金额,加上应支付的相关税费确定,二是同类或类似的无形资产不存在活跃市场的,应按该受赠无形资产的预计未来现金净流量现值确定。

7.2.2.4 企业取得的土地使用权

企业取得的土地使用权,通常应当按照取得时所支付的价款及相关税费确认为无形资产。土地使用权用于自行开发建造厂房等地上建筑物时,土地使用权的账面价值不与地上建筑物合并计算其成本,而仍作为无形资产进行核算。但是,如果房地产开发企业取得的土地使用权用于建造对外出售的房屋建筑物的,其相关的土地使用权的价值应当计入所建造的房屋建筑物成本。

企业外购房屋建筑物所支付的价款中包括土地使用权以及建筑物的价值的,则应当对实际支付的价款按照合理的方法(例如,公允价值相对比例)在土地使用权和地上建筑物之间进行分配;如果确实无法在土地使用权和地上建筑物之间进行合理分配的,应当全部作为固定资产,按照固定资产确认和计量的原则进行处理。

7.2.2.5 自行研发的无形资产

自行研发的无形资产的成本包括自满足无形资产确认条件后至达到预定用途前所发生的支出总额,但是对于以前期间已经费用化的支出不再进行调整。

企业自行研发无形资产的支出,应当区分研究阶段支出与开发阶段支出。研究是指为获取并理解新的科学或技术知识而进行的独创性的有计划调查。研究阶段的支出,应当于发生时计入当期损益。开发是指在进行商业性生产或使用前,将研究成果或其他知识应用于某项计划或设计,以生产出新的或具有实质性改进的材料、装置、产品等。开发阶段的支出,同时满足下列条件的,才能确认为无形资产:①完成该无形资产以使其能够使用或出售,在技术上具有可行性;②具有完成该无形资产并使用或出售的意图;③无形资产产生经济利益的方式,包括能够证明运用该无形资产生产的产品存在市场或无形资产自身存在市场,无形资产将在内部使用的,应当证明其有用性;④有足够的技术、财务资源和其他资源支持,以完成该无形资产的开发,并有能力使用或出售该无形资产;⑤归属于该无形资产开发阶段的支出能够可靠地计量。

不符合资本化条件的开发支出应当记入当期损益。无法区分研究阶段支出和开发阶段支出,应当将其所发生的研发支出全部费用化,记入当期损益。

7.2.3 无形资产的后续计量

无形资产的后续计量,主要涉及无形资产的摊销和无形资产的减值。

7.2.3.1 无形资产摊销

企业应当于取得无形资产时分析判断其使用寿命。无形资产的使用寿命为有限的,应当估计该使用寿命的年限或者构成使用寿命的产量等类似计量单位数量;如果无法合理估计某项无形资产的使用寿命,应将其视为使用寿命不确定的无形资产。使用寿命有限的无形资产应进行摊销,使用寿命不确定的无形资产不应摊销。无形资产的使用寿命一经确定,不能随意变更。

使用寿命有限的无形资产,其应摊销金额应当在使用寿命内系统合理摊销,即自可供使用时起至不再作为无形资产确认时止。应摊销金额为其成本扣除预计残值后的金额,已计提减值准备的无形资产,还应扣除已计提的无形资产减值准备累计金额。除特殊情况外,使用寿命有限的无形资产残值应当视为零。

无形资产的摊销方法包括直线法、生产总量法等。企业选择的无形资产摊销方法,应当反映与该项无形资产有关的经济利益的预期实现方式。无法可靠确定预期实现方式的,应当采用直线法摊销。无形资产的摊销一般应当计入当期损益。

企业至少应当于每年年度终了,对使用寿命有限的无形资产的使用寿命及摊销方法进行复核。如与以前估计不同的,应当改变摊销期限和摊销方法。对于使用寿命不确定的无形资产,如果有证据表明其使用寿命是有限的,则应视为会计估计变更,应当估计其使用寿命并按照使用寿命有限的无形资产的处理原则进行处理。

7.2.3.2 无形资产减值

企业应当定期或者至少在每年末的资产负债表日对无形资产的账面价值进行检查。如果发现无形资产存在减值的情况,应对无形资产预计可收回金额进行估计,并将无形资产账面价值超过可收回金额的部分确认为减值准备。无形资产可收回金额指以下两项金额中的较大者:①无形资产的公允价值减去处理费用后的净额;②预期从无形资产的持续使用和使用年限结束时的处置中产生的预计未来现金流量的现值。

检查无形资产,发现存在以下情况的,可以确认为无形资产减值:

(1)该无形资产已被其他新技术等所替代,使其为企业创造经济利益的能力受到重大不利影响;

(2)该无形资产的市价在当期大幅度下跌,并在剩余摊销年限内可能不会恢复;

(3)其他足以表明该无形资产的账面价值已超过可收回金额的情形。

7.3 无形资产的会计处理

为了核算无形资产的取得、摊销和处置等情况,企业应当设置“无形资产”、“累计摊销”等科目。

“无形资产”科目核算企业持有的无形资产成本，借方登记取得无形资产的成本，贷方登记出售无形资产转出的无形资产账面余额，期末借方余额，反映企业无形资产的成本。本科目按无形资产项目设置明细账，进行明细核算。

“累计摊销”科目属于“无形资产”的备抵调整科目，核算企业对使用寿命有限的无形资产计提的累计摊销，贷方登记企业计提的无形资产摊销，借方登记处置无形资产转出的累计摊销，期末贷方余额，反映企业无形资产的累计摊销额。

此外，企业无形资产发生减值的，还应当设置“无形资产减值准备”科目进行核算。

7.3.1 无形资产的取得

无形资产应当按照实际成本进行初始计量。企业取得无形资产的方式不同，其会计处理也有所差别。

7.3.1.1 外购的无形资产

企业外购无形资产时，应以达到预定用途前所发生的全部支出，借记“无形资产”科目，贷记“银行存款”等科目。

【例 7-1】 某企业购入一项专利技术，买价及相关税费合计 125 000 元，款项以银行存款支付。编制会计分录如下：

借：无形资产　　125 000

　贷：银行存款　　125 000

7.3.1.2 投资者投入的无形资产

企业收到无形资产投资时，按投资合同或协议约定的价值，借记“无形资产”科目，贷记“实收资本”、“股本”等科目。

【例 7-2】 某股份公司接受甲公司以商标权作价投资，双方商定的价值为 250 000 元，已办妥相关手续。编制会计分录如下：

借：无形资产　　250 000

　贷：股本　　250 000

7.3.1.3 接受捐赠的无形资产

企业接受捐赠的无形资产应视具体情况，确认入账价值，借记“无形资产”科目，贷记“营业外收入”等科目。

【例 7-3】 某企业接受科研机构捐赠的一项无形资产，捐赠机构提供凭据确认的价值为 150 000 元，以银行存款支付有关费用 5 000 元。编制会计分录如下：

借：无形资产　　155 000

　贷：营业外收入　　150 000

　　银行存款　　5 000

7.3.1.4 自行研究开发的无形资产

企业内部研究开发项目所发生的支出应区分研究阶段支出和开发阶段支出，企业自行开发无形资产发生的研发支出，不满足资本化条件的，借记“研发支出—费用化支出”科目,满足资本化条件的,借记“研发支出—资本化支出”科目,贷记“原材料”、“银行存款”、“应付职工薪酬”等科目。期末,将“研发支出—费用化支出”科目归集的金额转入“管理费用”科目,借记“管理费用”科目,贷记“研发支出—费用化支出”科目。研究开发项目达到预定用途形成无形资产的,应按“研发支出—资本化支出”科目余额,借记“无形资产”科目,贷记“研发支出—资本化支出”科目。期末“研发支出”为借方余额,反映企业正在进行中的研究开发项目中满足资本化条件的支出。

【例7-4】 某公司正在研究和开发一项新工艺,20×6年1至3月发生各项研究、实验费用共计1 000 000元。经测试该项研发活动完成研究阶段,从20×6年4月进入开发阶段。开发阶段发生材料支出800 000元,人工支出300 000元,注册费等支出100 000元。20×6年末该项新工艺完成,达到了预定可使用状态。该公司应作如下会计分录。

(1)20×6年1至3月发生的研发支出:

借:研发支出—费用化支出　　1 000 000
　贷:银行存款等　　1 000 000

(2)期末将研究阶段的支出予以结转:

借:管理费用　　1 000 000
　贷:研发支出—费用化支出　　1 000 000

(3)20×6年4月1日后发生的研发支出:

借:研发支出—资本化支出　　1 200 000
　贷:原材料　　800 000
　　应付职工薪酬　　300 000
　　银行存款　　100 000

(4)20×6年末该新工艺完成,达到预定可使用状态,形成无形资产:

借:无形资产　　1 200 000
　贷:研发支出—资本化支出　　1 200 000

7.3.2 无形资产的摊销

无形资产属于企业的长期资产,能在较长时期给企业带来经济效益。因此,企业应当按月对使用寿命有限的无形资产进行摊销。无形资产的摊销期自其可供使用(即其达到预定用途)时起至终止确认时止。即无形资产摊销起始和停止的日期为:当月增加的无形资产,当月开始摊销;当月减少的无形资产,当月不再摊销。无形资产的摊销额一般应当记入当期损益,企业自用的无形资产,其摊销金额记入管理费用或制造费用;出租的无形资产其摊销金额记入其他业务成本;某项无形资产包含的经济利益通过所生产的产品或其他资产实现的,其摊销金额则记入相关资产的成本。

【例7-5】 某公司以银行存款3 000 000元购入一项商标权,预计使用年限为10年,采用直线法摊销。该公司每月摊销无形资产时作如下会计分录:

借:管理费用 25 000

贷:累计摊销 25 000

【例 7-6】 某公司从外单位购入某项专利权的成本为 6 000 000 元,估计使用寿命为 8 年,该项专利用于产品的生产。该公司每月摊销时作会计分录如下:

借:制造费用 62 500

贷:累计摊销 62 500

【例 7-7】 某公司将其自行研发的非专利技术出租给乙公司,成本为 4 800 000 元,,租期为 10 年,每月摊销时,该公司作会计分录如下:

借:其他业务成本 40 000

贷:累计摊销 40 000

7.3.3 无形资产的减值

如果无形资产将来为企业创造的经济利益不足以补偿无形资产成本(摊余成本),即无形资产的账面价值高于其可收回金额,其差额应确认为无形资产减值损失,记入当期损益,同时计提减值准备。其相关的账务处理为借记“资产减值损失”科目,贷记“无形资产减值准备”科目。无形资产减值损失一经确认,在以后会计期间不得转回。

【例 7-8】 某企业 20×3 年 1 月 1 日以银行存款 800 000 元购入一项专利权,预计使用年限为 10 年,20×6 年末,该项无形资产的可收回金额为 400 000 元。

20×6 年末专利权累计摊销额 320 000(800 000 ÷ 10 × 4)元,账面价值 480 000(800 000 − 320 000)元,而可收回金额为 400 000 元,低于账面价值,应按其差额 80 000 元,计提减值准备。作会计分录如下:

借:资产减值损失—计提的无形资产减值准备 80 000

贷:无形资产减值准备 80 000

对于使用寿命不确定的无形资产,在持有期间内不需要进行摊销,但应当在每个会计期末进行减值测试。其减值测试的方法按照判断资产减值的原则进行处理,如经减值测试表明已发生减值,则亦需要计提相应的减值准备。

【例 7-9】 某公司 20×4 年 1 月自行研究开发某非专利技术成功并可供使用,入账价值为 1 000 000 元,根据可获得的相关信息无法估计该项无形资产的使用寿命,20×6 年末,预计其可收回金额为 900 000 元。

该自行研发的非专利技术作为使用寿命不确定的无形资产进行核算,在持有期间内不需要进行摊销。20×6 年末,可收回金额为 900 000 元,低于账面价值 1 000 000 元,应计提减值准备 100 000 元。会计分录如下:

借:资产减值损失—计提的无形资产减值准备 100 000

贷:无形资产减值准备 100 000

7.3.4 无形资产的处置和报废

7.3.4.1 无形资产的出售

企业出售无形资产,应当将取得的价款扣除无形资产账面价值以及出售相关税费后的差额记入营业外收入或营业外支出。其账务处理为:按实际取得的价款借记“银行存款”等科目,按该无形资产的累计摊销额借记“累计摊销”科目,按已计提的减值准备借记“无形资产减值准备”科目,按无形资产账面余额贷记“无形资产”科目,按应支付的相关税费贷记“银行存款”、“应交税费”等科目,按其差额借记“营业外支出”或贷记“营业外收入”。

【例7-10】 某公司将拥有的一项专利权出售,该专利权成本为500 000元,已摊销260 000元,实际取得出售价款200 000元,应交税费10 000元,该专利权已提减值准备15 000元。该公司编制会计分录如下:

借:银行存款	200 000	
累计摊销	260 000	
无形资产减值准备	15 000	
营业外支出—处置非流动资产损失	35 000	
贷:无形资产		500 000
应交税费		10 000

7.3.4.2 无形资产的报废

《企业会计准则第6号—无形资产》第二十三条规定:无形资产预期不能为企业带来经济利益的,应当将该无形资产的账面价值予以转销。企业应当定期或者至少每年末对无形资产的账面价值进行检查。如存在以下情况时,应当将无形资产报废并予转销,其账面价值转作当期损益:

(1)某项无形资产已被其他新技术所代替,该项无形资产已无使用价值和转让价值;

(2)某项无形资产已超过法律保护的期限,并且已不能为企业带来经济利益;

(3)其他足以证明某项无形资产已经丧失了使用价值和转让价值的情形。

转销时,应按已计提的累计摊销,借记“累计摊销”科目;按无形资产账面余额,贷记“无形资产”科目;按其差额,借记“营业外支出”科目。已计提减值准备的,还应同时结转减值准备。

【例7-11】某企业经核查发现,某专利权由于科技进步等原因已丧失使用价值,不能为企业带来经济利益,予以转销。该专利账面余额600 000元,已累计摊销300 000元,计提减值准备160 000元。假定不考虑其他因素,应编制会计分录如下:

借:累计摊销	300 000	
无形资产减值准备	160 000	
营业外支出	140 000	
贷:无形资产		600 000

本章练习题

一、单选选择题

1. 自行开发并按法定程序申请取得无形资产之前，开发过程中发生的费用符合资本化的，应(　　)。

A. 计入无形资产成本　　B. 从当期管理费用中转入无形资产

C. 计入当期损益　　D. 计入研发支出

2. 某企业2008年1月1日以80 000元购入一项专利权，预计使用年限为10年，法律规定的有效年限为8年。2010年1月1日，该企业将该专利权以70 000元对外出售，出售无形资产适用的营业税税率为5%。出售该专利权实现的营业外收入为(　　)元。

A. 2 500　　B. 6 000　　C. 6 500　　D. 10 000

3. 下列各项中，应计入自创无形资产价值的是(　　)。

A. 为运行无形资产发生支出　　B. 研究费用支出

C. 开发阶段的支出　　D. 广告宣传费

4. 某企业2008年7月购进一项专利权，购进时确定的价值为500 000元，法律规定的有效期为10年。2010年12月31日将该专利权出售给另一企业，则出售时该项专利权的账面价值为(　　)。(该专利按直线法进行摊销)

A. 400 000元　　B. 375 000元　　C. 387 500元　　D. 250 000元

二、多项选择题

1. 下列项目中，计入无形资产成本的有(　　)。

A. 支付的购买价款

B. 无形资产研究支出

C. 符合资本化条件的无形资产开发支出

D. 无形资产的后续支出

2. 甲企业为自行开发并取得的专利权发生的下列费用中，根据企业会计准则不应计入该专利权入账价值的有(　　)。

A. 发生的注册费　　B. 发生的聘请律师费

C. 研究阶段发生的材料费　　D. 研究阶段发生的研究人员的工资

3. 下列各项支出，应计入无形资产成本的有(　　)。

A. 购入特许经营权发生的支出　　B. 购入非专利技术发生的支出

C. 取得土地使用权发生的支出　　D. 研究新技术发生的支出

三、计算与核算题

1. 某企业2006年7月购进一项专利权，购进时买价90 000元，发生相关税费6 000元，全部用银行存款支付，该专利预计收益期为15年，法律规定的有效期为10年。2010年10月13日将该专利权出售给另一企业，出售时收取价款65 000元，适用营业税税率为5%。

要求:(1)作出购入时的账务处理;

(2)计算每月的摊销额,并作出账务处理;

(3)计算出售时该项专利权的账面价值并作出出售时的账务处理。

2. 企业自行研制开发一项技术,经申请获得专利权。有关资料如下:

(1)2009年5月1日以银行存款支付研究费用9 000元;

(2)2009年12月1日以银行存款支付律师费5 800元,注册费200元;

(3)企业按规定在5年内平均分摊,并于每月末摊销;

(4)2010年7月1日,企业为保持此专利权的先进性,进行后续研究,发生研究费用3 000元,以银行存款支付;

(5)2010年12月1日,企业以18 000元将此专利出售给A公司,款项已存银行;出售该专利权按5%计算营业税。

要求:

(1)计算该专利权的入账价值,并编制研制过程与注册业务的相关付款业务分录。

(2)计算每月末的摊销额,并编制摊销分录。

(3)编制企业为保持专利权的先进性支付研制费的分录。

(4)计算该专利权的出售损益,并编制相应分录。("应交税费"科目要求写出明细科目)

8

流动负债

学习目的及要求

1. 熟悉流动负债的定义及构成。
2. 掌握短期借款的核算内容及账务处理方法。
3. 掌握应付票据的核算内容及账务处理方法。
4. 掌握应收账款、预付账款的核算内容及账务处理方法。
5. 了解职工薪酬的内容,掌握其账务处理方法。
6. 掌握增值税、消费税、营业税的账务处理方法,了解其他应交税费的核算。
7. 熟悉应付利息、应付股利及其他应付款的核算。

负债是指由过去的交易或者事项形成的、预期会导致经济利益流出企业的现时义务。现时义务是指企业在现行条件下已承担的义务。未来发生的交易或者事项形成的义务,不属于现时义务,不应当确认为负债。按照我国《企业会计准则—基本准则》的规定,符合负债定义的义务,在同时满足以下条件时,确认为负债:与该义务有关的经济利益很可能流出企业;未来流出的经济利益的金额能够可靠地计量。同时准则还特别指出:符合负债定义和负债确认条件的项目,应当列入资产负债表;符合负债定义,但不符合负债确认条件的项目,不应当列入资产负债表。

负债通常具有以下特征。

(1)负债是基于过去的交易或者事项而产生的。也就是说,导致负债的交易或事项必须已经发生,例如:购置货物或使用劳务会产生应付账款(已经预付或是在交货时支付的款项除外),接受银行贷款则会产生偿还贷款的义务。只有源于已经发生的交易或事项,会计上才有可能确认为负债。

(2)负债是企业承担的现时义务。由于具有约束力的合同或法定要求,义务在法律上可能是强制执行的,如收到货物或劳务而发生的应付账款;另外,义务还可能产生于正常的业务活动、习惯以及为了保持良好的业务关系或公平处事的愿望,如企业在已经售出的产品上预期会发生的免费修理费用就形成该企业的负债。

(3)负债的发生往往伴随着资产或劳务的取得,或者费用或损失的发生;并且负债通常需要在未来某一时日通过交付资产(包括现金和其他资产)或提供劳务来清偿。有时企业可以通过承诺新的负债或转化为所有者权益来了结一项现有负债,因此现时负债代表着企业未来经济利益的流出。

负债按其流动性分为流动负债和长期负债。流动负债是指将在1年(含1年)或者超过1年的一个营业周期内偿还的债务,包括短期借款、应付票据、应付账款、预收账款、应付职工薪酬、应付利息、应付股利、应交税费、其他应付款等。

8.1 短期借款

8.1.1 短期借款的内容

短期借款是企业向银行或其他金融机构借入的期限在1年以下(含1年)的各种借款。主要包括以下几种。

8.1.1.1 临时借款

指企业由于临时性、季节性等原因申请取得的借款。

8.1.1.2 生产经营周转借款

指企业为了满足当年生产经营活动中资金的需要,向银行申请借入的款项。

8.1.1.3 票据贴现借款

指持有银行承兑汇票或商业承兑汇票的企业,在流动资金发生困难时,向银行申请取得票据贴现的借款。

8.1.1.4 结算借款

指企业在采用托收承付结算方式进行销售情况下,在发出商品后委托银行收款时至收款银行通知购买单位承付货款之前,为解决结算资产占用的资金的需要,以托收承付结算凭证为保证向银行取得的借款。

8.1.2 短期借款的核算

8.1.2.1 科目设置

企业应通过“短期借款”科目核算和监督短期借款的取得和偿还情况。该科目属于负债类,贷方登记取得借款的本金数额,借方登记偿还借款的本金数额,余额在贷方,表示尚未偿还的短期借款。该科目可按债权人、借款种类和币种设置明细账。

8.1.2.2 账务处理

企业从银行或其他金融机构取得借款时,借记"银行存款"等科目,贷记"短期借款"科目。到期偿还本金时,借记"短期借款"科目,贷记"银行存款"科目。

短期借款利息属于筹资费用,应记入"财务费用"科目。对于按月计付的借款利息,在支付时直接记入当期损益,借记"财务费用"科目,贷记"银行存款"科目。若利息为按季支付,或者利息在借款到期时连同本金一并归还,且数额较大时,则采用月末预提的方式进行核算。在资产负债表日按照计算确定的短期借款利息费用,借记"财务费用"科目,贷记"应付利息"科目;实际支付利息时,根据已预提的利息,借记"应付利息"科目,根据应计利息,借记"财务费用"科目,根据应付利息总额,贷记"银行存款"科目。

【例8-1】 某企业因生产经营需要,于20×7年1月1日从银行取得一项短期借款300 000元,期限为6个月,年利率为8%。借款利息按季计收,本金到期后一次归还。该企业编制会计分录如下。

(1)1月1日取得借款时:

借:银行存款	300 000	
贷:短期借款		300 000

(2)1月末,预提1月份借款利息时:

借:财务费用	2 000	
贷:应付利息		2 000

本月应计提的利息金额 = 300 000 × 8% ÷ 12 = 2 000(元)

2月末预提借款利息的账务处理同上。

(3)3月末支付第一季度借款利息时:

借:财务费用	2 000	
应付利息	4 000	
贷:银行存款		6 000

1至2月已预提利息4 000元,借记"应付利息"科目,3月份应计提利息为2 000元,借记"财务费用"科目,实际支付借款利息6 000元,贷记"银行存款"科目。

4、5月末预提借款利息的会计处理同前。

(4)6月末归还借款本金,并支付第二季度借款利息:

借:短期借款	300 000	
财务费用	2 000	
应付利息	4 000	
贷:银行存款		306 000

8.2 应付票据

8.2.1 应付票据的概念及种类

应付票据是指企业签发并承兑商业汇票而形成的债务。商业汇票按承兑人不同分为商业承兑汇票和银行承兑汇票;按是否带息分为带息商业汇票和不带息商业汇票。

企业应当设置“应付票据备查簿”,详细登记商业汇票的种类、号数和出票日期、到期日、票面余额、交易合同号和收款人姓名或单位名称以及付款日期和金额等资料。应付票据到期结清时,应当在备查簿内予以注销。

8.2.2 应付票据的核算

8.2.2.1 科目设置

应付票据的入账价值,应分两种情况处理:不带息商业汇票,应按票据面值记价入账;带息商业汇票,企业开出承兑票据时按面值计价入账,期末计算的应付利息也应列为应付票据款计价入账。

企业应通过“应付票据”科目对商业汇票的签发、承兑和支付的情况进行核算和监督,该科目属于负债类。贷方登记开出、承兑汇票的面值及带息票据的预提利息,借方登记到期支付(或结转)票据的金额,余额在贷方,表示企业尚未到期的应付票据本息。

8.2.2.2 账务处理

企业开出并承兑商业汇票购买材料、商品和接受劳务供应或抵付货款时,应当按其票面金额作为应付票据的入账金额,借记“材料采购”、“库存商品”、“应付账款”、“应交税费—应交增值税(进项税额)”等科目,贷记“应付票据”科目。

企业开出、承兑的银行承兑汇票所支付的银行承兑手续费,应计入当期财务费用,借记“财务费用”科目,贷记“银行存款”科目。

票据到期支付票款时,应按账面余额予以结转,借记“应付票据”科目,贷记“银行存款”科目。

若票据到期企业无力支付票款,属于商业承兑汇票的,应按应付票据账面余额,借记“应付票据”科目,贷记“应付账款”科目;属于银行承兑汇票的,应按应付票据账面余额,借记“应付票据”科目,贷记“短期借款”科目。

【例 8-2】 某企业为增值税一般纳税人,20×7 年 1 月 3 日,从 A 公司购入甲材料一批,材料价款 30 000 元,增值税额为 5 100 元,当日签发并承兑一张面值为 35 100 元,期限为 4 个月的不带息商业承兑汇票。该企业编制会计分录如下。

(1)签发并承兑商业汇票时:

借:原材料　　　　30 000

应交税费—应交增值税(进项税额)　　5 100

贷:应付票据　　35 100

(2)到期支付票款时:

借:应付票据　　35 100

贷:银行存款　　35 100

(3)如票据到期,企业无力付款:

借:应付票据　　35 100

贷:应付账款　　35 100

若为带息票据,应于期末计算应付利息,借记"财务费用"科目,贷记"应付票据"科目。票据到期支付本息时,按票据账面余额,借记"应付票据"科目,按未计的利息,借记"财务费用"科目,按实际支付的金额,贷记"银行存款"科目。

【例8-3】 某企业为增值税一般纳税人,20×7年2月3日,从B公司购入乙材料一批,材料价款40 000元,增值税额为6 800元,当日签发一张面值为46 800元、期限为3个月的带息银行承兑汇票,票面利率6%,支付银行承兑手续费50元。该企业编制会计分录如下。

(1)向银行交纳承兑手续费时:

借:财务费用　　50

贷:银行存款　　50

(2)签发汇票,购买材料时:

借:原材料　　40 000

应交税费—应交增值税(进项税额)　　6 800

贷:应付票据　　46 800

(3)2、3月末计算应付利息时:

借:财务费用　　234

贷:应付票据　　234

月应付利息 $=46\ 800\times 6\%\div 12=234$(元)

(4)票据到期,企业支付票据本息时:

借:应付票据　　47 268(46 800 + 234 × 2)

财务费用　　234

贷:银行存款　　47 502(46 800 + 234 × 3)

(5)如票据到期,企业无力付款,则由承兑银行承担付款责任:

借:应付票据　　47 502

贷:短期借款　　47 502

8.3 应付和预收款项

8.3.1 应付账款

应付账款是指因购买材料、商品或者接受劳务等而应支付的款项。应付账款一般应以所购货物所有权的转移或接受劳务已发生为标志。在实务工作中,在物资和发票账单同时到达的情况下,一般在所购物资验收入库后,根据发票账单登记入账,确认应付账款。若所购物资已经验收入库,但是发票账单未能同时到达的情况下,由于应付账款需根据发票账单登记入账,货物已到,发票账单要间隔较长时间才能到达,这笔负债已经成立,应作为一项负债反映。为在资产负债表上客观反映企业所拥有的资产和承担的债务,一般会计期末,按估计价或计划价将所购物资和相关的应付账款暂估入账,下月初作相反分录予以冲回,待以后收到发票账单时,再按具体情况处理。

8.3.1.1 科目设置

企业应通过"应付账款"科目对企业应付账款的发生、偿还及转销情况进行核算和监督,该科目属于负债类。贷方登记企业购买材料、商品和接受劳务等而发生的应付账款,借方登记偿还的应付账款,或开出商业汇票抵付的应付账款,或已冲销的无法支付的应付账款,余额一般在贷方,表示企业尚未支付的应付账款余额。该科目一般按供应单位设置明细账并进行明细核算。

8.3.1.2 账务处理

企业购入材料、商品或接受劳务所产生的应付账款,按应付金额入账,借记"原材料"、"应交税费——应交增值税(进项税额)"、"生产成本"、"管理费用"等科目,贷记"应付账款"科目。

【例 8-4】 根据供电部门通知,某单位本月应付电费 35 000 元,其中生产车间负担 27 000 元,行政管理部门负担 8 000 元,款项尚未支付。该企业编制会计分录如下:

借:制造费用	27 000	
管理费用	8 000	
贷:应付账款		35 000

在存在购货折扣情况时,应区别处理:若为商业折扣,购货方按发票金额,即扣除了商业折扣以后的金额入账;若为现金折扣,则按照扣除现金折扣前的应付款总额入账,折扣期内获得的现金折扣则在偿还应付账款时冲减财务费用。企业偿还应付账款或开出商业汇票抵付应付款时,借记"应付账款"科目,贷记"银行存款"、"应付票据"等科目。

【例 8-5】 某企业为增值税一般纳税人,20×7 年 3 月 3 日,从 A 公司购入甲材料一批,材料价款 50 000 元,增值税额为 8 500 元。根据购货协议,如 20 日内付款,将获得2%的现金折扣(假设折扣不考虑增值税)。该企业编制会计分录如下。

(1)购入材料,发生应付账款时:

借:原材料　50 000

　应交税费—应交增值税(进项税额)　8 500

　贷:应付账款—A公司　58 500

(2)若3月23日前付款,折扣期内享受2%现金折扣:

借:应付账款—A公司　58 500

　贷:银行存款　57 500

　　财务费用　1 000

享受的现金折扣 = 50 000 × 2% = 1 000(元)

(3)若3月23日后付款,则不享受现金折扣,按应付账款总额支付:

借:应付账款—A公司　58 500

　贷:银行存款　58 500

(4)若该企业开具商业汇票抵偿货款:

借:应付账款—A公司　58 500

　贷:应付票据　58 500

对于确实无法支付的应付账款,企业应按其账面余额予以转销,记入营业外收入。借记“应付账款”科目,贷记“营业外收入”科目。

【例8-6】 某企业20×7年12月31日,因债权单位撤销,确认一笔无法支付的应付账款5 000元,予以转销。该企业编制会计分录如下:

借:应付账款　5 000

　贷:营业外收入—其他　5 000

8.3.2 预收账款

预收账款是企业按照合同规定向购货单位预收的款项。它是买卖双方协议商定,由供货方或提供劳务方预先向购货方或接受劳务方收取一部分货款,待向对方发货或提供劳务后再收取其余货款。企业在发货或提供劳务之前收取的款项即形成一项负债,在未来需要用商品或劳务偿付。

8.3.2.1 科目设置

企业应通过“预收账款”科目对企业预收账款的取得、偿付等情况进行核算和监督,该科目属于负债类。贷方登记企业收到预收账款的数额及购货方补付的货款数额,借方登记企业向购货方发货或提供劳务后冲销的预收账款和退回购货方多付账款的数额,余额一般在贷方,表示企业向购货单位预收的款项,期末如为借方余额,表示企业应由购货单位补付的款项。该科目一般按购货单位设置明细账并进行明细核算。

8.3.2.2 账务处理

企业向购货单位预收货款时,借记“银行存款”科目,贷记“预收账款”科目。销售实现时,按实现的收入和应交的增值税销项税额,借记“预收账款”,按照实现的营业收入,贷记“主营业务收入”科目,按专用发票上注明的增值税额,贷记“应交税费—应交增值税(销项税额)”科目。购货单位补付的款项,借记“银行存款”科目,贷记“预收账款”科目。退回多付的款项,则借记“预付账款”科目,贷记“银行存款”科目。

【例 8-7】 某公司为增值税一般纳税人,20×7 年 2 月 12 日,与 C 公司签订购货合同,向其出售产品一批,价值 60 000 元。按合同规定 2 月 20 日前预收 C 公司货款 20 000 元,余款交货后付清。2 月 15 日,收到 C 公司预付货款并收存银行。2 月 22 日,向 C 公司发货,并开具增值税专业发票,注明增值税额 10 200 元。C 公司验货合格并付清余款。该公司编制会计分录如下。

(1)2 月 15 日,收到预收货款时:

借:银行存款　　20 000
　贷:预收账款　　20 000

(2)2 月 22 日,发售产品时:

借:预收账款　　70 200
　贷:主营业务收入　　60 000
　　应交税费—应交增值税(销项税额)　　10 200

(3)收到 C 公司补付货款时:

借:银行存款　　50 200
　贷:预收账款　　50 200

(4)若该企业只能向 C 公司供货 10 000 元,则应退回多收货款,编制分录如下:

借:预收账款　　11 700
　贷:主营业务收入　　10 000
　应交税费—应交增值税(销项税额)　　1 700
借:预收账款　　8 300
　贷:银行存款　　8 300

预收款业务不多的企业,也可以将预收的款项直接记入“应收账款”科目的贷方,而不再单独设置“预收账款”科目。

8.4 应付职工薪酬

8.4.1 职工薪酬的内容

职工薪酬,是指企业为获得职工提供的服务而给予各种形式的报酬以及其他相关支出。职工薪酬包括以下几项。

8.4.1.1 职工工资、奖金、津贴和补贴

指按照国家统计局《关于职工工资总额组成的规定》,工资总额包括计时工资、

计件工资、支付给职工的超额劳动报酬和增收节支的劳动报酬、为了补偿职工特殊或额外的劳动消耗和因其他特殊原则支付给职工的津贴,以及为了保证职工工资水平不受物价影响支付给职工的物价补贴等。

8.4.1.2 职工福利费

企业的职工除了按各自的劳动数量和质量定期领取工资以外,还可以直接或间接地享受一定的福利待遇。企业为职工集体提供的福利,称为职工福利费,主要是尚未实行医疗统筹企业职工的医疗费用、职工因工伤赴外地就医路费、职工生活困难补助以及按照国家规定开支的其他职工福利支出。

8.4.1.3 医疗保险费、养老保险费、失业保险费、工伤保险费和生育保险费等社会保险费

指企业按照国家规定的基准和比例计算,向社会保险经办机构缴纳的医疗保险金、基本养老保险金、失业保险金、工伤保险费和生育保险费,以及根据《企业年金试行办法》、《企业年金基金管理试行办法》等相关规定,向有关单位(企业年金基金账户管理人)缴纳的补充养老保险费。此外,以商业保险形式提供给职工的各种保险待遇也属于企业提供的职工薪酬。

8.4.1.4 住房公积金

指企业按照国家《住房公积金管理条例》规定的基准和比例计算,向住房公积金管理机构缴存的住房公积金。

8.4.1.5 工会经费和职工教育经费

企业为了改善职工文化生活、提高职工业务素质用于开展工会活动和职工教育及职业培训,根据国家规定的基准和比例,从成本中提取的金额。

8.4.1.6 非货币性福利

包括企业以自产产品或外购商品发放给职工作为福利、将企业拥有的资产无偿提供给职工使用、为职工无偿提供医疗保健服务等。

8.4.1.7 因解除与职工的劳动关系给予的补偿

企业在职工劳动合同到期之前解除与职工的劳动关系,或者为鼓励职工自愿接受裁减而提出给予补偿建议的计划中给予职工的经济补偿。

8.4.1.8 其他与获得职工提供的服务相关的支出

指除上述七种薪酬以外的其他为获得职工提供的服务而给予的薪酬。

需要指出的是,这里所说的“职工”包括与企业订立正式劳动合同的所有人员,含全职、兼职和临时职工;也包括未与企业订立正式劳动合同,但由企业正式任命的人员,如董事会成员、监事会成员及内部审计委员会成员等。在企业的计划、领导和控制下,虽与企业未订立正式劳动合同,或企业未正式任命的人员,但为企业提供了类似服务,也纳入职工范畴。此外,职工薪酬既包括提供给职工本人的薪酬,也包括提供给职工配偶、子女或其他被赡养人的福利。

8.4.2 应付职工薪酬的核算

8.4.2.1 科目设置

企业应通过“应付职工薪酬”科目对应付职工薪酬的提取、结算和使用等情况进行核算和监督，该科目属于负债类。贷方登记已分配记入有关成本费用项目的职工薪酬的数额，借方登记实际发放职工薪酬的数额，余额在贷方，表示企业应付未付的职工薪酬。

该科目按“工资”、“职工福利”、“社会保险费”、“住房公积金”、“工会经费”、“职工教育经费”、“非货币性福利”等应付职工薪酬项目设置明细科目并进行明细核算。外商投资企业按规定从净利润中提取的职工奖励及福利基金，也在本科目进行核算。

8.4.2.2 账务处理

1. 确认应付职工薪酬

企业应当在职工为其提供服务的会计期间，根据职工提供服务的受益对象，将应确认的职工薪酬（包括货币性薪酬和非货币性福利）计入相关资产成本或当期损益，同时确认应付职工薪酬。分别按以下情况进行处理：

生产部门人员的职工薪酬，借记“生产成本”、“制造费用”、“劳务成本”等科目，贷记“应付职工薪酬”科目；

管理部门人员的职工薪酬，借记“管理费用”科目，贷记“应付职工薪酬” 科目；

销售人员的职工薪酬，借记“销售费用”科目，贷记“应付职工薪酬” 科目；

应由在建工程、研发支出负担的职工薪酬，借记“在建工程”、“ 研发支出”科目，贷记“应付职工薪酬”科目；

外商投资企业按规定从净利润中提取的职工奖励及福利基金，借记“利润分配—提取的职工奖励及福利基金”科目，贷记“应付职工薪酬” 科目。

【例8-8】 某企业本月应付工资总额246 000元，工资费用分配汇总表中列示的产品生产人员工资为180 000元，车间管理人员工资为32 000元，企业行政管理人员工资为28 000，销售人员工资为6 000元。该企业的有关会计分录如下：

借：生产成本—基本生产成本	180 000	
制造费用	32 000	
管理费用	28 000	
销售费用	6 000	
贷：应付职工薪酬—工资		246 000

企业在计量应付职工薪酬时，应当注意是否按照国家相关的明确计提标准加以区别处理：一般而言，企业应向社会保险经办机构（或企业年金基金账户管理人）缴纳的医疗保险费、养老保险费、失业保险费、工伤保险费、生育保险费等社会保险费，应向住房公积金管理中心缴存的住房公积金，以及应向工会部门缴纳的工会经费等，国家（或企业年金计划）统一规定了计提基础和计提比例，应当按照国家规定的标准计提；而职工福利费等职工薪酬，国家（或企业年金计划）没有明确规定计提基础和

计提比例，企业应当根据历史经验数据和实际情况，合理预计当期应付职工薪酬。当期实际发生金额大于预计金额的，应当补提应付职工薪酬；当期实际发生金额小于预计金额的，应当冲回多提的应付职工薪酬。

【例 8-9】 根据国家规定的计提标准计算，某企业本月应向社会保险经办机构缴纳职工基本养老保险费共计 34 440 元，其中，应记入基本生产车间生产成本的金额为25 200 元，应计入制造费用的金额为 4 480 元，应计入管理费用的金额为 4 760 元。该企业编制会计分录如下：

借:生产成本—基本生产成本 25 200
　制造费用 4 480
　管理费用 4 760
　贷:应付职工薪酬—社会保险费(基本养老保险) 34 440

企业以其自产产品作为非货币性福利发放给职工的，应当根据受益对象，按照该产品的公允价值和相关税费，计入相关资产成本或当期损益，同时确认应付职工薪酬，借记"管理费用"、"生产成本"、"制造费用"等科目，贷记"应付职工薪酬—非货币性福利" 科目。若以外购商品作为非货币性福利提供给职工的，则应当按照该商品的公允价值和相关税费确定应付职工薪酬的金额。

【例 8-10】 某企业以自产产品作为福利发放职工每人一台，产品成本每台 400 元，市价每台 500 元，适用增值税税率 17%。该企业有职工 150 人，其中生产工人 120 人，行政管理人员 30 人。该企业编制会计分录如下：

借:生产成本 70 200(500×120+500×120×17%)
　管理费用 17 550(500×30+500×30×17%)
　贷:应付职工薪酬—非货币性福利 87 750

应确认职工薪酬 =(500+500×17%)×150=87 750(元)

将企业拥有的房屋等资产无偿提供给职工使用的，应当根据受益对象，将该项资产每期应计提的折旧计入相关资产成本或当期损益，同时确认应付职工薪酬，借记"管理费用"、"生产成本"、"制造费用"等科目，贷记"应付职工薪酬—非货币性福利" 科目，并且同时借记"应付职工薪酬—非货币性福利" 科目，贷记"累计折旧"科目。若租赁住房等资产供职工无偿使用的，应当根据受益对象，将每期应付的租金计入相关资产成本或当期损益，并确认应付职工薪酬，借记"管理费用"、"生产成本"、"制造费用"等科目，贷记"应付职工薪酬—非货币性福利" 科目。

【例 8-11】 某企业为高级管理人员每人提供一辆小汽车免费使用，该公司共拥有高级管理人员 10 人，假设每辆小汽车月折旧额为 800 元。该企业应编制会计分录如下：

借:管理费用 8 000
　贷:应付职工薪酬—非货币性福利 8 000
借:应付职工薪酬—非货币性福利 8 000

贷:累计折旧 8 000

难以认定受益对象的非货币性福利,直接计入当期损益和应付职工薪酬。

2. 发放职工薪酬

企业按照有关规定向职工支付工资、奖金、津贴等,借记"应付职工薪酬—工资"科目,贷记"银行存款"、"库存现金"等科目;企业从应付职工薪酬中扣还的各种款项(代垫的家属药费、个人所得税等),借记"应付职工薪酬"科目,贷记"银行存款"、"库存现金"、"其他应收款"、"应交税费—应交个人所得税"等科目。

在实务中,企业一般在每月发放工资前,根据"工资结算汇总表"中的"实发金额栏的合计数向开户银行提取现金,借记"库存现金"科目,贷记"银行存款"科目;然后再向职工发放。

【例 8-12】 某企业根据"工资结算汇总表"结算本月应付职工工资总额为 246 000 元,代扣职工房租 24 000 元,实发工资 222 000 元。该企业编制会计分录如下。

(1)从银行提取现金,备发工资:

借:库存现金 222 000

贷:银行存款 222 000

(2)现金发放工资:

借:应付职工薪酬—工资 222 000

贷:库存现金 222 000

(3)代扣职工房租:

借:应付职工薪酬—工资 24 000

贷:其他应收款—职工房租 24 000

企业向职工食堂、职工医院、生活困难职工等支付职工福利费时,借记"应付职工薪酬—职工福利"科目,贷记"银行存款"、"库存现金"等科目。

【例 8-13】 某企业 20×7 年 3 月,以现金支付职工李某困难补助 1 000 元。该企业编制会计分录如下:

借:应付职工薪酬—职工福利 1 000

贷:库存现金 1 000

企业支付工会经费和职工教育经费用于工会运作和职工培养,或按照国家有关规定缴纳社会保险费或住房公积金时,借记"应付职工薪酬—工会经费(或职工教育经费、社会保险费、住房公积金)"科目,贷记"银行存款"、"库存现金"等科目。

【例 8-14】 某企业以银行存款缴纳参加职工医疗保险的医疗保险费 50 000 元,该企业编制会计分录如下:

借:应付职工薪酬—社会保险费 50 000

贷:银行存款 50 000

企业以自产产品作为职工薪酬发放给职工时,应确认主营业务收入,借记"应付职工薪酬—非货币性福利”科目,贷记“主营业务收入”科目,同时结转相关成本,涉及增值税销项税额的,还应进行相应的处理。企业支付租赁住房等资产供职工无偿使用所发生的租金,借记“应付职工薪酬—非货币性福利”科目,贷记“银行存款”等科目。

【例8-15】 承例8-10,某企业向职工发放自产产品作为福利,视同销售。该企业编制会计分录如下。

(1)确认主营业务收入:

借:应付职工薪酬—非货币性福利　　87 750

　贷:主营业务收入　　75 000

　　应交税费—应交增值税(销项税额)　　12 750

应确认主营业务收入 =500 ×150 =75 000(元)

应确认增值税销项税额 =500 ×17% ×150 =12 750(元)

(2)结转主营业务成本:

借:主营业务成本　　60 000

　贷:库存商品　　60 000

应结转主营业务成本 =400 ×150 =60 000(元)

8.5 应交税费

8.5.1 应交税费的内容及科目设置

企业按照税法规定应交纳的各种税费包括:增值税、消费税、营业税、所得税、资源税、土地增值税、城市维护建设税、房产税、土地使用税、车船使用税、教育费附加、矿产资源补偿费、印花税、耕地占用税等。

企业应通过“应交税费”科目对企业的各种税费的交纳情况进行核算和监督。该科目贷方登记应交纳的各种税费等,借方登记实际交纳的税费。该科目期末余额一般在贷方,反映企业尚未交纳的税费;期末如为借方余额,反映企业多交或尚未抵扣的税金。企业代扣代交的个人所得税,也通过本科目核算。但企业不需要预计应交数所交纳的税金,如印花税、耕地占用税等,不在本科目核算。

“应交税费”科目按照应交税种设置明细账进行明细核算。对“应交增值税”还应分别按“进项税额”、“销项税额”、“出口退税”、“进项税额转出”、“已交税金”等设置专栏进行明细核算。

8.5.2 应交增值税的核算

8.5.2.1 增值税概述

增值税是对在我国境内销售或者提供加工、修理修配劳务,以及进口货物的单位和个人,就其取得的货物或应税劳务的销售额计算税款,并实行税款抵扣制的一种流转税。从计税原理而言,增值税是对商品生产和流通中各环节的新增价值或商品附加值进行征税,所以称之为"增值税"。然而由于新增价值或商品附加值在商品流通过程中是一个难以准确计算的数据,因此,在增值税的实际操作上采用间接计算办法,即:从事货物销售以及提供应税劳务的纳税人,要根据货物或应税劳务销售额,按照规定的税率计算税款,然后从中扣除上一道环节已纳增值税款,其余额即为纳税人应交纳的增值税税款。

目前我国实行的《增值税暂行条例》将增值税纳税人按其经营规模大小及会计核算健全与否划分为一般纳税人和小规模纳税人。小规模纳税人实行按销售额与征收率计算应纳税额的简易办法,销售货物或提供应税劳务时开具普通发票,不享受进项税额的抵扣权,其购进货物或接受应税劳务支付的增值税直接计入有关货物或劳务的成本;而一般纳税人,销售货物或提供应税劳务时开具增值税专用发票,应纳税额等于当期销项税额减当期进项税额。根据税法的规定,准予从销项税额中抵扣的进项税额,限于下列增值税扣税凭证上注明的增值税税额和按规定的扣除率计算的进项税额:①从销售方取得的增值税专用发票上注明的增值税额;②从海关取得的完税凭证上注明的增值税额;③增值税一般纳税人购进农业生产者销售的农业产品,或者向小规模纳税人购买的农产品,准予按照买价和13%的扣除率计算进项税额,从当期销项税额中扣除;④增值税一般纳税人外购货物(固定资产除外)所支付的运输费用,以及一般纳税人销售货物所支付的运费(不并入销售额的代垫运费除外),根据运费结算单据(普通发票)所列运费金额依7%的扣除率计算进项税额准予扣除,但随同运费支付的装卸费、保险费等其他杂费不得计算扣除进项税额。

8.5.2.2 账务处理

1. 一般纳税企业的核算

企业采购物资等,按可抵扣的增值税额,借记"应交税费—应交增值税(进项税额)"科目,按应计入采购成本的金额,借记"材料采购"、"在途物资"或"原材料"、"库存商品"等科目,按应付或实际支付的金额,贷记"应付账款"、"应付票据"、"银行存款"等科目。购入物资发生的退货,做相反的会计分录。

【例8-16】 某企业为增值税一般纳税人,适用增值税税率为17%,原材料采用实际成本进行日常核算。20×7年1月15日购入原材料一批,增值税专用发票上注明货款80 000元,增值税为13 600元。该材料已验收入库,货款已用银行存款支付。该企业编制会计分录如下:

借:原材料	80 000	
应交税费—应交增值税(进项税额)	13 600	
贷:银行存款		93 600

企业购入的免税增值税货物,一般不能抵扣增值税销项税额。但对于购入的免税农产品,可以按照买价和规定的扣除率计算进项数额,借记"应交税费—应交增值税(进项税额)"科目,按买价扣除按规定计算的进项税额后的差额,借记"材料采

购”、“在途物资”或“原材料”、“库存商品”等科目，按照应付和实际支付的总额，贷记“应付账款”、“银行存款”等科目。

【例 8-17】 某企业为增值税一般纳税人，本期购入免税农产品一批，价款 200 000 元，收购的农产品尚未运达，货款以银行存款支付。该企业采用计划成本法进行日常核算。编制会计分录如下：

借：材料采购　174 000
　应交税费—应交增值税（进项税额）　26 000
　贷：银行存款　200 000

准予抵扣的进项税额 = 200 000 × 13% = 26 000（元）

购进农产品的入账价值 = 200 000 − 26 000 = 174 000（元）

购进的货物用于非应税项目，其所支付的增值税额应计入购入货物的成本。

【例 8-18】 某企业为增值税一般纳税人，该企业购入基建工程用物资一批，价款及运输保险等费用合计 300 000 元，增值税专用发票上注明的增值税税额 51 000 元，物资已验收入库，款项尚未支付。该企业编制会计分录如下：

借：工程物资　351 000
　贷：应付账款　351 000

企业购进的货物没有形成商品销售出去，例如，企业购进的货物、在产品或产成品等发生非常损失，以及购进货物改变用途等原因，应将其进项税额转入有关科目。企业购进的货物、在产品或产成品发生非常损失时，借记“待处理财产损溢”科目，贷记“原材料”、“库存商品”、“应交税费—应交增值税（进项税额转出）”等科目；购进货物改变用途时，借记“在建工程”、“应付职工薪酬”等科目，贷记“原材料”、“库存商品”、“应交税费—应交增值税（进项税额转出）”等科目。

【例 8-19】 某企业为增值税一般纳税人，本期将上期购入的一批生产用材料全部用于工程建设项目。材料价款 120 000 元，应转出的增值税为 20 400 元。该企业编制会计分录如下：

借：在建工程　140 400
　贷：原材料　120 000
　　应交税费—应交增值税（进项税额转出）　20 400

【例 8-20】 某企业为增值税一般纳税人，企业医务室维修领用原材料 50 000 元，材料购入时形成的增值税进项税额为 8 500 元。该企业编制会计分录如下：

借：应付职工薪酬—职工福利　58 500
　贷：原材料　50 000
　　应交税费—应交增值税（进项税额转出）　8 500

【例 8-21】 某企业仓库因意外火灾毁损一批材料，其实际成本为 60 000 元，经确认损失材料的增值税为 7 200 元。该企业应编制会计分录如下：

借：待处理财产损溢—待处理流动资产损溢　67 200

贷:原材料 60 000

应交税费—应交增值税(进项税额转出) 7 200

企业销售货物或者提供应税劳务,按照营业收入和应收取的增值税税额,借记“应收账款”、“应收票据”、“银行存款”等科目,按专用发票上注明的增值税税额,贷记“应交税费—应交增值税(销项税额)”科目,按照实现的营业收入,贷记“主营业务收入”、“其他业务收入”等科目。发生的销售退回,作相反的会计分录。

【例8-22】 某企业为增值税一般纳税人,本期销售产品一批,价款400 000元,按规定收取增值税税额68 000元,同时取得修理费收入5 000元,增值税850元,提货单和专用发票等结算单已交给购货方,款项尚未收到。该企业编制会计分录如下:

借:应收账款 473 850

贷:主营业务收入 400 000

其他业务收入 5 000

应交税费—应交增值税(销项税额) 68 850

按照增值税暂行条例的规定,下列行为从会计角度看,不属于销售行为,不能确认销售收入,但是应视同对外销售处理,计算应交增值税。视同销售需要交纳增值税的事项有:企业将货物交付他人代销;销售代销货物;将自产或委托加工的货物用于非应税项目;将自产、委托加工或购买的货物作为投资,提供给其他单位或个体经营者;将自产、委托加工或购买的货物分配给股东或投资者;将自产、委托加工的货物用于集体福利或个人消费;将自产、委托加工或购买的货物无偿赠送他人等行为。视同销售行为计算交纳增值税销项税额时,应借记“在建工程”、“长期股权投资”、“应付职工薪酬”、“营业外支出”等科目,贷记“库存商品”、“应交税费—应交增值税(销项税额)”等科目。

【例8-23】 某企业为增值税一般纳税人,将自产产品用于建造仓库,该批产品成本为40 000元,计税价格为50 000元,适用增值税税率17%。该企业编制会计分录如下:

借:在建工程 48 500

贷:库存商品 40 000

应交税费—应交增值税(销项税额) 8 500

企业在建工程领用自产产品的销项税额 = 50 000 × 17% = 8 500(元)

企业交纳的增值税,借记“应交税费—应交增值税(已交税金)”科目,贷记“银行存款”科目。企业“应交税费—应交增值税”科目的贷方余额,表示企业应交纳的增值税。但企业当月交纳以前各期未交的增值税,通过“应交税费—未交增值税”科目核算。

【例8-24】 某企业为增值税一般纳税人,以银行存款交纳本月增值税50 000元。该企业编制会计分录如下:

借:应交税费—应交增值税(已交税金) 50 000

贷:银行存款 50 000

【例8-25】 某一般纳税企业,本月发生销项税额合计77 350元,进项税额合计39 600元,进项税额转出36 100元,已交增值税50 000元。

该企业本月“应交税费—应交增值税”科目余额为:

$$77\ 350-39\ 600+36\ 100-50\ 000=23\ 850\text{元}$$

该余额在贷方,表示企业尚未缴纳增值税23 850元。

2. 小规模纳税企业的核算

小规模纳税企业只需在“应交税费”科目下设置“应交增值税”明细科目,不需要在“应交增值税”明细科目中设置专栏,“应交税费—应交增值税”科目贷方登记应交纳的增值税,借方登记已交纳的增值税;期末贷方余额为尚未交纳的增值税,借方余额为多交纳的增值税。

小规模纳税人购进货物或接受应税劳务时,发生的增值税计入有关货物或劳务成本,借记“材料采购”、“在途物资”、“原材料”等科目,贷记“银行存款”、“应付账款”等科目。

小规模纳税企业销售货物或提供应税劳务,实行简易办法计算应纳税额,按照销售额的一定比例计算,其销售额不包括应纳税额。采用销售额和应纳税额合并定价方法的,应将其还原为不含税销售额计算,计算公式如下:

销售额=含税销售额÷(1+征收率)

【例8-26】 某企业核定为小规模纳税人,本期购入原材料,增值税专用发票记载材料价款100 000元,支付的增值税额为17 000元,企业开出并承兑商业汇票,材料尚未运达(该企业按实际成本计价核算)。该企业本期销售产品,销售总额为90 000元(含税),假定符合收入确认条件,货款尚未收到(适用增值税征收率为3%)。根据上述业务,该企业编制会计分录如下。

(1)购进货物时:

借:在途物资 117 000

贷:应付票据 117 000

(2)销售货物时:

不含税销售额=90 000÷(1+3%)=87 378.64(元)

应交增值税=87 378.64×3%=2 621.36(元)

借:应收账款 90 000

贷:主营业务收入 87 378.64

应交税费—应交增值税 2 621.36

【例8-27】 该小规模纳税企业月末以银行存款上交增值税。该企业编制会计分录如下:

借:应交税费—应交增值税 2 621.36

贷:银行存款 2 621.36

此外,对于一般纳税企业若购入货物或接受应税劳务,不能取得增值税专用发票,则参照小规模纳税企业进行处理,发生的增值税计入货物或劳务成本,借记"材料采购"、"在途物资"等科目,贷记"银行存款"、"应付账款"等科目。

8.5.3 应交消费税的核算

8.5.3.1 消费税概述

为了调节消费结构,正确引导消费方向,国家在普遍征收增值税的基础上,选择部分消费品,如烟、酒、鞭炮、化妆品、汽油、小汽车及摩托车等,再征收一道消费税。它是对在我国境内从事生产、委托加工和进口应税消费品的单位和个人就其应税消费品的销售额或销售数量征收的一种税,即消费税在生产和进口环节征收,一旦出了生产环节,进入流通领域不再交纳消费税(注:金银首饰应交纳消费税除外)。因此,消费税一般由生产及进口企业交纳。

消费税有从价定率和从量定额两种征收办法。采用从价定率方法征收的消费税,以不含增值税的销售额为税基,乘以适用的消费税税率计算。如果企业应税消费品的销售额中未扣除增值税税额,或者因不能开具增值税专用发票而发生价款和增值税税额合并收取的,在计算消费税时应将其换算为不含增值税税额的销售额。实行从量定额计征的消费税,根据按税法确定的企业应税消费品的数量乘以该类消费品的单位税额计算确定。

8.5.3.2 账务处理

为了准确地反映企业消费税的应交、已交、欠交等情况,需要缴纳消费税的企业,应在"应交税费"科目下增设"应交消费税"明细科目进行会计核算。该科目借方核算实际缴纳的消费税;贷方核算按规定应缴纳的消费税;期末贷方余额表示尚未缴纳的消费税,借方余额表示多缴纳的消费税。

1. 销售应税消费品

企业将生产的应税消费品直接对外销售时,对外销售产品应交纳的消费税,应通过"营业税金及附加"科目核算。企业按规定计算出应交的消费税,借记"营业税金及附加"科目,贷记"应交税费—应交消费税"科目。

【例 8-28】 某企业为增值税一般纳税人,本期销售 50 辆摩托车,每辆销售价格 9 800 元(不含应向购买方收取的增值税额),货款尚未收到,摩托车每辆成本为 5 000 元。摩托车的增值税税率为 17%,消费税税率为 10%。该企业有关账务处理如下:

应向购买方收取的增值税 $=9\ 800\times50\times17\%=83\ 300$(元)

应交纳的消费税 $=9\ 800\times50\times10\%=49\ 000$(元)

借:应收账款	573 300	
贷:主营业务收入		490 000
应交税费—应交增值税(销项税额)		83 300
借:营业税金及附加	49 000	

贷:应交税费—应交消费税 49 000

借:主营业务成本 250 000

贷:库存商品 250 000

2. 自产自用应税消费品

企业将生产的应税消费品用于基建工程等非生产机构时,按规定应交纳的消费税,应计入有关的成本,即借记“固定资产”、“在建工程”等科目,贷记“应交税费—应交消费税”科目。

【例 8-29】 某企业将生产的应税消费品用于基建工程项目。该批应税消费品成本为 280 000 元,计税价格 400 000 元。该消费品适用增值税税率为 17%,消费税税率为 10%。有关账务处理如下:

应交的增值税 =400 000×17% =68 000(元)

应交的消费税 =400 000×10% =40 000(元)

借:在建工程 388 000

贷:库存商品 280 000

应交税费—应交增值税(销项税额) 68 000

—应交消费税 40 000

3. 委托加工应税消费品

需要交纳消费税的委托加工应税消费品,一般在委托方提货时,由受托方代收代交税款。受托方按应交税款金额借记“应收账款”、“银行存款”等科目,贷记“应交税费—应交消费税”科目。

委托加工应税消费品收回后,直接用于销售的,委托方应将代收代交的消费税计入委托加工的应税消费品成本,借记“委托加工物资”等科目,贷记“应付账款”、“银行存款”等科目;委托加工的应税消费品收回后用于连续生产应税消费品,按规定准予抵扣的,委托方应按代收代交的消费税,借记“应交税费—应交消费税”科目,贷记“应付账款”、“银行存款”等科目。

【例 8-30】 某企业委托外单位将 A 材料加工为 B 材料(非金银首饰),A 材料价款 200 000 元,加工费用 50 000 元,由受托方代收代缴的消费税 5 000 元(不考虑增值税),B 材料已经加工完毕验收入库,加工费用尚未支付。假定该企业材料采用实际成本核算。根据以上经济业务,编制会计分录如下。

(1)如果委托方收回加工后的材料用于继续生产应税消费品,委托方的会计处理如下:

借:委托加工物资 200 000

贷:原材料—A 材料 200 000

借:委托加工物资 50 000

应交税费—应交消费税 5 000

贷:应付账款 55 000

借:原材料—B 材料 250 000

　贷:委托加工物资 250 000

(2)如果委托方收回加工后的材料直接用于销售,委托方的会计处理如下:

借:委托加工物资 200 000

　贷:原材料—A 材料 200 000

借:委托加工物资 55 000

　贷:应付账款 55 000

借:原材料—B 材料 255 000

　贷:委托加工物资 255 000

(3)受托方对应收取的代收代缴消费税,应编制会计分录如下:

借:应收账款 5 000

　贷:应交税费—应交消费税 5 000

4. 进口应税消费品

需要交纳消费税的进口消费品,其交纳的消费税应计入该项消费品的成本,借记"固定资产"、"物资采购"等科目,贷记"银行存款"等科目。

【例 8-31】 某企业从国外进口一批应税消费品,进口商品价值 1 080 000 元,进口环节需交纳的消费税为 120 000 元(不考虑增值税),采购的商品已验收入库,货款尚未支付,税款已用银行存款支付。该企业编制会计分录如下:

借:库存商品 1 200 000

　贷:应付账款 1 080 000

　　银行存款 120 000

8.5.4 应交营业税的核算

8.5.4.1 营业税概述

营业税是对在我国境内提供应税劳务、转让无形资产或销售不动产的单位和个人所取得的营业额征收的一种流转税。营业税应税劳务是指交通运输业、建筑业、金融保险业、邮电通信业、文化体育业、娱乐业、服务业等行业提供的劳务;转让无形资产,是指转让无形资产的所有权或使用权的行为;销售不动产,是指有偿转让不动产的所有权,转让不动产的有限产权或永久使用权,以及单位将不动产无偿赠与他人等视同销售不动产的行为。

营业税按照营业额和规定的税率计算应纳税额。这里的营业额是指企业提供应税劳务、转让无形资产或者销售不动产向对方收取的全部价款和价外费用。价外费用包括向对方收取的手续费、基金、集资费、代收款项、代垫款项及其他各种性质的价外费用。营业税税率从 3% ~20% 不等。应纳税额计算公式如下:

应纳税额 = 营业额 × 税率

8.5.4.2 账务处理

企业按规定应纳营业税,在"应交税费"科目设置"应交营业税"明细科目。该明细科目贷方反映按规定计算的应纳营业税,借方反映实际交纳的营业税,期末贷方余额反映企业尚未交纳的营业税,借方余额反映多交的营业税。

企业按其营业额和规定的税率,计算应缴纳的营业税,借记"营业税金及附加"科目,贷记"应交税费—应交营业税"科目。

【例 8-32】 某歌厅本月计税收入为 80 000 元,适用营业税税率 10%。该歌厅账务处理如下:

当期应交营业税 = 80 000 × 10% = 8 000(元)

借:营业税金及附加	8 000	
贷:应交税费—应交营业税		8 000

企业销售不动产,按销售额计算的营业税记入固定资产清理科目,借记"固定资产清理"科目,贷记"应交税费—应交营业税"科目。

【例 8-33】 某企业本月出售一栋厂房,厂房账面原价 100 000 元,已经计提折旧 50 000 元,出售所得收入 80 000 元,用银行存款支付清理费用 10 000 元。厂房已清理完毕,已知销售不动产的营业税税率为 5%,该企业账务处理如下。

(1)将出售厂房转入固定资产清理:

借:固定资产清理	50 000	
累计折旧	50 000	
贷:固定资产		100 000

(2)支付清理费用:

借:固定资产清理	10 000	
贷:银行存款		10 000

(3)取得销售价款时:

借:银行存款	80 000	
贷:固定资产清理		80 000

(4)计算应纳营业税:

应纳营业税 = 80 000 × 5% = 4 000(元)

借:固定资产清理	4 000	
贷:应交税费—应交营业税		4 000

(5)结转清理损益:

清理净收入 = 80 000 − 50 000 − 10 000 − 4 000 = 16 000(元)

借:固定资产清理	16 000	
贷:营业外收入		16 000

在会计核算时,由于企业出租无形资产所发生的支出是通过"其他业务成本"科目核算的,所以,出租无形资产应交纳的营业税通过"营业税金及附加"科目核算。而出售无形资产发生的损益记入营业外收入或支出的,则出售无形资产应交纳的营业税,通过"营业外收入"或"营业外支出"科目核算。

企业缴纳营业税时,借记"应交税费—应交营业税"科目,贷记"银行存款"科目。

【例8-34】 承例8-32,歌厅以银行存款交纳营业税。

借:应交税费—应交营业税　　8 000

　贷:银行存款　　8 000

8.5.5 其他应交税费的核算

其他应交税费是指除上述税费以外的应交税费,包括应交资源税、应交城市维护建设税、应交土地增值税、应交所得税、应交房产税、应交土地使用税、应交车船使用税、应交教育费附加、应交矿产资源补偿费及应交个人所得税等。

8.5.5.1 应交资源税

资源税是国家对在我国境内开采矿产品或者生产盐的单位和个人征收的一种税。资源税按照应税产品的课税数量和规定的单位税额计算,计算公式如下:

应纳税额 = 课税数量 × 单位税额

这里的课税数量为:开采或者生产应税产品销售的,以销售数量为课税数量;开采或者生产应税产品自用的,以自用数量为课税数量。

企业按规定应纳资源税,在"应交税费"科目下设置"应交资源税"明细科目。该明细科目贷方反映应交的资源税,借方反映企业已交或按规定允许抵扣的资源税,期末贷方余额反映企业尚未交纳的资源税,借方余额反映多交或尚未抵扣的资源税。

企业按规定计算出销售应税产品应交纳的资源税,借记"营业税金及附加"科目,贷记"应交税费—应交资源税"科目;自产自用应税产品应交纳的资源税,借记"生产成本"、"制造费用"等科目,贷记"应交税费—应交资源税"科目。

【例8-35】 某企业将自产煤炭1 000吨用于产品生产,每吨应交资源税5元。该企业编制会计分录如下:

自产自用煤炭应交的资源税 = 1 000 × 5 = 5 000(元)

借:生产成本　　5 000

　贷:应交税费—应交资源税　　5 000

企业以银行存款上交资源税时,借记"应交税费—应交资源税"科目,贷记"银行存款"科目。

8.5.5.2 应交城市维护建设税

为了加强城市的维护建设,扩大和稳定城市维护建设资金的来源,国家开征了城市维护建设税。城市维护建设税是以增值税、消费税、营业税为计税依据征收的一种税。其纳税人为交纳增值税、消费税、营业税的单位和个人,税率因纳税人所在地不同从1%到7%不等。应纳税额计算公式如下:

应纳税额 = (应交增值税 + 应交消费税 + 应交营业税) × 适用税率

企业按规定计算出的城市维护建设税,借记"营业税金及附加"科目,贷记"应交税费—应交城市维护建设税"科目;实际上交时,借记"应交税费—应交城市维护建设税"科目,贷记"银行存款"科目。

【例8-36】 某企业地处城市，适用的城市维护建设税税率为7%，本期应交增值税95 000元，消费税20 000元，营业税7 000元。该企业编制会计分录如下。

(1)计算应交的城市维护建设税：

应交的城市维护建设税 =(95 000 +20 000 +7 000) ×7% =8 540元

借：营业税金及附加　　8 540

　贷：应交税费—应交城市维护建设税　　8 540

(2)以银行存款交纳税款：

借：应交税费—应交城市维护建设税　　8 540

　贷：银行存款　　8 540

8.5.5.3 应交教育费附加和矿产资源补偿费

教育费附加是国家为了发展我国的教育事业，提高人民的文化素质而征收的一项费用，按照企业交纳流转税的一定比例计算，并与流转税一起交纳。

企业按规定计算应交的教育费附加，借记“营业税金及附加”科目，贷记“应交税费—应交教育费附加”科目

【例8-37】 某企业按规定计算20×7年第1季度应交纳教育费附加200 000元，款项以银行存款支付。该企业编制会计分录如下。

(1)计算应交的教育费附加：

借：营业税金及附加　　200 000

　贷：应交税费—应交教育费附加　　200 000

(2)以银行存款交纳教育费附加：

借：应交税费—应交教育费附加　　200 000

　贷：银行存款　　200 000

矿产资源补偿费是对在中华人民共和国领域和其他管辖海域开采矿产资源而征收的一项费用。矿产资源补偿费按照矿产品销售收入的一定比例计征，由采矿权人交纳。

企业应交的矿产资源补偿费，借记“管理费用”等科目，贷记“应交税费—应交矿产资源补偿费”科目。

8.5.5.4 应交土地增值税

我国从1994年起开征土地增值税，转让国有土地使用权、地上建筑物及其附着物并取得收入的单位和个人，均应交纳土地增值税。土地增值税按照转让房地产所取得的增值额和规定的税率计算征收。这里的增值额是指转让房地产所取得的收入减除规定扣除项目金额后的余额。企业转让房地产所取得的收入，包括货币收入、实物收入和其他收入。税法准予纳税人从转让收入额减除的扣除项目则主要包括：取得土地使用权所支付的金额；房地产开发成本；房地产开发费用；与转让房地产有关的税金、旧房及建筑物的评估价格等。

企业转让的国有土地使用权连同地上建筑物及其附着物一并在“固定资产”等

科目核算的,转让时应交的土地增值税,借记“固定资产清理”科目,贷记“应交税费—应交土地增值税”科目。土地使用权在“无形资产”科目核算的,按实际收到的金额,借记“银行存款”科目,按应交的土地增值税,贷记“应交税费—应交土地增值税”科目,同时冲销土地使用权的账面价值,贷记“无形资产”科目,按其差额,借记“营业外支出”科目或贷记“营业外收入”科目。实际交纳土地增值税时,借记“应交税费—应交土地增值税”,贷记“银行存款”等科目。

【例8-38】 某企业对外转让一栋厂房,根据税费规定计算交纳土地增值税40 000元。该企业编制会计分录如下。

(1)计算应交的土地增值税:

借:固定资产清理	40 000	
贷:应交税费—应交土地增值税		40 000

(2)以银行存款交纳土地增值税:

借:应交税费—应交土地增值税	40 000	
贷:银行存款		40 000

8.5.5.5 应交所得税

企业的生产、经营所得和其他所得,依照有关所得税暂行条例及其细则的规定需要交纳所得税。企业应交纳的所得税,在“应交税费”科目下设置“应交所得税”明细科目进行核算,当期应计入损益的所得税,作为一项费用在净收益前扣除。

企业按照税法规定计算应交的所得税,借记“所得税费用”等科目,贷记“应交税费—应交所得税”科目。交纳的所得税,借记“应交税费—应交所得税”,贷记“银行存款”等科目。有关所得税的会计处理参见教材第十三章。

8.5.5.6 应交房产税、土地使用税、车船税和印花税

房产税是国家对在城市、县城、建制镇和工矿区征收的由产权所有人缴纳的一种税。房产税依照房产原值一次减除10%至30%后的余额计算交纳。没有房产原值作为依据的,由房产所在地税务机关参考同类房产核定;房产出租的,以房产租金收入为房产税的计税依据。

土地使用税是国家为了合理利用城镇土地,调节土地级差收入,提高土地使用效益,加强土地管理而开征的一种税,以纳税人实际占用的土地面积为计税依据,依照规定税额计算征收。

车船税由拥有并使用车船的单位和个人交纳。车船使用税按照适用税额计算交纳。

企业按规定计算应交的房产税、土地使用税、车船使用税,借记“管理费用”科目,贷记“应交税费—应交房产税(或应交土地使用税、应交车船使用税)”科目。实际交纳时,借记“应交税费—应交房产税(或应交土地使用税、应交车船使用税)”科目,贷记“银行存款”科目。

印花税是对书立、领受购销合同等凭证行为征收的税款。实行由纳税人根据规

定自行计算应纳税额购买并一次贴足印花税票的交纳方法。企业交纳印花税不需要通过“应交税费”科目核算,于购买印花税时借记“管理费用”等科目,贷记“银行存款”科目。

8.6 应付利息和应付股利

8.6.1 应付利息

应付利息核算企业按照合同约定应支付的利息,包括分期付息到期还本的长期借款、企业债券等应支付的利息。

8.6.1.1 科目设置

企业应通过“应付利息”科目对企业应付利息的确定和支付等情况进行核算和监督。该科目属于负债类,按照债权人设置明细账进行明细核算。贷方登记按合同约定的名义利率确定的利息费用,借方登记实际支付的利息,余额在贷方,表示企业按照合同约定应支付但尚未支付的利息。

8.6.1.2 账务处理

资产负债表日,企业应按摊余成本和实际利率计算确定的利息费用,借记“在建工程”、“财务费用”等科目,按合同约定的名义利率计算确定的应付利息的金额,贷记“应付利息”科目,按其差额贷记“长期借款——利息调整”等科目。合同利率与实际利率差异较小的,也可采用合同利率计算确定利息费用。应实际支付利息时,借记“应付利息”科目,贷记“银行存款”等科目。

【例 8-39】 某企业借入 5 年期到期还本每年付息的长期借款 1 000 000 元,合同约定年利率为 4%,假定该企业采用合同约定的名义利率确定利息费用,利息不符合资本化条件。应编制会计分录如下。

(1)每年计算确定利息费用:

每年应支付的利息 = 1 000 000 × 4% = 40 000(元)

借:财务费用　　　　40 000

　　贷:应付利息　　　　40 000

(2)每年实际支付利息:

借:应付利息　　　　40 000

　　贷:银行存款　　　　40 000

8.6.2 应付股利

应付股利是指企业根据股东大会或类似机构通过的利润分配方案确定分配给投资者的现金股利或利润。

8.6.2.1 科目设置

企业应通过“应付股利”科目对企业确定或宣告支付但尚未实际支付的现金股

利或利润进行核算和监督。该科目属于负债类,按照投资者设置明细账进行明细核算。贷方登记应支付的现金股利或利润,借方登记实际支付的现金股利或利润,期末余额在贷方,表示企业应付未付的现金股利或利润。

8.6.2.2 账务处理

企业应根据股东大会或类似机构通过的利润分配方案,按应支付的现金股利或利润,借记"利润分配""科目,贷记"应付股利"科目。实际支付现金股利或利润,借记"应付股利"科目,贷记"银行存款"、"现金"等科目。

【例 8-40】 某有限责任公司 20×7 年度实现净利润 5 000 000 元,经过董事会批准,决定 20×7 年分配股利 3 000 000 元。股利以银行存款支付。该公司编制会计分录如下:

借:利润分配—应付现金股利或利润　3 000 000
　贷:应付股利　3 000 000
借:应付股利　3 000 000
　贷:银行存款　3 000 000

需要注意的是,企业董事会或类似机构通过的利润分配方案中拟分配的现金股利或利润,不做账务处理,但应在附注中披露。企业分配的股票股利,不通过本科目核算。

8.7 其他应付款

其他应付款是指除应付票据、应付账款、预收账款、应付职工薪酬、应付股利、应付利息、应交税费、长期应付款等经营活动以外的其他各项应付、暂收的款项。如应付租入包装物租金、存入保证金等。

8.7.1 科目设置

企业应通过"其他应付款"科目对企业其他应付款的增减变动及其结存情况进行核算和监督。该科目属于负债类,按照其他应付款的项目和对方单位(或个人)设置明细账进行明细核算。贷方登记发生的各种应付、暂收款项,借方登记偿还或转销的各种应付、暂收款项,余额在贷方,表示企业尚未支付的其他应付款项。

8.7.1.1 账务处理

企业发生其他各种应付、暂收款项时,借记"银行存款"、"管理费用"等科目,贷记"其他应付款"科目,支付的其他各种应付、暂收款项,借记"其他应付款"科目,贷记"银行存款"、等科目。

【例 8-41】 某企业从 20×7 年 1 月 1 日起,以经营租赁方式租入生产用设备一台,月租金 4 000 元,按季支付。该企业编制会计分录如下。

(1)1、2 月末计提设备租金:

借:制造费用　4 000

贷:其他应付款 4 000

(2)3 月末支付租金:

借:其他应付款 8 000

制造费用 4 000

贷:银行存款 12 000

【例 8-42】 某企业开出支票,退还出租包装物押金 3 000 元。该企业编制会计分录如下:

借:其他应付款 3 000

贷:银行存款 3 000

本章练习题

一、单项选择题

1. 假设企业每月末计提利息,20×X 年 1 月 1 日向银行借款 100 000 元,期限 6 个月,年利率 9%。按银行规定一般于每季度末收取短期借款利息,20×X 年 3 月份企业对短期借款利息应当作(　　)会计处理。

A. 借:财务费用 750

应付利息 1 500

贷:银行存款 2 250

B. 借:财务费用 1 500

应付利息 750

贷:银行存款 2 250

C. 借:财务费用 750

贷:银行存款 750

D. 借:财务费用 2 250

贷:银行存款 2 250

2. 职工工资中代扣的职工房租,应借记的会计科目是(　　)。

A. 应付职工薪酬　B. 银行存款　C. 其他应收款　D. 其他应付款

3. 下列各项中,应通过“其他应付款”科目核算的是(　　)。

A. 应付现金股利　B. 应交教育费附加

C. 应付租入包装物租金　D. 应付管理人员工资

4. 企业按规定计算缴纳的下列税金,应当计入相关资产成本的是(　　)。

A. 房产税　B. 土地使用税

C. 城市维护建设税　D. 车辆购置税

5. 应交消费税的委托加工物资收回后用于连续生产应税消费品的,按规定准予抵扣的由受托方代扣代缴的消费税,应当记入(　　)。

A. 生产成本　B. 应交税费——应交消费税

C. 主营业务成本　　　　　　　　　D. 委托加工物资

6. 某企业为增值税一般纳税人,2008 年实际已交纳税费情况如下:增值税 850 万元,消费税 150 万元,城市维护建设税 70 万元,车船使用税 0.5 万元,印花税 1.5 万元,所得税 120 万元。上述各项税费应记入"应交税费"科目借方的金额是(　　)万元。

A. 1 190　　　B. 1 190.5　　　C. 1 191.5　　　D. 1 192

7. 某企业于 2010 年 6 月 2 日从甲公司购入一批产品并已验收入库。增值税专用发票上注明该批产品的价款为 150 万元,增值税税额为 25.5 万元。合同中规定的现金折扣条件为 2/10,1/20,n/30,假定计算现金折扣时不考虑增值税。该企业在 2010 年 6 月 11 日付清货款。企业购买产品时该应付账款的入账价值为(　　)万元。

A. 147　　　B. 150　　　C. 172.5　　　D. 175.5

8. 企业因债权人撤销而转销无法支付的应付账款时,应将所转销的应付账款计入(　　)。

A. 资本公积　　　B. 其他应付款　　　C. 营业外收入　　　D. 其他业务收入

9. 某工业生产企业为小规模纳税人,本期购入原材料一批,取得增值税专用发票上注明原材料价款为 200 000 元,增值税额为 34 000 元,材料尚未到达,并支付运费 1 200 元,已取得运费发票,其应计入材料采购账户的金额为(　　)元。

A. 201 200　　　B. 235 200　　　C. 218 116　　　D. 217 000

10. 某企业于 2010 年 6 月 12 日,从 A 公司购入一批产品并已验收入库。增值税专用发票上列明,该批产品的价款为 50 万元,增值税税额为 8.5 万元。合同中规定的现金折扣条件为:2/10,1/20,n/30。假定计算现金折扣时不考虑增值税。该企业在 2010 年 6 月 21 日付清货款时,该企业应享受的现金折扣的金额应为(　　)万元。

A. 1.17　　　B. 1　　　C. 1.12　　　D. 1.35

11. 某企业因意外火灾毁损一批库存材料,有关增值税专用发票确认的成本为 68 000 元,增值税额 11 560 元,其会计处理是(　　)。

A. 借:待处理财产损溢　　　68 000
　　贷:原材料　　　68 000

B. 借:待处理财产损溢　　　79 560
　　贷:原材料　　　79 560

C. 借:待处理财产损溢　　　79 560
　　贷:原材料　　　68 000
　　　应交税费——应交增值税(进项税额转出)11 560

D. 借:待处理财产损溢　　　79 560
　　贷:原材料　　　68 000
　　　应交税费——应交增值税(销项税额) 11 560

12. 某一般纳税企业，收购免税农产品一批，实际支付价款150 000元，假设增值税按13%的税率扣除，应计入“应交税费——应交增值税（进项税额）”账户借方金额为（　　）元。

A. 0　　B. 9 000　　C. 195 00　　D. 17 256. 63

13. 对于开出的商业承兑汇票到期无法偿付的款项，企业应当进行的处理是（　　）。

A. 转作应付账款　　B. 转作短期借款　　C. 不进行处理　　D. 转作应收账款

二、多项选择题

1. 下列项目中，属于其他应付款核算范围的有（　　）。

A. 职工未按期领取的工资　　B. 应付经营租入固定资产租金

C. 应付存入保证金　　D. 应付、暂收所属单位、个人的款项

2. 下列各项中，属于企业应付职工薪酬核算范围的有（　　）。

A. 工会经费　　B. 企业医务人员的工资

C. 住房公积金　　D. 辞退福利

3. 下列税金，应计入企业固定资产价值的有（　　）。

A. 房产税　　B. 车船使用税

C. 车辆购置税　　D. 购入固定资产交纳的契税

4. 下列各项中，不需要按照增值税、营业税、消费税税额的一定比例计算的税金有（　　）。

A. 教育费附加　　B. 资源税

C. 城市维护建设税　　D. 土地增值税

5. 企业不记入“管理费用”的税金有（　　）。

A. 土地增值税　　B. 印花税　　C. 房产税　　D. 耕地占用税

6. 企业下列行为中，应视同销售必须计算交纳增值税销项税额的有（　　）。

A. 将自产或委托加工货物对外捐赠

B. 将自产或委托加工的货物用于非应税项目

C. 在建工程领用原材料

D. 将自产或委托加工货物对外投资

7. 下列各项，增值税一般纳税企业需要转出进项税额的有（　　）。

A. 自制产成品用于职工福利

B. 自制产成品用于对外投资

C. 外购的生产用原材料发生非正常损失

D. 外购的生产用原材料改用于自建厂房

8. 下列税金中，可能计入“营业税金及附加”科目的有（　　）。

A. 营业税　　B. 印花税　　C. 消费税　　D. 增值税

9. 企业设置的“应交税费——应交增值税”多栏式明细账设置的栏目有（　　）。

A. 销项税额　　B. 进项税额转出　　C. 出口退税　　D. 已交税金

10. 一般纳税企业下列业务的增值税不能作为进项税额抵扣的有(　　)。

A. 购入固定资产　　B. 购进原材料

C. 购买建筑工程用原材料　　D. 购入集体福利用库存商品

11. 一般纳税企业下列经济业务中,应登记增值税销项税额的有(　　).

A. 将自产产品用于在建工程　　B. 将库存材料用于在建工程

C. 将库存材料用于对外投资　　D. 库存产成品发生非正常损失

12. 下列税金中,应计入"管理费用"的有(　　).

A. 印花税　　B. 土地使用税　　C. 土地增值税　　D. 车船使用税

三、判断题

1. 委托加工的应税消费品的消费税由受托方缴纳,直接用于销售的,委托方应将代扣代缴的消费税计入委托加工后的应税消费品的成本。(　　)

2. 企业向银行或其他金融机构借入的各种款项所发生的利息应当计入财务费用。(　　)

3. 企业到期无力偿付的银行承兑汇票,应按其账面余额转入"资本公积"。(　　)

4. 企业应交的各种税金,都通过"应交税费"科目核算。(　　)

5. 一般纳税企业收购一批废旧物资,用于非应税项目,废旧物资所承担的进项税额不得从当期销项税额中抵扣。(　　)

6. 企业在折扣期内付款享受的现金折扣应增加当期的财务费用。(　　)

7. "应付票据"是指企业购买材料、商品和接受劳务供应等而开出、承兑的银行汇票。(　　)

8. 企业预提长期借款利息应通过"预提费用"科目核算。(　　)

9. 冲销无法支付的应付账款时,借记"应付账款"科目,贷记"营业外收入"科目。(　　)

10. 被投资企业发放股票股利时应该通过"应付股利"核算。(　　)

四、计算题

1. A 单位预售给 B 单位一批产品,要求 B 企业预付 60 000 元,一个月后,A 企业将产品发往 B 企业,开出的发票上价款 100 000 元,增值税 17 000 元,B 企业以银行存款支付剩余货款。

要求:作出 A 企业相关的会计分录

2. 某大型企业 2 月初"应交税费"账户余额为零,本企业城市维护建设税和教育费附加适用的税率和费率分别为 7% 和 3%,当月发生下列相关业务:

(1)购入材料,价款 300 000 元,增值税 51 000 元,以银行存款支付,企业采用计划成本核算;

(2)将账面价值为 600 000 元的产品专利出售,累计摊销 60 000 元,收取价款

660 000 元存入银行,营业税适用税率为 5%;

(3)销售应税消费品,价款 600 000 元,增值税 102 000 元,货款已存入银行,消费税适用税率为 10%;

(4)月末计提城市维护建设税和教育费附加。

要求:编制以上业务分录并列示业务(4)的计算过程。

五、综合题

新东方公司为增值税一般纳税企业,适用的增值税税率为 17%,材料采用实际成本进行日常核算。该公司 2010 年 8 月 30 日"应交税费——应交增值税"科目借方余额为 4 万元,该借方余额均可用下月的销项税额抵扣。9 月份发生如下涉及增值税的经济业务:

(1)购买原材料一批,增值税专用发票上注明价款为 60 万元,增值税额为 10.2 万元,公司已开出商业承兑汇票,该原材料已验收入库。

(2)用原材料对外长期投资,双方协议按成本作价。该批原材料的成本和计税价格均为 41 万元,应交纳的增值税额为 6.97 万元。

(3)销售产品一批,销售价格为 20 万元(不含增值税额),实际成本为 16 万元,提货单和增值税专用发票已交购货方,货款尚未收到。该销售符合收入确认条件。

(4)基建工程领用原材料一批,该批原材料实际成本为 30 万元,应由该批原材料负担的增值税额为 5.1 万元。

(5)因意外火灾毁损原材料一批,该批原材料的实际成本为 10 万元,增值税额为 1.7 万元。

(6)用银行存款交纳本月增值税 2.5 万元。

要求:

(1)编制上述经济业务相关的会计分录("应交税费"科目要求写出明细科目及专栏名称)。

(2)计算甲公司 9 月份发生的销项税额和应交增值税额。

9

非流动负债

学习目的与要求

1. 了解长期负债的含义、特点及种类。
2. 掌握长期借款的取得、归还及其计提利息的核算。
3. 掌握应付债券的发行、利息调整即归还本金的会计核算。
4. 熟悉长期借款的种类及其会计核算。
5. 掌握长期借款的借款费用的确认、计算和会计处理。

非流动负债是指偿还期在1年或者超过1年的1个营业周期以上的负债。非流动负债除了具有负债的共同特点外,还具有以下特点:

第一,债务偿还期较长,一般超过1年或者在1个营业周期以上。

第二,债务的金额较大,具有分期偿还的特点。

非流动负债主要包括长期借款、应付债券和长期应付款等。

9.1 长期借款

9.1.1 长期借款的含义

长期借款是指企业向银行或其他金融机构借入的期限在1年以上(不含1年)的各种借款,一般用于固定资产的购建、改扩建工程、大修理工程、对外投资以及为了保持长期经营能力等方面。它是企业长期负债的重要组成部分,必须加强管理与核算。

企业从银行借入长期借款时,应与银行签订借款合同,约定借款本金和利息的偿还方式,并在使用过程中正确核算借款的取得、使用和归还情况。由于长期借款的使用关系到企业的生产经营规模和效益,企业除了要遵守有关的贷款规定、编制借款计划并要有不同形式的担保外,还应监督借款的使用、按期支付长期借款的利息以及按规定的期限归还借款本金等。因此,长期借款会计处理的基本要求是反映和监督企业长期借款的借入、借款利息的结算和借款本息的归还情况,促使企业遵守信贷纪律、提高信用等级,同时也要确保长期借款发挥效益。

9.1.2 长期借款的核算

企业应通过“长期借款”科目,核算长期借款的借入、归还等情况。该科目可按照贷款单位和贷款种类设置明细账,分别“本金”、“利息调整”等进行明细核算。该科目的贷方登记长期借款本息的增加额,借方登记本息的减少额,贷方余额表示企业尚未偿还的长期借款。

9.1.2.1 取得长期借款

企业借入长期借款,应按实际收到的金额,借记“银行存款”科目,贷记“长期借款—本金”科目;如存在差额,还应借记“长期借款—利息调整”科目。

9.1.2.2 长期借款的利息

长期借款计算确定的利息费用,应当按以下原则计入有关成本、费用:

(1)属于筹建期间的,计入管理费用;

(2)属于生产经营期间的,计入财务费用;

(3)如果长期借款用于购建固定资产的,在固定资产尚未达到预定可使用状态前,所发生的应作为当资本化的利息支出数,计入在建工程成本;

(4)固定资产达到预定可使用状态后发生的利息支出,以及按规定不予资本化的利息支出,计入财务费用。

长期借款按合同利率计算确定的应付未付利息,计入“应付利息”科目,借记“在建工程”、“管理费用”、“财务费用”等科目,贷记“应付利息”科目。

9.1.2.3 归还长期借款

企业归还长期借款的本金时,应按归还的金额,借记“长期借款—本金”科目,贷记“银行存款”科目;按归还的利息,借记“应付利息”科目,贷记“银行存款”科目。

【例9-1】 甲公司20×4年拟购置一套不需要安装的设备1台。为购置该设备在11月30日向建设银行借入2年期,年利率10%,到期一次还本付息(不计复利)的借款300 000元,所借款项存入银行。该企业于当日用上述借款购入设备,以银行存款支付其买价200 000元,增值税额34 000元和其他费用66 000元。20×6年11月30如数归还借款本息。为简化举例,假定甲公司按月计算借款利息。甲公司的有关分录如下。

(1)20×4年11月30日,借入专门借款时:

借:银行存款	300 000	
贷:长期借款—本金		300 000

(2)20×4年11月30日,购入机器设备时:

借:固定资产	266 000	
应交税费—应支增值税(进项税额)	34 000	
贷:银行存款		300 000

(3)20×4年12月31日,计算应付利息2 500元(300 000×10%×1÷12)。编制会计分录如下:

借:财务费用	2 500	
贷:应付利息		2 500

(4)20×5年1月至20×6年10月每月预提利息费用分录同上。

(5)20×6年11月30日,归还借款本息,编制会计分录如下:

借:财务费用	2 500	
长期借款—本金	300 000	
应付利息	57 500	
贷:银行存款		360 000

20×4年11月30日至20×6年10月31日已预提利息为57 500元,其中:

20×4年12月2 500元,20×5年1至12月30 000元,20×6年1至10月25 000元。

9.2 应付债券

9.2.1 公司债券的定义及分类

9.2.1.1 公司债券的定义

债券是企业筹集资金而发行的一种书面凭证。通过债券上所记载的利率、期限等,表明发行债券的企业在未来某一特定日起还本付息。企业发行的超过1年期以上的债券,构成了一项长期负债。企业应当设置“企业债券备查簿”,详细登记每一企业债券的票面金额、债券票面利率、还本付息期限与方式、发行总额、发行日期和编号、委托代售单位、转换股份等资料。企业债券到期结清时,应当在备查簿内逐笔注销。

发行公司债券筹集的资金,必须用于审批机关批准的用途,可用于购建固定资产,也可以用于补充流动资金,不得用于弥补亏损和非生产性支出。

9.2.1.2 公司债券的分类

根据划分标准不同债券有以下几种分类方法。

1. 以发行的债券是否有担保可分为有担保债券和无担保债券

有担保债券:指以特定的资产作为抵押发行的债券。

无担保债券:指依靠企业良好的信用和强大的经济实力发行的债券。

对债券持有人来说,有担保债券比无担保债券风险小。有担保债券的发行人如果没有能力支付本金和利息,则债券持有人有权要求拍卖发行人的抵押资产,并从其收入中得以偿还。而无担保债券的持有人在这种情况下,只能等到发行人破产才能从其破产中得以偿付。

2. 按债券是否记名可分为记名债券和无记名债券

记名债券:是指发行人登记债券持有人的姓名和地址,并根据登记的债券持有人支付本金和利息支付的一种债券。

无记名债券:是指发行人未对债券持有人的姓名和地址进行登记的债券。

对债券持有人来说,记名债券比无记名债券安全。发行人在支付本金和利息时,记名债券按登记的债券持有人支付,而无记名债券按持券人支付。所以记名债券转让时,必须在发行人那里办理过户手续,否则无法领取本金和利息。

3. 按还本方式不同可分为一次还本债券和分次还本债券

一次还本债券:指发行企业规定到期一次还本债券。

分次还本债券:指发行企业规定分次还本的债券。

两者的不同在于企业对偿债资金的不同安排。

9.2.2 公司债券发行方式

债券发行价格与面值可能一致,也可能不一致,这是由于债券票面上所规定的票面利率与债券发行时的市场利率不一致而造成的。票面利率又称名义利率,是债券票面上的设定利率,而市场利率则是债券发行者实际承担的利率,亦称“实际利率”。

如果票面利率高于市场利率 ,则债券溢价发行(高于面值发行),溢价(高于面值部分)作为发行人对将来按票面利率计算比按市场利率计算多付出利息的一种补偿;如果票面利率等于市场利率,则债券平价发行(面值发行),如果票面利率低于市场利率,则债券折价发行(低于面值发行),折价意味着发行人对将来按票面利率计算比按市场利率计算少付利息而付出的代价。

9.2.3 公司债券发行费用的处理

按照企业会计制度的规定,企业发行债券,如果发行费用大于发行期间冻结资金

所产生的利息收入,按发行费用减去发行期间冻结资金所产生的利息收入后的差额,

根据发行债券筹集资金的用途,属于固定资产项目的,在所购建的固定资产达到预定可使用状态前,应予资本化,计入所购建固定资产的成本;属于其他用途或虽属于固定资产项目但不应予资本化的部分,计入当期财务费用。

如果发行费用小于发行期间冻结资金所产生的利息收入,按发行期间冻结资金所产生的利息收入减去发行费用后的差额,视同发行债券的溢价收入,在债券存续期间于计提利息时摊销,其摊销的费用,按照借款费用的处理原则处理。

9.2.4 公司债券发行的核算

企业发行债券,按实际收到款项的时间作为债券入账时间。

9.2.4.1 债券平价发行

债券按面值发行时,表明债券的名义利率和实际利率相一致,这时的会计处理极为简单,即按债券面值计价入账,借记"现金"或"银行存款"科目,贷记"应付债券—债券面值"科目。

9.2.4.2 债券溢价发行

如前所述,债券溢价发行是指债券的发行价格高于债券面值。债券溢价是在债券整个期间内,对举债企业多付利息的一种补偿,也是对票面利息费用的一种调整。也可以说,债券溢价是债券发行企业预收债券投资者的一笔款项,将在以后各付息期,通过债券溢价的摊销,陆续冲减举债企业的利息费用,在本金偿还日摊销完毕。债券溢价发行,仍按面值贷记"应付债券—面值"科目,实际收到的价款超过债券面值的差额,贷记"应付债券—利息调整"科目。

【例9-2】 其公司20×4年1月1日发行定期3年的债券1 000 000元,票面利率为12%,实际利率为10%,每半年计息一次,债券的发行价格为1 050 736元,债券溢价50 736元。做会计分录如下:

借:银行存款 1 050 736

　贷:应付债券—债券面值 1 000 000

　　应付债券—利息调整 50 736

9.2.4.3 债券折价发行

如前所述,债券发行价格低于票面价值,成为债券折价发行,债券折价是举债企业为弥补投资者少得利息的损失而给予的一种补偿。也可以说,债券折价是债券发行企业少收债券投资者的一笔款项,将在以后各付息期,通过债券折价摊销,陆续追加举债企业的利息费用,在本金偿还日摊销完毕。债券折价发行,仍按面值贷记"应付债券—面值",实际收到的价款低于票面价值的部分计入"应付债券—利息调整"科目。

【例9-3】 该公司于20×4年1月1日发行定期三年的公司债券1 000 000元,票面利率为12%,实际利率为14%,每半年计息一次,债券发行价格确定为952 290元,债券折价47 710元。作会计分录如下:

借:银行存款　　　　　　　　　　　　　　952 290
　　应付债券—利息调整　　　　　　　　　　47 710
　　贷:应付债券—债券面值　　　　　　　　　　1 000 000

9.2.5 公司债券存续期间的核算

企业发行债券需要支付利息。利息的支付有两种形式:一是分期支付,即在债券的存续期内分数期支付;二是债券到期时,与债券面值一并偿还。

企业会计制度规定,长期债券应当按债券面值,按照确定的利率按期计提利息,并按制度规定分别计入工程成本或费用。

债券利息的计提一般按年预提,但上市公司为中期报告的编报需要也可按半年预提。在计提利息费用时,还应同时对债券利息调整进行摊销。

利息调整应在债券存续期间内采用实际利率法进行摊销。实际利率法,是指按照应付债券的实际利率计算其摊余成本及各期利息费用的方法;实际利率,是指将应付债券在债券存续期间的未来现金流量,折现为该债券当前账面价值所使用的利率。

资产负债表日,对于分期付息、一次还本的债券,企业应按应付债券的摊余成本和实际利率计算确定的债券利息费用,借记"在建工程"、"制造费用"、"财务费用"等科目,按面值和票面利率计算确定的应付未付利息,贷记"应付利息"科目,按其差额,借记或贷记"应付债券—利息调整"科目。

对于一次还本付息的债券,应于资产负债表日按摊余成本和实际利率计算确定的债券利息费用,借记"在建工程"、"制造费用"、"财务费用"等科目,按面值和票面利率计算确定的应付未付利息,贷记"应付债券—应计利息"科目,按其差额,借记或贷记"应付债券—利息调整"科目。

在实际利率法方法下,各期利息费用系以实际利率乘以本期期初应付债券的账面价值而得。由于债券的账面价值逐期不同,因而计算出来的利息费用也就逐期不同。在溢价发行的情况下,债券账面价值逐期减少,利息费用也就逐期减少。反之,在折价发行的情况下,债券账面价值逐期增加,利息费用也就随之逐期增加。当期入账的利息费用与按名义利率计算利息的差额,即为该期应摊销的债券溢价或折价。

在实际利率法下,每期摊销额的计算公式如下:

本期应付利息 = 应付债券面值 × 债券票面利率

本期利息费用 = 期初债券摊余成本 × 实际利率

本期溢(折)价摊销额 = 本期应付利息 － 本期利息费用

【例 9-4】 按实际利率法编制债券溢价摊销表见表 9-1。

表 9-1 债券利息调整摊销表

期次	当期利息费用(1)	票面利息(2)	溢价摊销额(3)	溢价余额(4)	债券摊余成本(5)
	上期(5)×实际利率5%	面值×票面利率6%	(3)=(2)-(1)	上期(4)-本期(3)	上期(5)-本期(3)
0				50 736	1 050 736
1	52 536. 8	60 000	7 463. 2	43 272. 8	1 043 272. 8
2	52 163. 64	60 000	7 836. 36	35 436. 66	1 035 436. 44
3	51 771. 82	60 000	8 228. 18	27 208. 48	1 027 208. 26
4	51 360. 41	60 000	8 639. 59	18 568. 89	1 018 568. 67
5	50 928. 43	60 000	9 071. 57	9 497. 32	1 009 497. 32
6	50 502. 68 *	60 000	9 497. 32	0	1 000 000
合计	309 264	360 000	50 736		

* 其中包括尾差。

据此,第一期(半年)计提利息时作会计分录如下:

借:财务费用　　52 536. 80

　应付债券—利息调整　　7 463. 20

　贷:应付利息　　60 000

第二期(半年)利息时作会计分录如下:

借:财务费用　　52 163. 64

　应付债券—利息调整　　7 836. 36

　贷:应付利息　　60 000

【例 9-5】 按实际利率法编制债券折价摊销表见表 9-2。

表 9-2 债券利息调整摊销表

期次	当期利息费用(1)	票面利息(2)	折价摊销额(3)	折价余额(4)	债券账面价值(5)
	上期(5)×实际利率7%	面值×票面利率6%	(3)=(1)-(2)	上期(4)-本期(3)	上期(5)+本期(3)
0				47 710	952 290
1	66 660. 3	60 000	6 660. 3	41 049. 7	958 950. 3
2	67 126. 52	60 000	7 126. 52	33 923. 18	966 076. 82
3	67 625. 38	60 000	7 625. 38	26 297. 8	973 702. 2
4	68 159. 15	60 000	8 159. 15	18 138. 65	981 861. 35
5	68 730. 29	60 000	8 730. 29	9 408. 36	990 591. 64
6	69 408. 36 *	60 000	9 408. 36	0	1 000 000
合计	407 710	360 000	47 710		

* 其中包括尾差

据此,第一期(半年)计提利息时作会计分录如下:

借:财务费用　　66 660. 3

贷:应付债券—利息调整 6 660.3

应付利息 60 000

第二期(半年)计提利息时作会计分录如下:

借:财务费用 67 126.52

贷:应付债券—利息调整 7 126.52

应付利息 60 000

按实利法每期的利息费用随债券账面价值变化而变化,能合理反映债券与利息的关系。

9.2.6 公司债券偿还的核算

企业应按债券发行时订立的合同条款偿还本金。有的一次偿还,有的分期偿还。

9.2.6.1 一次偿还

债券本金于到期日一次偿还。又分为一次还本付息或一次还本、分期付息两种。采用一次还本付息方式的,企业应于债券到期支付债券本息时,借记"应付债券—面值、应计利息"科目,贷记"银行存款"科目。采用一次还本、分期付息方式的,在每期支付利息时借记"应付利息"科目,贷记"银行存款"科目;债券到期偿还本金并支付最后一期利息时,借记"应付债券—面值"、"在建工程"、"财务费用"、"制造费用"等科目,贷记"银行存款"科目,按借贷双方之间的差额,借记或贷记"应付债—利息调整"科目。

【例9-6】 仍以例4为例,债券一次还本付息,会计处理如下:

借:应付债券—面值 1 000 000

—应计利息 360 000

贷:银行存款 1 360 000

【例9-7】 仍以例9-4为例,债券一次还本、分期付息,会计处理如下:

20×4年6月30日第一个付息日,支付半年的利息:

借:应付利息 60 000

贷:银行存款 60 000

以后各付息日支付利息的会计处理同上。

20×6年12月31日最后一个付息日:

借:应付债券—面值 1 000 000

财务费用 50 502.68

应付债券—利息调整 9 497.32

贷:银行存款 1 060 000

9.2.6.2 分期偿还

分期偿还是指企业发行债券时,在条款中就规定按期分批偿还,一般采用分批抽签的办法,来确定分期偿还的债券。在分期偿还的情况下,企业除在各偿还期作偿还债券本金的账务处理外,还应计算偿还本金后应转销的溢价或折价,并予以入账。

9.3 长期应付款

长期应付款,主要是企业除长期借款和应付债券以外的其他长期应付的债务。目前,我国制造业企业的长期应付款项主要包括融资租入固定资产的应付租赁费、以分期付款方式购入固定资产发生的应付款、采用补偿贸易方式引进国外设备的应付款项等。

长期应付款项的特点是:数额较大,还款期长,而且分期偿还情况较多。

长期应付款在会计核算中,应设置“长期应付款”总分类科目。本科目核算企业除长期借款和应付债券以外的其他各种长期应付款项,包括应付融资租入固定资产的租赁费、以分期付款方式购入固定资产等发生的应付款项等。发生的长期应付款数额记入贷方,归还数额记入借方,期末贷方余额表示尚未偿还的各种长期应付款数额。

本科目可按长期应付款的种类和债权人进行明细核算。

“未确认融资费用”科目核算企业应当分期计入利息费用的未确认融资费用。企业融资租入的固定资产,在租赁期开始日,按应计入固定资产成本的金额与最低租赁付款额之间的差额借记本科目。采用实际利率法分期摊销未确认融资费用,借记“财务费用”、“在建工程”等科目,贷记本科目。本科目期末借方余额,反映企业未确认融资费用的摊余价值。本科目可按债权人和长期应付款项目进行明细核算。

9.3.1 应付融资租入固定资产租赁费

融资租赁取得固定资产,应按租赁开始日租赁资产的公允价值与最低租赁付款额的现值两者中较低者作为入账价值。

(1)企业融资租入的固定资产,在租赁期开始日,按应计入固定资产成本的金额(租赁开始日租赁资产公允价值与最低租赁付款额现值两者中较低者,加上初始直接费用),借记“在建工程”或“固定资产”科目,按最低租赁额,贷记“长期应付款”,按发生的初始直接费用,贷记“银行存款”科目,按其差额,借记“未确认融资费用”科目。

(2)按期支付的租金,借记“长期应付款”,贷记“银行存款”等科目。

【例9-8】 宏达公司于20×4年年初向租赁公司租入生产设备一台,租赁合同规定,租期5年,每年年末支付租金20 000元,租赁期满,该设备即归宏达公司所有。为简化处理,本例中略去了租赁业务中可能发生的运费、安装调试费和保险费等。

由于应付融资租入设备款是一项长期负债,因此,应该考虑货币时间价值因素在负债持续期间所产生的作用。假设当时的资本市场的贷款利率为10%,按5期的年金现值系数进行折现,其计算结果如下:

20 000×(10%,5期普通年金现值系数)=20 000×3.7908 =75 816(元)

该设备应该按照最低租赁付款额现值75 816元入账。

(1)租入固定资产的会计分录为:

借:固定资产—融资租入固定资产 75 816

未确认融资费用 24 184

贷:长期应付款—应付融资租入设备款 100 000

(2)以后各期支付租金时:

借:长期应付款—应付融资租入设备款 20 000

贷:银行存款 20 000

(3)用实际利率法摊销未确认融资费用(第一年)

借:财务费用 7 581.6

贷:未确认融资费用 87 581.6

以后年度从略。

9.3.2 以分期付款方式购入固定资产发生的应付款

购入有关资产超过正常信用条件延期支付价款,实质上具有融资性质,应按购买价款的现值,借记"固定资产"、"在建工程"等科目,按应支付的金额,贷记"长期应付款",按其差额,借记"未确认融资费用"科目。

按期支付的价款,借记"长期应付款",贷记"银行存款"科目。

9.3.3 补偿贸易引进设备应付款

补偿贸易是指企业从国外引进设备,再利用该设备生产的产品归还设备价款。国家为了鼓励企业开展补偿贸易,规定开展补偿贸易的企业,补偿期内免交设备所产生的产品的流转税。因此,核算时不涉及税金。补偿贸易是以生产的产品归还设备价款,因此,在一般情况下,设备的引进和设备价款的偿还是没有现金流入和流出的。

企业采用补偿贸易方式引进国外设备时,应按设备、工具、零配件等的价款以及国外运杂费的外币金额和规定的汇率折合为人民币,记入"长期应付款"科目;用人民币借款支付的进口关税、国内运杂费及安装费等,直接记入银行存款的减少或长期借款的增加;用产品归还设备价款时,视同产品销售进行处理,同时冲减"长期应付款"科目。

【例9-9】 宏达公司开展补偿贸易业务,20×5年4月10日从国外引进一套设备,价值人民币300 000元,用银行存款支付进口关税30 000元,运杂费和安装费25 000元。安装完毕后,投入使用。第一批生产甲产品20件,每件销售价格2 500元,销售成本1 200元,这一批产品全部用于还款。根据上述资料,甲企业应做如下账务处理。

(1)引进设备时:

借:在建工程 330 000

贷:长期应付款—应付补偿贸易引进设备款 300 000

银行存款 30 000

(2)安装过程中:

借:在建工程　25 000

　贷:银行存款　25 000

(3)安装完毕,交付使用时:

借:固定资产　355 000

　贷:在建工程　355 000

(4)第一批产品销售时:

借:应收账款　50 000

　贷:主营业务收入　50 000

(5)结转发出产品的成本时:

借:主营业务成本　240 00

　贷:库存商品　240 00

(6)用产品价款偿还引进设备款时:

借:长期应付款—应付补偿贸易引进设备款　50 000

　贷:应收账款　50 000

9.4 借款费用

9.4.1 借款费用的定义及内容

借款费用是指企业因借款而发生的利息及其他相关成本。包括:借款利息、折价或溢价的摊销、辅助费用及因外币借款而发生的汇兑差额。

9.4.1.1 因借款而发生的利息

因借款而发生的利息包括企业向银行或其他金融机构等借入资金发生的利息,发行债券发生的利息,以及承担带息债务应计的利息等。

9.4.1.2 因借款而发生的溢价或折价

因借款而发生的溢价或折价主要是发行债券发生的溢价或折价。企业发行债券所产生的溢价或折价,实质上是对债券利息的调整,当债券的名义利率大于实际利率时,债券会溢价发行;反之,债券会折价发行。债券溢价或折价必须在债券发行期内分期摊销,按名义利率计算支付的利息调整为按实际利率计算确定的利息费用。

9.4.1.3 因借款而发生的辅助费用

因借款而发生的辅助费用是指企业在借款过程中发生的诸如手续费、佣金、印刷费和承诺费等费用。由于这些费用是因安排借款而发生的,也是借入资金的一部分代价,因而这些费用构成了借款费用的组成部分。

9.4.1.4 因外币借款而发生的汇兑差额

因外币借款而发生的汇兑差额,是指由于汇率变动而对外币借款本金及其利息的记账本位币金额产生的影响金额。由于这部分汇兑差额是与外币借款直接相联系的,因而也构成借款费用的组成部分。

9.4.2 借款费用的确认

企业发生的借款费用,可直接归属于符合资本化条件的资产的购建或者生产的,应当予以资本化,计入相关资产成本;其他借款费用,应当在发生时根据其发生额确认为费用,计入当期损益。具体来说,借款发生的费用有两个去向:资本化和费用化。

9.4.2.1 借款费用的资本化

1. 可将借款费用资本化的资产范围

借款费用资本化的资产不仅包括企业的固定资产,还包括需要相当长时间才能达到可销售状态的存货以及投资性房地产等,如有些以船舶、大型设备为生产产品的企业所发生的借款费用就应计入存货成本。

2. 可资本化的借款范围

资本化的借款包括专门借款和一般借款。专门借款是指为构建固定资产而专门借入的款项。这种款项应当有明确的用途,即为构建某项固定资产而专门借入的,并应当具有标明该用途的借款合同。一般借款指流动资金借款以及由借款产生的利息折溢价摊销。在资本化期间内,外币专门借款本金及利息的汇兑差额,应予以资本化,计入符合条件的资产的成本。

3. 借款费用资本化的开始、暂停与停止

(1)借款费用同时满足下列条件的,才能开始资本化:一是资产支出已经发生,包括为购建或者生产符合资本化的资产而已支付现金、转移非现金资产或者承担带息债务形式发生的支出;二是借款费用已经发生;三是为使资产达到预定可使用或者可销售状态所必要的购建或者生产活动已经开始。

(2)符合资本化条件的资产在购建或者生产过程中发生非正常中断,且中断事件连续超过3个月的,应当暂停借款费用的资本化。在中断期间发生的借款费用应当确认为费用,计入当期损益,直至资产的购建或者生产活动重新开始。

如果中断是所购建或者生产的符合资本化条件的资产达到预定可使用或者可销售状态必要的程序,借款费用的资本化应当继续进行。

非正常中断通常是由于企业管理决策上的原因或者其他不可预见方面的原因等所导致的中断。例如,企业因与施工方发生了质量纠纷,或者工程或生产用料没有及时供应,或者资金周转发生了困难,或者施工或生产发生了安全事故,或者发生了与资产购建或者生产有关的劳动纠纷等原因,导致资产购建或者生产活动发生了中断,均属于非正常中断。

非正常中断与正常中断有显著不同。正常中断仅限于因购建或者生产符合资本化条件的资产达到预定可使用或者可销售状态所必要的程序,或者事先可预见的不可抗力因素导致的中断。例如,某些工程建造到一定阶段必须暂停下来进行质量或者安全检查,检查通过后方可继续下一步的建造工作,这类中断是在施工前可预见的,而且是工程建造必须经过的程序,即属于正常中断。

某些地区的工程在建造过程中,由于可预见的不可抗力因素(本地普遍存在的雨季或冰冻季节等原因)导致施工出现停顿,也属于正常中断。例如,某企业在北方某地建造某工程期间,正遇冰冻季节,工程施工不得不中断,待冰冻季节过后才能继续施工。由于该地区在施工期间出现较长时间的冰冻是正常情况,由此导致的施工中断属于因可预见的不可抗力因素导致的中断,是正常中断,借款费用的资本化可继续进行,不必暂停。

(3)购建或者生产符合资本化的资产达到预定可使用或者可销售状态时,借款费用应当停止资本化。

在符合资本化条件的资产达到预定可使用或者可销售状态之后所发生的借款费用,应当在发生时根据其发生额确认为费用,记入当期损益。

购建或者生产符合资本化条件的资产达到预定可使用或者可销售状态,可从下列几个方面进行判断:

①符合资本化条件的资产的实体建造(包括安装)或者生产工作已经全部完成或者实质上已经完成。

②所购建或者生产的符合资本化条件的资产与设计要求、合同规定或者生产要求相符或者基本相符,即使有极个别与设计、合同或者生产要求不相符的地方,也不影响其正常使用或者销售。

③继续发生在所购建或者生产的符合资本化条件的资产上的支出金额很少或者几乎不再发生。

④购建或者生产符合资本化条件的资产需要试生产或者试运行的,在试生产结果表明资产能够正常生产出合格产品,或者试运行结果表明资产能够正常运转或者正常营业时,应当认为该资产已经达到预定可使用或者可销售状态。

⑤购建或者生产的符合资本化条件的资产的各部分分别完工,且每部分在其他部分继续建造过程中可供使用或者对外销售,且为使该部分资产达到预定可使用或者可销售状态所必要的购建或者生产活动实质上已经完成的,应当停止与该部分资产相关的借款费用的资本化。

⑥购建或者生产的资产的各部分分别完工,但必须等到整体完工后才可使用或者可对外销售的,应当在该资产整体完工时停止借款费用的资本化。

资本化期间,是指从借款费用开始资本化时点到停止资本化时点的期间,借款费用暂停资本化的期间不包括在内。

4. 借款的辅助费用

专门借款发生的辅助费用,在所购建或者生产的符合资本化条件的资产达到预定可使用或者可销售状态之前发生的,应当在发生时根据其发生额予以资本化,计入符合资本化条件的资产的成本,在所购建或者生产的符合资本化条件的资产达到预定可使用或者可销售状态之后发生的,应当在发生时根据其发生额确认为费用,计入当期损益。即专门借款的辅助费用在资本化时,既不与资本化期间相联系,也不与资产支出数量相挂钩。

一般借款发生的辅助费用,应当在发生时根据发生额确认为费用,计入当期损益。

9.4.2.2 借款费用的费用化

(1)对于其他借款费用,应当在发生时根据其发生额确认为费用,计入当期损益。如果该借款费用属于在筹建期间发生的,应当根据其发生额先计入长期待摊费用,然后在开始生产经营当月一次性计入当期损益(管理费用);如果该借款费用属于在生产经营期间、为生产经营而发生的,应当根据其发生额全部费用化,计入当期损益(财务费用)。

(2)在符合资本化条件的资产达到预定可使用或者可销售状态之后所发生的借款费用,应当在发生时根据其发生额确认为费用,计入当期损益。

9.4.3 资本化费用的计算

在资本化期间,每一会计期间的利息资本化金额,不应当超过当期相关借款实际发生的利息金额。在资本化期间内,每一会计期间的利息(包括折价或溢价的摊销)资本化金额按以下方法确定。

9.4.3.1 专门借款

为购建或者生产符合资本化条件的资产而借入专门借款的,应当以专门借款当期实际发生的利息费用,减去将尚未动用的借款资金存入银行取得的利息收入或进行暂时性投资取得的投资收益后的金额确定。专门借款是指为购建或者生产符合资本化条件的资产而专门借入的款项。

9.4.3.2 一般借款

为购建或者生产符合资本化条件的资产而占用了一般借款的,企业应当根据累计资产支出超过专门借款部分的资产支出加权平均数乘以所占用一般借款的资本化率,计算确定一般借款应予资本化的利息金额。资本化率应当根据一般借款加权平均利率计算确定。

其计算公式如下:

一般借款利息费用的资本化金额 = 累计资产支出加权平均数 × 所占用一般借款的资本化率

其中:

累计资产支出加权平均数 = $\sum$ [(每笔资产支出金额 × 每笔资产支出在实际占用的天数)/会计期间涵盖的天数]

所占用一般借款的资本化率 = 所占用一般借款的加权平均利率 = 所占用一般借款当期实际发生的利息之和 ÷ 所占用一般借款本金加权平均数

所占用一般借款本金加权平均数 = $\sum$ [(每笔一般借款本金 × 该笔一般借款在当期所占用的天数)/当期天数]

注意:第一,计算所占用一般借款的资本化率时,以何时借入为准,不需要考虑资本化期间和资产支出;计算累计资产支出加权平均数时才考虑资本化期间与资产支出。

第二,如果只借入一笔借款,资本化率即为该项借款的利率;如果借入了一笔以上的借款,则资本化率即为加权平均利率。

【例题 9-10】 某公司为建造一条生产线,于 2009 年 1 月 1 日借入一笔长期借款,本金为 6 000 万元,年利率为 8%,期限为 5 年,每年末支付利息,到期还本。工程采用出包方式,于 2009 年 1 月 1 日开工,工程期为 2 年,2009 年相关资产支出如下:1 月 1 日支付工程预付款 2 800 万元;7 月 1 日支付工程进度款 600 万元;8 月 1 日因工程纠纷一直停工至 12 月 1 日,12 月 1 日支付了工程进度款 200 万元。闲置资金因购买国债可取得 0.3% 的月收益。计算 2009 年专门借款利息资本化额。

(1)2009 年 1－7 月和 12 月为资本化期间。

(2)2009 年专门借款在工程期内产生的利息费用 $=6000\times8\%\times8/12=320$(万元)

(3)2009 年专门借款全年因投资国债而创造的收益

$=3200\times0.3\%\times6+2600\times0.3\%\times1+2400\times0.3\%\times1=72.6$(万元)

(4)2009 年专门借款利息费用资本化额 $=320-72.6=247.4$(万元)

【例题 9-11】 某公司为建造一条生产线,于 2009 年 1 月 1 日专门发行 2 年期公司债券,实际收到款项 4 145.18 万元,债券面值 4 000 万元,每半年付息一次,到期还本,半年票面利率 5%,半年实际利率 4%。此外 2009 年 7 月 1 日取得一般借款为 600 万元,3 年期,半年利率为 3.5%。公司 6 月 30 日和 12 月 31 日计提利息费用、摊销溢折价金额,并计算应予以资本化金额。该生产线的建造于 2009 年 1 月 1 日正式开工兴建。有关支出如下:

(1)2009 年 1 月 1 日,支付工程进度款 4 145.18 万元;

(2)2009 年 4 月 1 日,因工程进行质量检查而停工;

(3)2009 年 5 月 31 日,工程重新开工;

(4)2009 年 10 月 1 日,支付工程进度款 300 万元;

(5)2010 年 3 月 1 日,支付工程进度款 100 万元;

(6)2010 年 5 月 1 日,支付工程进度款 100 万元;

(7)2010 年 6 月 1 日,支付工程进度款 100 万元;

(8)2010 年 6 月 30 日,工程完工达到预定可使用状态。

要求:计算 2009 年 6 月 30 日、12 月 31 日和 2010 年 6 月 30 日应确认的资本化利息费用、利息调整的金额,并编制相关会计分录(结果保留两位小数)。

(1)2009 年 6 月 30 日

实际利息费用 $=4145.18\times4\%=165.80$(万元)

应付利息 $=4\,000\times5\%=200$(万元)

利息调整 = 200 - 165.80 = 34.20(万元)

借:在建工程 165.80

应付债券—利息调整 34.20

贷:应付利息 200

(2)2009 年 12 月 31 日

①专门借款

实际利息费用 = (4 145.18 - 34.20) × 4% = 164.44(万元)

应付利息 = 4 000 × 5% = 200(万元)

利息调整 = 200 - 164.44 = 35.56(万元)

②一般借款

利息资本化金额 = 300 × 3/6 × 3.5% = 5.25(万元)

应付利息 = 600 × 3.5% = 21(万元)

利息费用化金额 = 21 - 5.25 = 15.75(万元)

借:在建工程 164.44

应付债券—利息调整 35.56

贷:应付利息 200

借:在建工程 5.25

财务费用 15.75

贷:应付利息 21

(3)2010 年 6 月 30 日

①专门借款

实际利息费用 = (4 145.18 - 34.2—35.56) × 4% = 163.02(万元)

应付利息 = 4 000 × 5% = 200(万元)

利息调整 = 200 - 163.02 = 36.98(万元)

②一般借款

利息资本化金额 = (300 × 6/6 + 100 × 4/6 + 100 × 2/6 + 100 × 1/6) × 3.5% = 14.58(万元)

应付利息 = 600 × 3.5% = 21(万元)

利息费用化金额 = 21 - 14.58 = 6.42(万元)

借:在建工程 163.02

应付债券——利息调整 36.98

贷:应付利息 200

借:在建工程 14.58

财务费用 6.42

贷:应付利息 21

9.4.3.3 折价、溢价

借款存在折价或者溢价的，应当按照实际利率法确定每一会计期间应摊销的折价或者溢价金额，调整每期利息金额。在实际利率法下，企业应当按照期初借款余额乘以实际利率计算确定每期借款利息费用。

9.4.3.4 汇兑差额

在资本化期间，外币专门借款本金及利息的汇兑差额，应当予以资本化，计入符合资本化条件的资产成本。汇兑差额在资本化时，只与资本化期间相联系，而不与资产支出相挂钩。

本章练习题

一、单项选择题

1. 某企业于2008年7月1日对外发行4年期、面值为1 000万元的公司债券，债券票面年利率为8%，一次还本付息，收到债券发行全部价款为(发行费用略)1 000万元。2010年12月31日该应付债券的账面价值为(　　)万元。

A. 1 200　　B. 1 600　　C. 1 120　　D. 1 040

2. 长期借款所发生的利息支出，不可以借记的科目包括(　　)。

A. 销售费用　　B. 财务费用　　C. 在建工程　　D. 管理费用

3. 甲企业2009年1月1日以630万元的价格发行5年期债券600万元。该债券到期一次还本付息，票面年利率为5%。则甲企业2010年12月31日应计入"应付债券－应计利息"科目的数额为(　　)万元。

A. 30　　B. 31.5　　C. 60　　D. 63

二、多项选择题

1. 长期借款所发生的利息支出，可能借记的科目有(　　)。

A. 在建工程　　B. 财务费用　　C. 销售费用　　D. 管理费用

2. "应付债券"账户的贷方反映的内容有(　　)。

A. 债券发行时产生的债券溢价　　B. 债券折价的摊销

C. 期末计提应付债券利息　　D. 债券的发行费用

三、计算与核算题

1. 某企业经批准从20×7年1月1日起发行三年期面值为100元的债券10 000张，发行价格确定为面值发行，债券年利率为6%，每年7月1日和1月1日为付息日，债券到期归还本金。该债券所筹资金全部用于新生产线的建设，生产线于20×8年6月底完工交付使用。

要求：编制该企业从债券发行到债券到期的全部会计分录。

2. 企业于年初借入2年期到期还本每年末付息的长期借款30 000元用于工程建设，合同约定年利率4%，假定利息符合资本化条件。

要求：作出该企业第一年与借款有关的会计处理。

3. 某企业经批准从 20×7 年 1 月 1 日起发行 2 年期面值为 10 元的债券 80 000 张，按照面值发行，债券年利率为 5%（实际利率与合同利率一致），每年 7 月 1 日和 1 月 1 日为付息日，该债券所筹资金全部用于新生产线的建设，该生产线于 20×8 年 6 月底完工交付使用，债券到期后全部一次归还本金。

要求：编制该企业从债券发行到债券到期的全部会计分录。

4. 甲公司于 2009 年购置了一套需要安装的生产线，与该生产线相关的业务如下：

（1）9 月 30 日为购造该生产线向建设银行借入专门资金 50 万元并存入银行，该借款期限为两年，年利率为 9.6%，到期一次还本付息，不计复利。

（2）9 月 30 日用上述借款购入待安装的生产线，增值税专用发票上注明的买价为 40 万，增值税税额 6.8 万，另支付保险费及其它杂费 3.2 万，该生产线交付本公司安装部门安装。

（3）安装生产线时领用本公司产品一批，该批产品实际成本 5 万元，税务部门核定的计税价为 8 万元，适用的增值税率为 17%。

（4）安装生产人员应计工资 1.8 万，用银行存款支付其它安装费用 0.64 万元。

（5）12 月 31 日安装工程结束，并随即投入使用。该生产线预计使用年限为 5 年，采用双倍余额递减法计提折旧。（预计净残值率为 5%）

要求：

（1）编制甲公司 2009 年度有关借款、购建安装生产线及年末计提利息的会计分录。

（2）计算该生产线的入账价值。

（3）计算甲公司 2010 年度对该生产线应计提的折旧并编制相关会计分录。

（4）计算并编制甲公司 2010 年年末计提长期借款利息的会计分录。

10

所有者权益

学习目的与要求

1. 了解所有者权益的概念、特点及构成。
2. 了解实收资本的含义及种类。
3. 掌握实收资本的会计核算。
4. 掌握资本公积的种类及会计核算。
5. 掌握留存收益的构成及会计核算。

10.1 所有者权益概述

任何企业要进行生产经营活动，必须拥有一定数量的资产。其资产形成的资金来源渠道不外乎有两个：一是由投资者投入；二是由债权人提供。由于投资者、债权人都向企业提供了资产，因此，他们对企业资产都享有要求权，这种要求权在会计上称为“权益”。属于投资者的权益，称为所有者权益，属于债权人的权益，称为负债。

所有者权益与资产、负债等企业会计要素不同，主要表现为不能单独地计量。通常，所有者权益被认为是资产减去负债后的净值，亦称净资产，在内容上包括企业所有者投入的资本以及企业经营所形成的资本积累。

10.1.1 所有者权益的概念及特征

我国《企业会计准则—基本准则》中将其定义为:"所有者权益是指企业资产扣除负债后由所有者享有的剩余权益。"公司的所有者权益又称为股东权益。

(1)从数量上看,所有者权益是一种剩余权益,是资产减去负债以后的余额。所有者权益因投资者的投资增加和因企业有效经营(销售商品,提供劳务等获得利润)而增加;因利润分派给投资者或企业无效经营或经营失败而减少。

(2)从性质上看,所有者权益是投资人在企业资产中所享有的经济利益。投资者可以从被投资企业中获得所分派的资产(利润),被投资企业的经营状况越好,投资者获得的经济利益越大。

(3)投资者也承担相应的风险。一般来说,除非被投资企业破产清算,被投资企业没有向投资者转交资产的义务。因此,投资者投入的资金供企业长期使用,不能抽回。如果企业经营失败,投资者不仅无利可图,而且可能会损失其所投的资金。

10.1.2 负债和所有者权益的区别

企业的债权人和所有者均是企业资金的提供者,其对企业的资产都有相应的要求权。但是,他们之间又存在着明显的区别。

10.1.2.1 性质不同

负债是企业债权人对其贷出款项的最终权利;所有者权益是企业所有者对投入的资本及其经过一段经营后发生的资本盈亏处置的权利。

10.1.2.2 享受的权利不同

债权人有优先获取企业用于清偿债务的资产的要求权,但没有经营决策的参与权和收益分配权;所有者享有参与收益分配,参与经营管理等多项权利,但对企业资产的要求权,即对剩余资产的要求权在顺序上置于债权人之后。另外,有必要指出,负债和所有者权益对资产的要求权虽有先后顺序之分,但并不针对特定的资产项目。

10.1.2.3 偿还期不同

负债必须于一定时期偿还,所有者权益在企业持续经营的情况下,一般不存在抽回的问题,即不存在约定的偿还日期,因而是企业的一项可以长期使用的资金,只有在企业清算时才予以偿还。

10.1.2.4 风险不同

债权人获得的利息一般是按一定的利率计算,预先可以确定的固定数额,无论盈亏,企业都要按期付息,风险较小;所有者能够获得多少收益,则须视企业的盈利水平及经营政策而定,风险较大。

10.1.3 所有者权益的构成

所有者权益来源于所有者投入的资本、直接计入所有者权益的利得和损失、留存收益。直接计入所有者权益的利得和损失,是指不应计入当期损益、会导致所有者权益发生增减变动的、与所有者投入资本或者向所有者分配利润无关的利得或者损失。

根据所有者权益形成的原因不同,所有者权益分为实收资本、资本公积、盈余公积和未分配利润。其中,盈余公积和未分配利润统称为留存收益。实收资本(或股本)是指投资者投入企业的相当于注册资本部分的资本。资本公积则是投入资本与注册资本的差额,包括资本溢价或股票溢价,直接计入所有者权益的利得和损失。一般情况下,投资者的投入资本,构成企业的实收资本。但在一些特殊情况下,投资者由于种种原因超额投入(如溢价发行股票等),从而使得其投入资本超过企业注册资本。留存收益是留置企业备用的收益,分为盈余公积和未分配利润。盈余公积是用于将来扩大企业生产规模、弥补亏损、转增资本等而留置的税后利润;未分配利润是指可以用于以后各期分配的剩余利润。

10.2 实收资本

10.2.1 实收资本的含义、分类与计价

实收资本是指投资者作为资本实际投入企业的资金数额,是指投资者初始投入和追加投入的资本,即资本金。实收资本是所有者权益的主要组成部分,也是企业存在的基础。我国有关法律规定,公司设立必须有法定的注册资本。注册资本是指公司设立时填报并经过工商行政管理机关核定的资本总额。我国目前实行注册资本制度,即当企业筹足注册资本时,企业的投入资本等于注册资本。非股份有限公司的投入资本表现为实收资本,股份有限公司的投入资本表现为股本。

10.2.1.1 有关实收资本的法律规定

(1)注册资本可一次或分次筹集。若采取一次性筹集,应当在营业执照签发之日6个月内筹足;若采取分次筹集,最后一次出资应在营业执照签发之日起3年内缴清,其中第一次筹集的资金不得低于15%,并且应在营业执照签发之日起3个月内筹足。

(2)企业吸收的无形资产投资总额不得超过注册资本的20%,若有特殊情况,可报经国家工商行政管理部门审查批准,但最高不得超过30%。

(3)企业收到投资者投入资本时,必须聘请注册会计师验资,出具验资报告,并由企业签发出资证明书。

(4)投资者投入资本后,不允许抽回投资,若在企业成立后,有抽逃行为的,责令改正,处以所抽逃资金5%以上10%以下的罚款。构成犯罪的,依法追究刑事责任。

(5)企业资本(或股本)除符合增资条件,并经有关部门批准增资或企业按法定程序报经批准减少注册资本外,不得任意变动。企业投入资本比原注册资本数额增减超过20%时,应持资本使用证明或验资证明,向原注册登记的国家工商管理机关申请变更登记。如擅自改变注册资本,将受到工商管理机关的处罚。

10.2.1.2 实收资本的分类

1. 按投资主体分类

该分类可分为国家投入资本(简称国家资本),法人投入资本(简称法人资本),个人投入资本(简称个人资本)等。

2. 按投资方式分类

该分类可分为现金资产投资和非现金资产投资。现金资产投资是指投资者直接以现金、银行存款等货币资产对企业的投资,包括人民币投资和外币投资。非现金资产投资是指投资者以非现金资产对企业的投资。非现金资产投资分为实物资产投资和无形资产投资。实物资产投资是指投资者以设备、场地、材料、商品等实物资产对企业的投资;无形资产投资是指投资者以专利权、非专利技术、商标权、土地使用权等无形资产对企业的投资。

10.2.1.3 实收资本的计价

企业收到人民币投资,按实际收到的现金或银行存款的金额作为投入资本。收到外币投资,按收到外币出资额当日的汇率折算成记账本位币作为投入资本。

非现金资产投资分为实物资产投资和无形资产投资。收到的非现金资产投资,应按投资各方协议确认的价值计价。

10.2.2 实收资本的核算

10.2.2.1 实收资本的一般账务处理

1. 企业收到现金资产投资

企业收到投资者投入的现金资产时,按实际收到或存入开户银行的金额借记“现金”或“银行存款”科目;贷记“实收资本”科目。

【例 10-1】 甲公司接到开户银行通知,收到乙公司投入现金 600 000 元存入银行。甲公司的会计处理如下:

借:银行存款 600 000

　贷:实收资本—乙公司 600 000

【例 10-2】 甲公司收到外商 A 公司投入现金 40 000 美元存入银行,收到投资的当日汇率为 7.70 元。甲公司的会计处理如下:

借:银行存款—美元户($40 000 ×7.70) 308 000

　贷:实收资本—A 公司($40 000 ×7.70) 308 000

2. 企业收到实物资产投资

企业收到投资者投入的房屋、建筑物、机器设备、材料、低值易耗品等实物资产时,在办理实物转移手续后,按投资各方确认的价值借记“固定资产”、“原材料”、“低值易耗品”、“库存商品”等有关资产科目,贷记“实收资本”科目。

【例 10-3】 甲公司收到 C 公司投入设备一台,该设备的账面原价为 300 000 元,评估确认的价值为 250 000 元。甲公司的会计处理如下:

借:固定资产 250 000

贷:实收资本—C 公司　　250 000

3. 企业收到无形资产投资

企业收到投资者投入的专利权、非专利技术、商标权、土地使用权等无形资产时,按合同、协议或公司章程规定,在移交有关凭证时,按投资各方确认的价值借记"无形资产"科目,贷记"实收资本"科目。

10.2.3　股本的核算

股份有限公司(简称股份公司)是依照我国《公司法》注册设立,通过发行股票来筹措资本并将其全部资本分为等额股份的一种企业组织形式。公司将全部资本分为等额股份并通过发行股票筹集资本,股票可以交易或转让;股东数有下限,没有上限;股东以其所持股份对公司承担有限责任,公司以其全部资产对公司债务承担责任。

股份有限公司投入资本的核算在"股本"科目和"资本公积"科目中进行。"股本"科目核算股东投入企业的股本,企业应将核定的股本总额、股份总数、每股面值,在股本账户中作备查记录。公司应当在核定的股本总额及核定的股份总数范围内发行股票。在溢价发行(股票发行价格高于股票票面价值)股票时,按实际收到的现金等资产的实际金额,借记"库存现金"、"银行存款"等科目,按以票面价值和核定的股份总数乘积计算的金额,贷记"股本"科目,按其差价(溢价部分扣除了发行手续费、佣金等后的金额)贷记"资本公积"科目。

【例 10-4】 D 股份有限公司委托证券公司发行普通股 3 000 万股,每股面值 1 元,按每股 4 元发行。S 证券公司在按约定扣除 2% 的手续费后,将发行收入转入 D 公司账户。

D 公司实际可以收到的发行收入为 117 600 000 元[30 000 000 × 4 × (1—2%)],应记入"股本"科目的金额为 30 000 000 元,其差额 87 600 000 元记入"资本公积"科目。编制会计分录如下:

借:银行存款　　117 600 000

　贷:股本　　30 000 000

　　资本公积—股本溢价　　87 600 000

10.2.4　经营期间资本(股本)变动的核算

根据我国有关法律规定,企业资本(或股本)在经营期间除下列情况外,不得随意变动:

(1)符合增资条件,并经有关部门批准增加注册资本;

(2)企业按法定程序报经批准减少注册资本。

当企业发生上述两种符合规定的资本(或股本)变动时,应作相应的会计处理。

10.2.4.1　企业增资的核算

企业符合增资条件,并经有关部门批准,在办理增资手续后,可增加注册资本。企业增加注册资本的途径主要有:原股东追加投资和新增加的投资者投资、资本公积转增资本、盈余公积转增资本、采用发放股票股利方式增资等。

1. **原股东追加投资和新增加的投资者投资**

企业按规定增资扩股，接受原股东追加投资和新增加的投资者投资时，应按实际收到的款项或其他资产，借记“银行存款”、“固定资产”、“原材料”等科目，按增加的实收资本或股本金额，贷记“实收资本”或“股本”科目，其中实际收到新增加的投资者投入企业的资产超过其在该企业注册资本中所占份额的部分，贷记“资本公积—资本溢价”科目。

【例10-5】 甲、乙、丙3人共同投资设立A有限责任公司，原注册资本为8 000 000元，甲、乙、丙分别出资1 600 000元、4 000 000元和2 400 000元。为扩大经营规模，经批准，A公司注册资本扩大为9 000 000元，甲、乙、丙按照原出资额比例分别追加投资200 000元、500 000元和300 000元。A公司如期收到甲、乙、丙追加的现金投资。A公司会计分录如下：

借：银行存款	1 000 000	
贷：实收资本—甲		200 000
—乙		500 000
—丙		300 000

2. **资本公积转增资本(或股本)**

企业用资本公积转增资本(或股本)时，应按照转增的实收资本或股本金额，借记“资本公积”科目，贷记“实收资本”或“股本”科目。

【例10-6】 接例10-5，因扩大经营规模需要，经批准，A公司按原出资比例将资本公积1 000 000元转增资本。会计分录如下：

借：资本公积	1 000 000	
贷：实收资本—甲		200 000
—乙		500 000
—丙		300 000

3. **盈余公积转增资本**

企业用盈余公积转增资本(或股本)时，应按照转增的实收资本或股本金额，借记“盈余公积”科目，贷记“实收资本”或“股本”科目。

企业将资本公积、盈余公积转增资本应注意：若为独资企业，直接结转即可；若为股份有限公司或有限责任公司，则应按其原投资者所持股份，同比例增加各股东的股权，记入“实收资本”或“股本”科目的各投资者明细科目，以保持增资后的资本结构不变；按《公司法》规定盈余公积转增资本，转增后的盈余公积不得少于注册资本的25%。

4. **采用发放股票股利方式增资**

股份有限公司经股东大会或类似机构批准采用发放股票股利方式增资时，公司应在实施该方案并办理完增资手续后，根据实际发放的股票股利额，借记“利润分配—转作股本的普通股股利"科目,贷记"股本"科目。若实际发放的股票股利的金额与股票票面的金额不一致,应按其差额贷记"资本公积—股本溢价"科目。

10.2.4.2 企业减资的核算

按照《公司法》规定,公司不得自行减少注册资本。企业由于生产规模缩小,资本过剩或由于发生重大亏损等原因,通过法定程序,经政府部门批准,股东会议决议,可宣告减少注册资本。

1. 非股份有限公司减资

企业因资本过剩而减资,应返还投资,按返还投资金额,借记"实收资本"科目,贷记"银行存款"、"库存现金"等科目。同时企业应当将因减资而使股份发生变动的情况,在"实收资本"的有关明细科目及备查账簿中详细记录。

2. 股份有限公司减资

股份有限公司减少股本的主要手段是回购本公司已发行的股票,并加以注销。其会计处理如下:

(1)按法定程序减少股本,应借记"股本"科目,贷记"库存现金"、"银行存款"等科目;

(2)采用收购本公司股票方式减资,按注销股票的面值总额减少股本,购回股票支付的价款超过面值总额的部分,依次减少资本公积和留存收益,即借记"股本"、"资本公积"、"盈余公积"、"利润分配—未分配利润"科目;贷记"现金"、"银行存款"科目。购回股票支付的价款低于面值总额的,按股票面值借记"股本"科目;按支付的价款贷记"库存现金"、"银行存款"科目,按其差额贷记"资本公积"科目。

公司购回或接受赠予本公司已发行的股票,且尚未注销,这种股票称为库存股票。库存股份无表决权和收益分配权,只是股东权益的减少,也不作为资产项目,因此,在编制资产负债表时,应将其列为股东权益减项。

为了保证债权人的利益,维护证券交易的正常秩序,我国及其他国家的有关法律都有禁止或限制库存股份的规定。我国《公司法》规定,公司经批准购回本公司股票,应在购回股票的10日内依法注销。但实际上,有些公司出于自身经济利益的考虑或迫于股市行情的压力,往往存在违规回购自己股票的情况。

在我国,公司收回的股票一般不允许再对外发行,国外某些国家在特殊情况下,经批准,公司可将已购回的股票再次发行。

【例10-7】 A公司20×1年12月31日的股本为10 000 000股,面值为1元,资本公积(股本溢价)2 000 000元,盈余公积3 000 000元。经股东会批准,A公司以现金回购本公司股票2 000 000股并注销。假定A公司按每股2元回购股票,不考虑其他因素,A公司的会计处理如下。

(1)回购本公司股票时:

借:库存股　　40 000 000

　贷:银行存款　　40 000 000

库存股成本＝2 000 000×2＝4 000 000(元)

(2)注销本公司股票时:

借:股本　　2 000 000

　资本公积——股本溢价　　2 000 000

　贷:库存股　　4 000 000

应冲减资本公积＝2 000 000×2－2 000 000×1＝2 000 000(元)

【例10-8】 接例10-7,假定A公司按每股3元回购股票,其他条件不变,A公司的会计处理如下。

(1)回购本公司股票时:

借:库存股　　6 000 000

　贷:银行存款　　6 000 000

库存股成本＝2 000 000×3＝6 000 000(元)

(2)注销本公司股票时:

借:股本　　2 000 000

　资本公积—股本溢价　　2 000 000

　盈余公积　　2 000 000

　贷:库存股　　6 000 000

应冲减的资本公积＝2 000 000×3－2 000 000×1＝4 000 000(元)

由于应冲减的资本公积大于公司现有的资本公积,所以只能冲减资本公积2 000 000元,剩余的2 000 000元应冲减盈余公积。

【例10-9】 接例10-7,假定A公司按每股0.8元回购股票,其他条件不变,A公司的会计处理如下。

(1)回购本公司股票时:

借:库存股　　1 600 000

　贷:银行存款　　1 600 000

库存股成本＝2 000 000×0.8＝1 600 000(元)

(2)注销本公司股票时:

借:股本　　2 000 000

　贷:库存股　　1 600 000

　　资本公积—股本溢价　　400 000

应增加的资本公积＝2 000 000×1－2 000 000×0.8＝400 000(元)

由于折价回购,股本与库存股成本的差额2 000 000元应作为股本溢价记入资本公积。

10.3 资本公积

10.3.1 资本公积的含义及构成

资本公积是指由投入资本本身所带来的各种增值,它与公司的生产经营活动无直接关系。资本公积由全体股东享有,在转增资本时,按投资者在实收资本(股本)中所占比例,分别转增各投资者的投资额。资本公积与盈余公积同属于所有者权益,但两者不同。盈余公积是从净利润中取得的,而资本公积具有特定来源,与公司净利润无关。资本公积与实收资本(或股本)都是外部对公司的资本投入,但两者有所区别。实收资本(或股本)是投资者对公司的资本投入,并通过投资谋求一定的经济利益;而资本公积有其特定来源,某些来源所形成的资本公积并不是原投资者的投入,也不谋求投资回报。

资本公积是企业收到投资者的超出其在企业注册资本(或股本)中所占份额的投资,以及直接计入所有者权益的利得和损失等。资本公积包括资本溢价(或股本溢价)和直接计入所有者权益的利得和损失等。

资本溢价(或股本溢价),是企业收到的超出其在企业注册资本(或股本)中所占份额的投资。形成资本溢价(或股本溢价)的原因有溢价发行股票、投资者超额缴入资本等。

直接计入所有者权益的利得和损失是指不应计入当期损益、会导致所有者权益发生增减变动的、与所有者投入资本或者向所有者分配利润无关的利得或损失。

资本公积的核算包括资本溢价(或股本溢价)的核算、其他资本公积的核算和资本公积转增资本的核算等内容。

10.3.2 资本(股本)溢价的核算

10.3.2.1 资本溢价

有限责任公司的出资者依其出资份额对企业经营决策享有表决权,依其所认缴的出资额对企业承担有限责任。

在企业创立时,出资者认缴的出资额全部记入“实收资本”科目。在企业重组并有新的投资者加入时为了维护原有投资者的权益,新加入的投资者的出资额,并不一定全部作为实收资本处理。这是因为,在企业正常经营过程中投入的资金即使与企业创立时投入的资金在数量上一致,但其获利能力却不一致。企业创立时,要经过筹建,试生产经营,为产品寻找市场,开辟市场等过程,从投入资金到取得投资回报,这中间需要许多时间,并且这种投资具有风险性,在这个过程中资本利润率很低。而企业进行正常生产经营后,在正常情况下,资本利润率要高于企业初创阶段。而这高于初创阶段的资本利润率是以初创时必要的垫支资本带来的,企业创办者并为此付出了代价。因此,相同数量的投资,由于出资时间不同,其对企业的影响程度不同,由此而带给投资者的权力也不同,往往前者大于后者。所以新加入的投资者要付出大于原有投资者的出资额,才能取得与投资者相同的投资比例。另外,不仅原投资者原有投资从质量上发生了变化,就是从数量上也可能发生变化,这是因为企业经营过程中实现利润的一部分,留在企业形成留存收益,而留存收益也属于投资者权益,但其未转入实收资本。新加入的投资者如与原投资者共享这部分留存收益,也要求其付出大于原有投资者的出资额,才能取得与原有投资者相同的投资比例。投资者投入的资本中按其投资比例计算的出资额部分,应记入"实收资本"科目,大于部分应记入"资本公积"科目。

【例 10-10】 A 有限责任公司由两位投资者投资 2 000 000 元设立,每人各出资 1 000 000 元。1 年后,为扩大经营规模,经批准,A 有限责任公司注册资本增加到 3 000 000 元,并引入第三位投资者加入。按照投资协议,新投资者需要缴入现金 1 100 000 元,同时享有该公司 1/3 的股份。A 有限责任公司已收到该现金出资。假定不考虑其他因素,A 有限责任公司的会计分录如下:

借:银行存款	1 100 000	
贷:实收资本		1 000 000
资本公积—资本溢价		100 000

10.3.2.2 股本溢价

股份有限公司是以发行股票的方式筹集股本,股票是企业签发的证明,股东按其所持股份享有权利和承担义务的书面证明。由于股东按其所持企业股份享有权利和承担义务,为了反映和便于计算各股东所持股份占企业全部股本的比例,企业的股本总额应按股票的面值与股份总数的乘积计算。国家规定,实收股本总额应与注册资本相等。因此,为提供企业股本总额及其构成及注册资本等信息,在采用与股票面值相同的价格发行股票的情况下,企业发行股票取得的收入,应全部记入"股本"科目;在采用溢价发行股票的情况下,企业发行股票取得的收入,相当于股票面值部分记入"股本"科目,超出股票面值的溢价收入记入"资本公积"科目。

发行股票相关的手续费、佣金等交易费用,如果是溢价发行股票的,应从溢价中抵扣,冲减资本公积(股本溢价);无溢价发行股票或溢价金额不足以抵扣的,应将不足抵扣的部分冲减盈余公积和未分配利润。

【例 10-11】 B 股份有限公司首次公开发行了普通股 2 000 000 股,每股面值 1 元,每股发行价格为 4 元。B 公司用银行存款支付发行手续费、咨询费用共计 400 000 元。假定发行收入已全部收到,发行费用已全部支付,B 公司的会计处理如下。

(1)收到发行收入时:

借:银行存款	8 000 000	
贷:股本		2 000 000
资本公积—股本溢价		6 000 000

应增加的资本公积 = 2 000 000 × (4 − 1) = 6 000 000(元)

(2)支付发行费用时:

借:资本公积—股本溢价　　　　400 000

　贷:银行存款　　　　400 000

B 股份有限公司的股本溢价 6 000 000 元高于发行中发生的交易费用 400 000 元,因此,交易费用可从股本溢价中扣除,冲减资本公积。

10.3.3 其他资本公积的核算

其他资本公积是指除资本溢价(或股本溢价)项目以外所形成的资本公积,其中主要是直接计入所有者权益的利得和损失。

(1)企业对被投资单位的长期股权投资采用权益法核算的,在持股比例不变的情况下,对被投资单位因净损益以外的所有者权益的其他变动,如果是利得的,应按持股比例计算其应享有被投资企业所有者权益的增加数额;如果是损失,做相反分录。在处置长期股权投资时应转销与该笔投资相关的其他资本公积。

【例 10-12】 C 有限责任公司于 20 ×4 年 1 月 1 日向 F 公司投资 6 000 000 元,拥有该公司 30% 的股份,并对该公司有重大影响,因而对 F 公司长期股权投资用权益法核算。20 ×4 年 12 月 31 日,F 公司净损益之外的所有者权益增加了 1 000 000 元。假定除此之外,F 公司的所有者权益没有其他变化,C 有限责任公司的持股比例没有变化,F 公司资产的账面价值与公允价值一致,C 有限责任公司的会计分录如下:

借:长期股权投资—F 公司—其他权益变动　　　　300 000

　贷:资本公积—其他资本公积　　　　300 000

处置采用权益法核算的长期股权投资,还应结转原记入资本公积的相关金额,借记或贷记"资本公积—其他资本公积"科目,贷记或借记"投资收益"科目。

(2)同一控制下控股合并形成的长期股权投资,应在合并日按取得被合并方所有者权益账面价值的份额,借记"长期股权投资"科目,按享有被投资单位已宣告但尚未发放的现金股利或利润,借记"应收股利"科目,按支付的合并对方的账面价值,贷记有关资产科目或借记有关负债科目,按其差额,贷记"资本公积(股本溢价)"科目;为借方差额的,借记"资本公积(资本或股本溢价)科目",资本公积不够冲减的,借记"盈余公积"、"利润分配—未分配利润"科目。

(3)股份有限公司采用收购本公司股票方式减资的,按股票面值和注销股数计算的股票面值总额,借记"股本"科目,按所注销的库存股的账面余额,贷记"库存股"科目,按其差额,借记"资本公积(股本溢价)"科目,股本溢价不足冲减的,应借记"盈余公积"、"利润分配—未分配利润"科目;购回股票支付的价款低于面值总额的,应按股票面值总额,借记"股本"科目,按所注销的库存股的账面余额,贷记"库存股"科目,按其差额,贷记"资本公积(股本溢价)科目。

10.3.4 资本公积转增资本的核算

根据我国《公司法》等法律的规定，资本公积的用途主要是转增资本。从本质上讲，资本公积属于投入资本的范畴。由于我国采用注册资本制度，在投入资本大于注册资本的情况下，就产生了资本公积，因而将资本公积转增资本可以使注册资本更接近投入资本，能够更好地反映投资者的权益。

尽管资本公积转增资本没有改变企业的投入资本总额，也没有改变企业的所有者权益，当然也没有增加企业的价值，但是这样处理仍然有其特定的积极意义。主要体现在如下3点。

(1)资本公积转增资本可以改变投入资本的结构，体现了企业稳健、持续发展的潜力。这是因为，按照法律规定，资本公积转增为资本之后，不可用于投资者的分配或者用于弥补亏损；即使是在企业破产的情况下，它也将被优先分配给债权人，从而保证了企业的持续发展和稳健经营。

(2)对于股份有限公司而言，这样做会增加投资者持有的股份，从而增加公司股票的流通量，进而可以激活股价，提高股票的交易量和资本的流动性。

(3)经股东大会或类似机构决议，用资本公积转增资本，应冲减资本公积，并按照转增前的实收资本(或股本)的结构或比例，将转增的金额记入"实收资本"(或"股本")科目。

10.4 留存收益

10.4.1 留存收益的性质及构成

10.4.1.1 留存收益的性质

留存收益是股东权益的一个重要项目，是企业历年剩余的净收益累积而成的资本。因此留存收益也可称为累积收益；虽然留存收益与投资者投入的资本属性一致，即均为股东权益，但与投入资本不同的是：投入资本是由所有者从外部投入公司的，它构成了公司股东权益的基本部分，而留存收益不是由投资者从外部投入的，而是依靠公司经营所得的盈利累积而形成的。

留存收益既然是股东权益，股东便有权决定如何使用。按照公司章程或其他有关规定，公司可将留存收益在股东间进行分配，作为公司股东的投资所得。也可以为了某些特殊用途和目的，而将其中一部分留在公司不予分配。可见，留存收益会因经营获取收益而增加，又因分给投资者或发生经营亏损而减少。

对留存收益有较大影响的是股利分配。公司将会因分派股利而大幅度减少留存收益。因此，公司必须有足够的留存收益才能分配股利；但这并不意味着，只要有留存收益就能进行股利分配。公司往往会因特别目的或法令规定而限制留存收益，不作股利分配，留存收益的这种限制，一般称为"拨定"。我国实务中，为了约束企业过量分配,有关法规均规定企业必须留有一定积累,如提取盈余公积,以利于企业持续经营、维护债权人利益。换句话说,留存收益可分为两部分:已拨定的留存收益与未拨定的留存收益。

10.4.1.2 留存收益的构成

留存收益由盈余公积和未分配利润构成。盈余公积包括法定盈余公积和任意盈余公积,它们属于已拨定的留存收益;而未分配利润属于未拨定的留存收益。

1. 盈余公积

(1)法定盈余公积是指企业按规定从净利润中提出的积累资金。法定,意味着提取时由国家法规强制规定。企业必须提取法定盈余公积,目的是确保企业不断积累资本,固本培源,自我壮大实力。我国《公司法》规定,公司制企业的法定盈余公积按照税后利润的10%提取,法定盈余公积累计额已达注册资本的50%时可以不再提取。

(2)任意盈余公积是公司为了实际需要或采取审慎经营策略,从税后利润中提取的一部分留存利润。任意是出于自愿,而非外力强制,但也非随心所欲。如果公司有优先股,必须在支付了优先股股利之后,才可提取任意盈余公积。由于任意盈余公积是企业自愿拨定的留存利益,其数额也视实际情况而定。

企业提取任意盈余公积的原因是多样的,如可能是需要偿还一笔长期负债,也可能是为了控制本期股利的分派不至于过高等。可见,任意盈余公积,一经拨定用途就不能再供本期发放股利之用,所以提取任意盈余公积本身,就是压低当年股利的一种手段,是企业管理当局对发放股利施加的限制。

法定盈余公积和任意盈余公积的区别就在于其各自计提的依据不同。前者以国家的法律或行政规章为依据提取,后者则由企业的权力机构自行决定提取。

企业提取盈余公积金主要可以用于以下几个方面。

①用于弥补亏损。企业发生亏损时,应由企业自行弥补。弥补亏损的渠道主要有3条。一是用以后年度税前的利润弥补。按照现行制度规定,企业发生亏损时,可以用以后5年内实现的税前利润弥补,即税前利润弥补亏损的期间为5年。二是用以后年度税后利润弥补。企业发生的亏损经过5年期间未弥补足额的,未弥补亏损应用所得税后的利润弥补。三是以盈余公积弥补亏损,企业以提取的盈余公积弥补亏损时,应当由公司董事会提议,并经股东大会批准。

②转增资本。企业将盈余公积转增资本时,必须经股东大会决议批准。在实际将盈余公积转增资本时,要按股东原有持股比例结转。盈余公积转增资本时,转增后留存的盈余公积的数额不得少于注册资本的25%。

盈余公积的提取实际上是企业当期实现的净利润向投资者分配利润的一种限制。提取盈余公积本身就属于利润分配的一部分,提取盈余公积相对应的资金,一经提取形成盈余公积后,在一般的情况下不得用于向投资者分配利润或股利。盈余公积的用途,并不是指其实际占用形态,提取盈余公积也并不是单独将这部分资金从企业资金周转过程中抽出。企业提取的盈余公积,无论是用于弥补亏损,还是用于转增资本,只不过是在企业所有者权益内部结构的转换,如企业以盈余公积弥补亏损时,实际是减少盈余公积留存的数额,以此抵补未弥补亏损的数额,并不引起企业所有者权益的总额的变动;企业以盈余公积转增资本时,也只是减少盈余公积结存的数额,但同时增加企业实收资本或股本的数额,也并不引起所有者权益总额的变动。至于企业盈余公积的结存数,实际只表现企业所有者权益的组成部分,表明企业生产经营资金的一个来源而已。其形成的资金可能表现为一定的货币资金,也可能表现为一定的实物资产,如存货和固定资产等,随同企业其他来源所形成的资金进行循环周转。

2. 未分配利润

未分配利润是企业留待以后年度进行分配的结存利润,也是企业股东权益的组成部分。相对于股东权益的其他部分来说,企业对于未分配利润的使用分配有较大的自主权。从数量上来说,未分配利润是期初未分配利润,加上本期实现的税后利润,减去提取的各种盈余公积和分出利润后的余额。未分配利润有两层含义:一是留待以后年度处理的利润;二是未指定用途的利润。

10.4.2 盈余公积的核算

企业应设置“盈余公积”科目对盈余公积的提取、使用及结存情况进行核算和监督。该科目属于所有者权益类。其贷方登记按规定提取的盈余公积数额,借方登记已使用的盈余公积,余额在贷方,反映企业提取的盈余公积结存额。在盈余公积总账下,应设置“法定盈余公积”、“任意盈余公积”等明细账。

10.4.2.1 法定盈余公积的提取

【例 10-13】 甲公司注册资本为 3 000 000 元,累计法定盈余公积已达 1 000 000 元,20×5 年实现利润 1 500 000 元,该公司本年度无规定的扣除项目,则甲公司法定盈余公积提取数为:

法定盈余公积提取数 = 1 500 000 × 10% = 150 000(元)

甲公司的会计处理如下:

借:利润分配—提取法定盈余公积　　150 000

　贷:盈余公积—法定盈余公积　　150 000

10.4.2.2 盈余公积的使用

盈余公积的用途主要有以下几方面。

1. 弥补亏损

公司发生亏损一般应自行弥补,其弥补方式主要有 3 种:税前利润弥补、税后利润弥补和用盈余公积弥补。因税前利润弥补亏损会影响国家税收,按规定一般不得超过 5 年,超过规定期限仍未弥补的亏损,用税后利润弥补;税后利润弥补,应在提取盈余公积之前进行,在亏损未弥补完之前,不得提取盈余公积;按规定,用税后利润弥补的亏损,若数额较大,经董事提议,股东大会批准,也可用盈余公积弥补,弥补时借记"盈余公积—法定盈余公积"科目,贷记"利润分配—盈余公积补亏"科目。

2. 转增资本(或股本)

为了满足公司扩大再生产对资本增加的需求,经公司决策机构决议,盈余公积可按规定转增资本(或股本)。转增资本(或股本)时,首先应办理增资手续,并按原投资者的投资比例转增,以保证转赠后原有的投资比例不变。股份有限公司可采用增发新股或增加每股面值的方法转增股本。但转增后的盈余公积不得少于公司注册资本的25%。有限责任公司转增资本时,应借记"盈余公积—法定盈余公积"科目,贷记"实收资本"科目;股份有限公司派送新股时,按派送金额借记"盈余公积—法定盈余公积"科目,按股票面值和派送新股总数计算的金额,贷记"股本"科目,按派送金额与派送新股面值总额的差额,贷记"资本公积—股本溢价"科目。

3. 分配股利

公司无可供分配的利润,原则上不得分配股利,但为了维护公司股票的信誉,经股东大会特别决议,可用盈余公积分派股利。但若公司有未弥补的亏损,应先弥补亏损,盈余公积还有结余时,方可分配。分配股利后,法定盈余公积不得低于注册资本的25%。

企业经股东大会或类似机构决议,用盈余公积分配现金股利或利润时,借记"盈余公积—法定盈余公积"科目,贷记"应付股利"科目。用盈余公积分配股票股利时,借记"盈余公积"科目,贷记"实收资本(或股本)"科目。

【例10-14】 假设例10-13中,甲公司经股东大会决议,用盈余公积派送新股,每30股派送1股新股,每股面值1元,发行价为2元。

可用于转增新股的盈余公积 = 1 000 000 + 150 000 − 3 000 000 × 25% = 400 000(元)

派送新股的金额 = (3 000 000 ÷ 30) × 2 = 200 000(元)

由于派送新股的金额小于可转增新股的盈余公积,所以可按每30股派送1股新股。甲公司的会计处理如下:

借:盈余公积—法定盈余公积	200 000	
贷:股本—普通股		100 000
资本公积—股本溢价		100 000

10.4.3 未分配利润的核算

未分配利润,是指企业留待以后年度分配的留存收益,即是企业净利润尚未分配的数额,也是企业所有者权益的组成部分。未分配利润有两层含义:一是这部分净利润尚未分配给投资者;二是这部分净利润未指定特定用途,在使用分配上有较大的自主权。

未分配利润从数量上讲,是企业实现的净利润(或亏损)与已分配利润的差额。由于企业的生产经营活动是连续不断进行的,当年未分配的利润(或未弥补亏损)结转到下一年度,又要参与下一年度的分配,分配后的结余部分又形成新的未分配利润(或未弥补亏)。因此,未分配利润是历年的累计。可用公式表示为:

年末未分配利润 = 年初未分配利润(或未弥补的亏损) + 本年净利润(或亏损)—本年利润分配合计(或弥补亏损额)

其中,本年利润分配合计指本年提取的各项盈余公积和分配给投资者的利润。另外公式中括号内的数字应以负数表示,年末未分配利润是负数,表示年末未弥补的亏损额。

从性质上看,亏损表示投资者投入资本的耗蚀,企业若发生亏损,应动用盈余公积或由以后年度的利润来弥补,未弥补亏损是负的净收益,在资产负债表上作为所有者权益的减项反映,具体列示在"未分配利润"项目中用负数表示。

对企业历年未分配利润或未弥补亏损进行核算,应设置"利润分配—未分配利润"科目。年度终了,企业将全年实现的利润,自"本年利润"科目转入"利润分配—未分配利润"科目,若为盈利,应借记"本年利润"科目,贷记"利润分配—未分配利润"科目;若为亏损,则做相反分录。同时,将"利润分配"科目下的其他明细账的余额转入"未分配利润"明细账。其中"提取法定盈余公积"、"提取任意盈余公积"、"应付现金股利"、"转作资本(股本)的股利"各明细账的余额转入"未分配利润"科目的借方;"盈余公积补亏"明细账的余额转入"未分配利润"科目的贷方。结转后,"未分配利润"明细账若为贷方余额,表示年末未分配利润的金额,若为借方余额,表示年末未弥补亏损的金额。

【例 10-15】 甲公司 20×4 年初未分配利润为 600 000 元,本年实现净利润 2 000 000 元,按 10% 提取法定盈余公积,按 8% 提取任意盈余公积,发放普通股现金股利 300 000 元,优先股股利 200 000 元,普通股股票股利 800 000 元。甲公司的会计处理如下。

(1)结转本年实现的净利润:

借:本年利润	2 000 000	
贷:利润分配—未分配利润		2 000 000

(2)结转全年利润分配额:

借:利润分配—未分配利润	1 660 000	
贷:利润分配—提取法定盈余公积		200 000
—提取任意盈余公积		160 000
—应付现金股利		500 000
—转作股本的股利		800 000

该公司的年末未分配利润 = 600 000 + 2 000 000 − 1 660 000 = 940 000(元)

本章练习题

一、单项选择题

1. 某公司"盈余公积"科目的年初余额为 300 万元,本期提取 35 万元,转增资本 80 万元。该公司"盈余公积"科目的年末余额为(　　)万元。

A. 185　　B. 255　　C. 275　　D. 335

2. 所有者权益是指企业投资者对企业(　　)的所有权。

A. 净资产　　B. 收益　　C. 所有资产　　D. 净利润

3. 下列各项,是某企业 20×X 年发生的经济业务中的四项,其中不影响年末未分配利润数额的是(　　)。

A. 将盈余公积中的 120 万元用于弥补亏损

B. 对外投资取得债券利息收入 30 万元

C. 变卖机器设备取得 150 万元收入

D. 发生股本溢价

4. 某公司委托证券公司发行股票 200 万股,每股面值 1 元,发行价格 5 元,向证券公司支付佣金 50 万元。该公司应贷记"资本公积——股本溢价"科目的金额为(　　)万元。

A. 850　　B. 750　　C. 900　　D. 700

5. B 企业以设备对 A 企业进行出资。该设备的原价为 50 万元,已提折旧 6 万元,双方确认该设备的价值为 50 万元,对 A 企业注册资本应享有的份额为 40 万元,则应作的会计处理为(　　)。

A. 借:固定资产　　50
　　贷:实收资本　　50

B. 借:固定资产　　44
　　贷:实收资本　　44

C. 借:固定资产　　50
　　贷:实收资本　　40
　　　　资本公积　　10

D. 借:固定资产　　50
　　贷:累计折旧　　10
　　　　实收资本　　40

6. 企业对无法支付的应付款项应贷记的科目是(　　)。

A. "资本公积"　　B. "营业外收入"　　C. "补贴收入"　　D. "投资收益"

7. 关于企业所有者权益,下列说法中错误的是(　　)。

A. 资本公积可以弥补企业亏损

B. 盈余公积可以按照规定转增资本

C. 未分配利润可以弥补亏损

D. 资本公积可以按照规定转增资本

8. 甲企业年初未分配利润为 110 万元,当年利润总额为 125 万元,应交的所得税为 25 万元,该企业按 10% 提取法定盈余公积。则该企业可供投资者分配的利润为(　　)万元。

A. 55　　B. 110　　C. 200　　D. 155

9. 一般纳税人接受原材料投资时,应该作为实收资本入账的金额是(　　)。

A. 评估确认的材料价值加上或减去材料成本差异

B. 原材料的市场价值

C. 评估确认的材料价值

D. 投资各方确认的在被投资方注册资本中应享有的份额

10. A 企业本年增加实收资本 60 万元,其中:盈余公积转增资本 45 万元;12 月 1 日接受固定资产投资 70 000 元(使用年限 5 年,采用直线法提取折旧,不考虑残值,自接受之日起投入使用);货币投资 80 000 元,不考虑其他事项,该企业在年末所有者权益增加金额为(　　)元。

A. 150 000　　B. 400 000　　C. 90 000　　D. 60 000

11. 企业设立时,出资者实际投入出资额大于其在注册资本中份额的部分,应计入(　　)账户。

A. 实收资本　　B. 股本　　C. 资本公积　　D. 盈余公积

二、多项选择题

1. 对于有限责任公司,如果新投资者缴纳的出资额大于其在注册资本中所占的份额,超出的部分不应计入的科目有(　　)。

A. 营业外收入　　B. 实收资本　　C. 资本公积　　D. 盈余公积

2. 下列业务中会引起企业留存收益总额增减变化的项目有(　　)。

A. 以资本公积转增资本　　B. 股东大会宣告分配现金股利

C. 以盈余公积弥补亏损　　D. 以盈余公积转增资本

3. 下列对未分配利润的各项表述中,正确的是(　　)。

A. 当年的净利润是企业未指定特定用途的利润

B. 未分配利润是企业当年实现的净利润经过弥补亏损、提取盈余公积和向投资者分配利润后留存在企业的利润

C. 当年企业未分配利润为负数时,则不能对投资者进行利润分配

D. 企业对于未分配利润的使用不会受到很大的限制

4. 下列经济业务的发生不会引起所有者权益总额发生增减变动的是(　　)。

A. 用盈余公积弥补亏损　　B. 投资者追加投资

C. 发放股票股利　　D. 以盈余公积转增资本

5. 下列各项中,不应记入"资本公积"借方的是(　　)。

A. 接受甲投资者投入一台机器设备,投资各方确认的价值超过其在注册资本中所占的份额的金额

B. 接受丙投资者以现金(人民币)投资 100 万元,其中属于资本溢价的部分 40 万元

C. 无法支付的应付账款

D. 以资本公积转增资本

6. 企业发生亏损时，下列各项，(　　)是弥补亏损的渠道。

A. 以盈余公积弥补亏损　　B. 以资本公积弥补亏损

C. 用5年内的税前利润弥补　　D. 用5年后的税后利润弥补

7. 下列各项中，能同时引起资产和所有者权益发生增减变化的有(　　)。

A. 分配股票股利　　B. 接受现金捐赠

C. 用盈余公积弥补亏损　　D. 投资者投入资本

三、判断题

1. 外商投资企业从税后利润中提取的职工奖励及福利基金，用于支付职工的非经常性奖金和职工集体福利，应在“其他应付款”科目下核算。(　　)

2. 资本公积是所有者权益的组成部分，也是企业据以向投资者分配利润的主要依据。(　　)

3. 当企业发生亏损时，可以用盈余公积进行弥补。(　　)

4. 用盈余公积转增资本不影响所有者权益总额的变化，但是会使企业净资产减少。(　　)

5. 收入能够导致企业所有者权益增加，但导致所有者权益增加的不一定都是收入。(　　)

6. 企业增资扩股时，投资者实际缴纳的出资额大于其按约定比例计算的其在注册资本中所占的份额部分，也应该计入“实收资本”科目。(　　)

7. 以资本公积转增资本使留存收益减少。(　　)

11

收入

学习目的与要求

1. 熟悉收入的概念、特征和种类。
2. 掌握销售商品收入的确认和计量。
3. 熟悉各种特殊商品销售方式的会计处理。
4. 掌握提供劳务收入的确认和计量。
5. 了解让渡资产使用权收入的确认条件。
6. 熟悉让渡无形资产使用权、让渡固定资产使用权收入的确认。

11.1 收入概述

11.1.1 收入的概念和特征

收入是指企业在日常活动中形成的,会导致所有者权益增加的,与所有者投入资本无关的经济利益的总流入。根据《企业会计准则第 14 号—收入》规定,企业收入通常包括销售商品收入,提供劳务收入和让渡资产使用权收入 3 种类型。收入具有以下特点。

11.1.1.1 收入是企业在日常经营活动中形成的经济利益的总流入

日常活动,是指企业为完成其经营目标所从事的经常性活动以及与之相关的活动。如工商企业销售商品、咨询公司提供咨询服务、软件开发企业为客户开发软件、安装公司提供安装服务、商业银行对外贷款、租赁公司出租资产等活动,均属于企业为完成其经营目标所从事的经常性活动,由此形成的经济利益的总流入构成收入。生产企业对外出售不需用的原材料、对外转让无形资产使用权、对外出租固定资产和包装物、对外进行权益性投资取得的现金股利或债券性投资取得的利息等活动,虽然不属于企业的经常性活动,但属于企业为完成其经营目标所从事的与经常性活动有关的活动,由此形成的经济利益的总流入也构成收入。

收入形成于企业日常活动,使其与产生于非日常活动的利得相区分。企业所从事或发生的某些活动也能为企业带来经济利益,但不属于企业为完成其经营目标所从事的经常性活动,也不属于与经常性活动相关的活动,例如,工业企业处置固定资产、无形资产,因其他企业违约收取罚款等,这些活动形成的经济利益的总流入属于企业的利得而不是收入。利得通常不经过经营过程就能取得或属于企业不曾期望获得的收益。

11.1.1.2 收入能导致企业所有者权益的增加

收入形成经济利益总流入的形式多种多样,既可能表现为企业资产的增加,也可能表现为企业负债的减少,还可能表现为两者的组合,如增加银行存款、应收账款;或冲减预收账款;再或销售收入实现时,部分冲减预收账款,部分增加银行存款。根据“资产 - 负债 = 所有者权益”的会计等式,收入一定能增加企业的所有者权益。

11.1.1.3 收入只包括本企业经济利益的流入

收入只包括本企业经济利益的流入,而不包括为第三方或客户代收的款项,如企业为国家收取的增值税,一方面增加企业的资产,另一方面增加企业的负债,并不增加企业的所有者权益,因此不构成企业的收入。

11.1.1.4 收入与所有者投入资本无关

所有者投入资本主要是为谋求享有企业资产的剩余权益,由此形成的经济利益的总流入不构成收入,而应确认为企业所有者权益的组成部分。

11.1.2 收入的分类

11.1.2.1 收入按其性质不同,分为销售商品收入、提供劳务收入和让渡资产使用权收入

(1)销售商品收入是指企业通过销售商品实现的收入。商品则主要包括企业为销售而生产的产品或为转售而购进的商品,销售的其他存货如原材料、包装物等也视同商品。

(2)提供劳务收入是指企业通过提供劳务实现的收入。例如提供旅游、运输、饮食、广告、咨询、代理、培训、产品安装等劳务所实现的收入。

(3)让渡资产使用权收入是指企业通过将资产使用权让渡给他人使用所获取的收入。主要包括:

①让渡现金使用权而收取的利息收入(如金融企业对外贷款形成的利息收入);

②让渡无形资产使用权而收取的使用费收入；

③出租固定资产而收取的租金收入；

④进行股权投资而收取的股利收入。

11.1.2.2 收入按企业经营业务的主次不同,分为主营业务收入和其他业务收入

(1)主营业务收入是指企业为完成其经营目标而从事的经常性活动实现的收入。主营业务收入一般占企业总收入的比重较大,对企业的经济效益产生较大的影响。不同行业企业的主营业务收入所包括的内容不同,比如工业企业的主营业务收入包括销售商品、自制半成品、代制品、代修品,提供工业性劳务等实现的收入;商业企业的主营业务收入主要包括销售商品实现的收入;咨询公司的主营业务收入主要包括提供咨询服务实现的收入;安装公司的主营业务收入主要包括提供安装服务实现的收入。

企业实现的主营业务收入通过"主营业务收入"科目核算,并通过"主营业务成本"科目核算为取得主营业务收入发生的相关成本。

(2)其他业务收入是指企业为完成其经营目标而从事的与经常性活动相关的活动实现的收入。即企业主营业务以外的其他日常活动中的次要交易实现的收入,一般占企业总收入的比重较小。不同行业企业的其他业务收入所包括的内容不同,比如工业企业的其他业务收入主要包括对外销售材料、对外出租包装物、出租固定资产、对外转让无形资产使用权、提供非工业劳务收入等实现的收入。

企业实现的其他业务收入通过"其他业务收入"科目核算,并通过"其他业务成本"科目核算为取得其他业务收入发生的相关成本。

11.2 销售商品收入的确认和计量

11.2.1 销售商品收入的确认

销售商品收入应同时满足下列条件,才能予以确认:

(1)企业已将商品所有权上的主要风险和报酬转移给购货方;

(2)企业既没有保留通常与所有权相联系的继续管理权,也没有对已售出的商品实施有效控制;

(3)收入的金额能够可靠地计量;

(4)相关的经济利益很可能流入企业;

(5)相关的已发生或将发生的成本能够可靠地计量。

其中,商品包括企业为销售而生产的产品和为转售而购进的商品,如工业企业生产的产品、商业企业购进的商品等,企业销售的其他存货,如原材料、包装物等,也视同商品。

11.2.1.1 企业已将商品所有权上的主要风险和报酬转移给购货方

企业已将商品所有权上的主要风险和报酬转移给购货方,是指与商品所有权有

关的主要风险和报酬同时转移。与商品所有权有关的风险,是指商品可能发生的减值或毁损等形成的损失;与商品所有权有关的报酬,是指商品价值增值或通过使用商品等形成的经济利益。

判断企业是否已将商品所有权上的主要风险和报酬转移给购货方,应当关注交易的实质而不是形式,并结合所有权凭证的转移或实物的交付进行判断。如果与商品所有权有关的任何损失均不需要销货方承担,与商品所有权有关的任何经济利益也不归销货方所有,这就意味着商品所有权上的主要风险和报酬转移给了购货方。

(1)通常情况下,转移商品所有权凭证并交付实物后,商品所有权上的主要风险和报酬随之转移,如大多数零售商品、预收款销售商品等。

(2)某些情况下,转移商品所有权凭证但未交付实物,商品所有权上的主要风险和报酬随之转移,企业只保留了次要风险和报酬,如交款提货方式销售商品。有时,已交付实物但未转移商品所有权凭证,商品所有权上的主要风险和报酬未随之转移,如采用支付手续费方式委托代销商品。

例如,甲公司销售一批商品给丙公司,丙公司已根据甲公司开出的发票账单支付了货款,取得了提货单,但甲公司尚未将商品移交丙公司。本例中,甲公司采用交款提货的销售方式,即购买方已根据销售方开出的发票账单支付货款,并取得销售方开出的提货单。在这种情况下,购买方支付货款并取得提货单,说明商品所有权上的主要风险和报酬已转移给购买方。虽然商品未实际交付,甲公司仍可以认为商品所有权上的主要风险和报酬已经转移。

(3)某些情况下,转移商品所有权凭证并交付实物后,商品所有权上的主要风险和报酬并未随之转移。

①企业销售的商品在质量、品种、规格等方面不符合合同或协议要求,又未根据正常的保证条款予以弥补,因而仍负有责任。

②企业尚未完成售出商品的安装和检验工作,且安装或检验工作是销售合同或协议的重要组成部分。

③销售合同或协议中规定了买方由于特定原因有权退货的条款,且企业又不能确定退货的可能性。

11.2.1.2 企业既没有保留通常与所有权相联系的继续管理权,也没有对已售出的商品实施有效控制

通常情况下,企业售出商品后不再保留与商品所有权相联系的继续管理权,也不再对售出商品实施有效控制,商品所有权上的主要风险和报酬已经转移给购货方,通常应在发出商品时确认收入。如果企业在商品销售后保留了与商品所有权相联系的继续管理权,或能够继续对其实施有效控制,说明商品所有权上的主要风险和报酬没有转移,销售交易不能成立,不应确认收入,如售后回购、售后租回。

11.2.1.3 收入的金额能够可靠地计量

收入的金额能够可靠地计量,是指收入的金额能够合理地估计。收入金额能否

合理地估计是确认收入的基本前提，如果收入的金额不能够合理估计就无法确认收入。企业在销售商品时，商品销售价格通常已经确定，但是由于销售商品过程中某些不确定因素的影响，也有可能存在商品销售价格发生变动的情况。在这种情况下，新的商品销售价格未确定前通常不应确认销售商品收入。

11.2.1.4 相关的经济利益很可能流入企业

在销售商品的交易中，与交易相关的经济利益主要表现为销售商品的价款。相关的经济利益很可能流入企业，是指销售商品价款收回的可能性大于不能收回的可能性，即销售商品价款收回的可能性超过50%。企业在销售商品时，如估计销售价款不是很可能收回，即使收入确认的其他条件均已满足，也不应当确认收入。

企业在确定销售商品价款收回的可能性时，应当结合以前和买方交往的直接经验、政府的有关政策、其他方面取得信息等因素，进行综合分析判断。企业销售的商品符合合同或协议要求，已将发票账单交付买方，买方承诺付款，通常表明相关的经济利益很可能流入企业。如果企业判断销售商品收入满足确认条件而予以确认，同时确认了一笔应收债权，以后由于购货方资金周转困难无法收回该债权时，不应调整原会计处理，而应对该债权计提坏账准备、确认坏账损失。如果企业根据以前与买方交往的直接经验判断买方信誉较差，或销售时得知买方在另一项交易中发生了巨额亏损、资金周转十分困难，或在出口商品时不能肯定进口企业所在国政府是否允许将款项汇出等。在这些情况下，企业应推迟确认收入，直至这些不确定因素消除。

11.2.1.5 相关的已发生或将发生的成本能够可靠地计量

根据收入和费用配比原则，与同一项销售有关的收入和费用应在同一会计期间予以确认，即企业应在确认收入的同时或同一会计期间结转相关的成本。因此，如果成本不能可靠计量，相关的收入就不能确认。

相关的已发生或将发生的成本能够可靠地计量，是指与销售商品有关的已发生或将发生的成本能够合理地估计。通常情况下，销售商品相关的已发生或将发生的成本能够合理地估计，如库存商品的成本、商品运输费用等。如果库存商品是本企业生产的，其生产成本能够可靠计量；如果是外购的，购买成本能够可靠计量。有时，销售商品相关的已发生或将发生的成本不能够合理地估计，此时企业不应确认收入，若已收到价款，应将已收到的价款确认为负债。

熟悉销售商品收入的确认条件，是进行销售商品收入核算的一个关键点。

11.2.2 销售商品收入的计量

11.2.2.1 一般销售商品业务的会计处理

在进行销售商品的会计处理时，首先要考虑销售商品收入是否符合收入确认条件。符合收入准则所规定的5项确认条件的，应及时确认收入并结转相关销售成本。通常情况下，交款提货销售商品的，在开出发票账单收到货款时确认收入。采用托收承付结算方式的，在办妥托收手续时确认收入。

【例11-1】 甲公司向乙公司销售一批商品，开出的增值税专用发票上注明售价为500 000元,增值税85 000元;甲公司已收到乙公司支付的货款585 000元,并将提货单交给乙公司;该批商品成本为340 000元。甲公司会计分录如下:

(1)借:银行存款	585 000	
贷:主营业务收入		500 000
应交税费—应交增值税(销项税额)		85 000
(2)借:主营业务成本	340 000	
贷:库存商品		340 000

【例11-2】 甲公司采用托收承付结算方式向乙企业销售一批商品,开出的增值税专用发票上注明售价为400 000元,增值税税额为68 000元;商品已经发出,并已向银行办妥托收手续;该批商品的成本为230 000元。甲公司会计分录如下:

(1)借:应收账款——乙企业	468 000	
贷:主营业务收入		400 000
应交税费——应交增值税(销项税额)		68 000
(2)借:主营业务成本	230 000	
贷:库存商品		230 000

【例11-3】 甲公司向乙公司销售商品一批,开出的增值税专用发票上注明售价为200 000元,增值税34 000元;甲公司用银行存款代垫运费2 000元,甲公司收到乙公司开出的不带息银行承兑汇票一张,票面金额为236 000元,该批商品已经发出,该批商品的成本为120 000元。甲公司会计分录如下:

(1)借:应收票据	236 000	
贷:主营业务收入		200 000
应交税费——应交增值税(销项税额)		34 000
银行存款		2 000
(2)借:主营业务成本	120 000	
贷:库存商品		120 000

11.2.2.2 销售商品不符合收入确认条件的会计处理

如果企业售出商品不符合销售商品收入确认的5项条件中的任何一项,均不应确认收入。为了单独反映已经发出但尚未确认销售收入的商品成本,企业应增设"发出商品"科目。"发出商品"科目核算企业未满足收入确认条件但已发出商品的实际成本(或进价)或计划成本(或售价)。这里应注意的一个问题是,尽管发出的商品不符合收入确认条件,但如果销售该商品的纳税义务已经发生,比如已经开出增值税专用发票,则应确认应交的增值税销项税额,同时确认应收债权。如果纳税义务没有发生,则不需进行增值税的处理。

【例11-4】 甲公司采用托收承付结算方式向丙公司销售一批商品,开出的增值税专用发票上注明售价为100 000元,增值税税额为17 000元;该批商品成本为60 000元。甲公司在销售该批商品时已得知丙公司资金流转发生暂时困难,但为了减少存货积压,同时也为了维持与丙公司长期以来建立的商业关系,甲公司仍将商品发出,并办妥托收手续。假定甲公司销售该批商品的纳税义务已经发生。

本例中,由于丙公司现金流转存在暂时困难,甲公司不是很可能收回销售货款。根据销售商品收入的确认条件,甲公司在发出商品时不能确认收入。为此,甲公司的账务处理如下。

(1)发出商品时:

借:发出商品　　60 000

　　贷:库存商品　　60 000

同时,因甲公司销售该批商品的纳税义务已经发生,应确认应交的增值税销项税额:

借:应收账款——丙公司　　17 000

　　贷:应交税费——应交增值税(销项税额)　　17 000

(2)得知丙公司经营情况出现好转,丙公司承诺近期付款时,甲公司应确认收入,会计分录如下:

借:应收账款——丙公司　　100 000

　　贷:主营业务收入　　100 000

同时结转成本:

借:主营业务成本　　60 000

　　贷:发出商品　　60 000

(3)当甲公司收到丙公司支付的货款时,应作如下会计分录:

借:银行存款　　117 000

　　贷:应收账款——丙公司　　117 000

11.2.2.3 销售商品涉及商业折扣、现金折扣和销售折让的处理

销售商品时,可能会遇到商业折扣、现金折扣和销售折让等问题。企业在确认销售商品收入时,应注意区分、商业折扣、现金折扣和销售折让及其不同的会计处理方法。但总的来讲,确定销售商品收入的金额时,不应考虑预计可能发生的现金折扣、销售折让,即应按总价确认,但应按扣除商业折扣后的净额确认收入。

1. 商业折扣

商业折扣是指企业为促进商品销售而在商品标价上给予的价格扣除,因而不影响销售商品收入的计量。例如,企业为鼓励客户多买商品,可能规定购买 10 件以上商品给予客户 10% 的折扣,或客户每买 10 件送 1 件。此外,企业为了尽快出售一些残次、陈旧、冷背的商品,也可能降价(即打折)销售。

商业折扣在销售时即已发生,并不构成最终成交价格的一部分。所以,企业销售商品涉及商业折扣的,应当按照扣除商业折扣后的金额确定销售商品收入金额。

2. 现金折扣

与商业折扣不同,现金折扣是在销售商品收入金额确定的情况下,债权人为鼓励

债务人在规定的期限内付款而向债务人提供的债务扣除。也就是说,如果债务人愿意提前付款,则可以比合同约定的总价款"少"付一部分款项。现金折扣发生在企业销售商品之后,企业销售商品后现金折扣是否发生以及发生多少要视买方的付款情况而定,企业在确认销售商品收入时不能确定现金折扣是否发生以及发生的金额。对此,会计核算中有两种处理方法:一是净价法,即按合同总价款扣除现金折扣后的净额计量收入;二是总价法,即按合同总价款全额计量收入。我国企业会计准则规定采用总价法。现金折扣实际上是企业为了尽快回笼资金而发生的理财费用,应在实际发生时计入当期财务费用。

现金折扣一般表示为"折扣率/付款期限",例如,"3/10,2/20,N/30",表示销货方允许客户最长的付款期限为30天,如果客户在10天内付款,销货方可按商品售价给予客户3%的折扣;如果客户在11至20天内付款,销货方可按商品售价给予客户2%的折扣;如果客户在21天至30天内付款,将不能享受现金折扣。

在计算现金折扣时,还应注意销售方是按不包含增值税的价款提供现金折扣,还是按包含增值税的价款提供现金折扣,两种情况下购买方享有的折扣金额不同。例如,销售价格为1 000元的商品,增值税税额为170元,在购买方享有的现金折扣为1%的情况下,如果购销双方约定计算现金折扣时不考虑增值税,则购买方应享有的现金折扣金额为10元;如果购销双方约定计算现金折扣时一并考虑增值税,则购买方享有的现金折扣金额为11.7元。一般情况下,计算现金折扣时不考虑增值税。

【例11-5】 甲公司在2010年5月26日销售一批商品给乙公司,开出的增值税专用发票上注明的售价为100 000元,增值税税额为17 000元。该商品的成本为70 000元。为及早收回货款,销售合同中约定的现金折扣条件为:2/10,1/20,N/30。假定计算现金折扣时不考虑增值税税额及其他因素。甲公司的账务处理如下。

(1)5月26日销售实现时,按销售总价款确认收入:

借:应收账款——乙公司	117 000	
贷:主营业务收入		100 000
应交税费—应交增值税(销项税额)		17 000

结转销售成本

借:主营业务成本	70 000	
贷:库存商品		70 000

(2)如果乙公司在6月5日付清货款,则按销售总价款100 000元的2%享受现金折扣2 000元(即100 000×2%),实际付款115 000元(即117 000-2 000),即:

借:银行存款	115 000	
财务费用	2 000	
贷:应收账款——乙公司		117 000

(3)如果乙公司在6月15日付清货款,则按销售总价款100 000元的1%享受现金折扣1 000元(即100 000×1%),实际付款116 000元(即117 000-1 000),即:

借:银行存款　　116 000

　财务费用　　1 000

　　贷:应收账款——乙公司　　117 000

(4)如果乙公司在6月26日才付清货款,则按全额付款,即:

借:银行存款　　117 000

　　贷:应收账款——乙公司　　117 000

【例11-6】 甲公司为增值税一般纳税企业,2010年3月1日销售A商品10 000件,每件单价为20元(不含增值税),A商品的实际单位成本为12元。A商品适用的增值税税率为17%;由于是成批销售,甲公司给予购货方10%的商业折扣,并在销售合同中规定现金折扣条件为2/10,1/20,N/30;A商品于3月1日发出,购货方于3月9日付款。假定计算现金折扣时考虑增值税。

本例涉及商业折扣和现金折扣,首先需要计算确定销售商品收入的金额。销售商品收入的金额应是未扣除现金折扣但应扣除商业折扣后的金额。因此,甲公司应确认的销售商品收入 = 20 × 10 000 − 20 × 10 000 × 10% = 180 000(元)

应确认的增值税销项税额为 = 180 000 × 17% = 30 600(元)

由于购货方于销售实现后的10日内付款,应享有2%的现金折扣,

现金折扣 = (180 000 + 30 600) × 2% = 4 212(元)

甲公司实际收到货款 = 180 000 + 30 600 − 4 212 = 206 388(元)

甲公司会计处理如下。

(1)3月1日销售实现时:

借:应收账款　　210 600

　　贷:主营业务收入.　　180 000

　　　应交税费—应交增值税(销项税额)　　30 600

借:主营业务成本　　120 000　(12 × 10 000)

　　贷:库存商品　　120 000

(2)3月9日收到货款时:

借:银行存款　　206 388

　财务费用　　4 212

　　贷:应收账款　　210 600

3. 销售折让

销售折让与商业折扣和现金折扣均不同,销售折让是指企业因售出商品的质量不符合要求等原因而在售价上给予的减让。企业将商品销售给买方后,如买方发现商品在质量、规格等方面不符合要求,可能要求卖方在价格上给予一定的减让。通常情况下,销售折让发生在销售收入已经确认之后,因此,销售折让发生时,应直接冲减当期销售商品收入,如按规定允许扣减增值税额的,还应冲减已确认的应交增值税销项税额。

【例 11-7】 甲公司销售一批商品给乙公司,开出的增值税专用发票上注明的售价为 80 000 元,增值税税额为 13 600 元。该批商品的成本为 50 000 元。乙公司在验收过程中发现商品质量不合格,要求在价格上给予 5% 的折让。乙公司提出的销售折让要求符合原合同的约定,甲公司同意并办妥了相关手续,开具了增值税专用发票(红字)。假定此前甲公司已确认该批商品的销售收入,销售款项尚未收到,发生的销售折让允许扣减当期增值税销项税额。甲公司的账务处理如下。

(1)销售实现时:

借:应收账款 93 600

  贷:主营业务收入 80 000

    应交税费—应交增值税(销项税额) 13 600

借:主营业务成本 50 000

  贷:库存商品 50 000

(2)发生销售折让时:

借:主营业务收入 4 000 (80 000×5%)

  应交税费—应交增值税(销项税额) 680

  贷:应收账款 4 680

(3)实际收到款项时:

借:银行存款 88 920 (93 600 - 4 680)

  贷:应收账款 88 920

11.2.2.4 销售退回的会计处理

销售退回,是指企业售出的商品由于质量、品种不符合要求等原因而发生的退货。对于销售退回,企业应分别情况进行会计处理。

(1)未确认收入的售出商品发生销售退回的,企业应按已记入“发出商品”科目的商品成本金额,借记“库存商品”科目,贷记“发出商品”科目。

(2)已确认收入的售出商品发生销售退回的,企业一般应在发生时冲减当期销售商品收入,同时冲减当期销售成本。如该项销售退回已发生现金折扣的,应同时调整相关财务费用的金额;如该项销售退回允许扣减增值税税额,应同时调整“应交税费—应交增值税(销项税额)”科目的相应金额。

(3)已确认收入的售出商品发生销售退回属于资产负债表日后事项的,应当按照资产负债表日后事项的相关规定进行相应的会计处理。

【例 11-8】 甲公司 2010 年 3 月 20 日销售 A 商品一批,增值税专用发票上注明售价为 420 000 元,增值税税额为 71 400 元;该批商品成本为 273 000 元。A 商品于 20×6 年 3 月 20 日发出,购货方于 4 月 27 日付款,甲公司对该项销售确认了销售收入。同年 9 月 15 日,该批商品质量出现严重问题,购货方将该批商品全部退回给甲公司,甲公司同意退货,于退货当日支付了退货款,并按规定向购货方开具了增值税专用发票(红字)。甲公司的账务处理如下。

(1)3 月 20 日,销售实现时:

借:应收账款 491 400

  贷:主营业务收入 420 000

    应交税费—应交增值税(销项税额) 71 400

借:主营业务成本 273 000

  贷:库存商品 273 000

(2)4 月 27 日,收到货款时:

借:银行存款 491 400

  贷:应收账款 491 400

(3)9 月 15 日,发生销售退回时:

借:主营业务收入 420 000

  应交税费—应交增值税(销项税额) 71 400

  贷:银行存款 491 400

借:库存商品 273 000

  贷:主营业务成本 273 000

【例 11-9】 甲公司在 2010 年 11 月 28 日向乙公司销售一批商品,开出的增值税专用发票上注明的售价为 50 000 元,增值税税额为 8 500 元,该批商品成本为 24 000 元。为及早收回货款,甲公司和乙公司约定的现金折扣条件为:2/10,1/20,N/30。乙公司在 2010 年 12 月 7 日支付货款。2011 年 6 月 5 日,该批商品因质量问题被乙公司退回,甲公司当日支付有关退货款。假定计算现金折扣时不考虑增值税及其他因素。甲公司的账务处理如下:

(1)2010 年 11 月 28 销售实现时,按销售总价确认收入,并结转成本:

借:应收账款 58 500

  贷:主营业务收入 50 000

    应交税费—应交增值税(销项税额) 8 500

借:主营业务成本 24 000

  贷:库存商品 24 000

(2)在 2010 年 12 月 7 日收到货款时,按销售总价 50 000 元的 2% 享受现金折扣 1 000 元(50 000 × 2%),实际收到价款 57 500 元(58 500 - 1 000):

借:银行存款 57 500

  财务费用 1 000

  贷:应收账款 58 500

(3)2011 年 6 月 5 日发生销售退回时:

借:主营业务收入 50 000

  应交税费—应交增值税(销项税额) 8 500

  贷:银行存款 57 500

财务费用　　1 000

借:库存商品　　24 000

贷:主营业务成本　　24 000

11.2.3 特殊销售商品业务

企业会计实务中,可能遇到一些特殊的销售商品业务。在将销售商品收入的计量原则运用于特殊销售商品收入的会计处理时,应结合这些特殊销售商品交易的形式,并注重交易的实质。

11.2.3.1 预收款方式销售商品

预收款销售商品,是指购买方在商品尚未收到前按合同或协议约定分期付款,销售方在收到最后一笔款项时才交货的销售方式。在这种方式下,销售方直到收到最后一笔款项才将商品交付购货方,表明商品所有权上的主要风险和报酬只有在收到最后一笔款项时才转移给购货方。因此,企业通常应在发出商品时确认收入,在此之前预收的货款应确认为负债,即预收账款。

【例11-10】 甲公司与乙公司签订协议,采用预收款方式向乙公司销售一批商品,该批商品实际成本为800 000元。协议约定,该批商品销售价格为1 000 000元,增值税税额为170 000元;乙公司应在协议签订时预付60%的货款(按销售价格计算),剩余货款于2个月后支付。假定甲公司在收到剩余货款时,销售该批商品的增值税纳税义务发生,增值税额为170 000元,不考虑其他因素,甲公司的账务处理如下。

(1)收到60%的货款时:

借:银行存款　　600 000

贷:预收账款　　600 000

(2)收到剩余货款及增值税税款时:

借:预收账款　　600 000

银行存款　　570 000

贷:主营业务收入　　1 000 000

应交税费—应交增值税(销项税额)　　170 000

借:主营业务成本　　800 000

贷:库存商品　　800 000

11.2.3.2 代销商品

1. 视同买断方式

是指由委托方和受托方签订协议,委托方按协议价格收取委托代销商品的货款,实际售价由受托方自定,实际售价与协议价之间的差额归受托方所有的一种代销方式。该代销方式下,委托方和受托方之间的协议通常明确标明,将来受托方没有将商品售出时可以将商品退回给委托方,因此,委托方在交付商品时不确认收入,受托方也不作购进商品处理;受托方将商品销售后,按实际售价确认商品销售收入,并向委托方开具代销清单；委托方收到代销清单时，才确认本企业的商品销售收入实现。

【例 11-11】 A 企业委托 B 企业销售甲商品 100 件，协议价为 100 元/件，该商品成本为 60 元/件，增值税税率为 17%。A 企业收到 B 企业开来的代销清单时开具增值税专用发票，发票上注明：售价 10 000 元，增值税 1 700 元。B 企业实际销售时开具的增值税专用发票上注明：售价 12 000 元，增值税为 2 040 元。根据上述资料，A 企业的账务处理如下。

(1) A 企业将甲商品交付 B 企业时：

借：发出商品 6 000

　贷：库存商品 6 000

(2) A 企业收到代销清单时：

借：应收账款—B 企业 11 700

　贷：主营业务收入 10 000

　　应交税费—应交增值税（销项税额） 1 700

借：主营业务成本 6 000

　贷：发出商品 6 000

(3) 收到 B 企业汇来的货款 11 700 元时：

借：银行存款 11 700

　贷：应收账款—B 企业 11 700

B 企业的账务处理如下。

(1) 收到甲商品时：

借：受托代销商品 10 000

　贷：受托代销商品款 10 000

(2) 实际对外销售时：

借：银行存款 14 040

　贷：主营业务收入 12 000

　　应交税费—应交增值税（销项税额） 2 040

借：主营业务成本 10 000

　贷：受托代销商品 10 000

借：受托代销商品款 10 000

　贷：应付账款—A 企业 10 000

(3) 按合同协议价将款项付给 A 企业时：

借：应付账款—A 企业 10 000

　应交税费—应交增值税（进项税额） 1 700

　贷：银行存款 11 700

2. 收取手续费方式

是指受托方在代销商品后，根据合同或协议约定的方法向委托方收取手续费的销售方式。对于受托方来说,收取的手续费实际上是一种劳务收入。在这种方式下,委托方发出商品时,商品所有权上的主要风险和报酬并未转移给受托方,因此,委托方在发出商品时不确认销售商品收入,而应在收到受托方开出的代销清单时确认销售商品收入,同时将应支付的代销手续费计入销售费用;受托方应在代销商品销售后,按合同或协议约定方法计算确定的代销手续费,确认劳务收入。

【例 11-12】 甲公司委托丙公司销售商品 300 件,商品已经发出,每件成本为 50 元。合同约定丙公司应按每件 90 元对外销售,甲公司按售价的 10% 向丙公司支付手续费。丙公司对外实际销售 200 件,开出的增值税专用发票上注明的销售价格为 18 000 元,增值税税额为 3 060 元,款项已经收到。甲公司收到丙公司开具的代销清单时,向丙公司开具一张相同金额的增值税专用发票。假定甲公司发出商品时纳税义务尚未发生,不考虑其他因素。

甲公司的账务处理如下。

(1)发出商品时:

借:发出商品　　15 000

　　贷:库存商品　　15 000

(2)收到代销清单时:

借:应收账款—丙公司　　21 060

　　贷:主营业务收入　　18 000

　　　　应交税费—应交增值税(销项税额)　　3 060

借:主营业务成本　　10 000　(200 × 50)

　　贷:发出商品　　10 000

　　代销手续费金额 = 18 000 × 10% = 1 800(元)

借:销售费用　　1 800

　　贷:应收账款—丙公司　　1 800

(3)收到丙公司支付的货款时:

借:银行存款　　19 260　(21 060 - 1 800)

　　贷:应收账款—丙公司　　19 260

丙公司的账务处理如下。

(1)收到代销商品时:

借:受托代销商品　　27 000

　　贷:受托代销商品款　　27 000

(2)对外销售时:

借:银行存款　　21 060

　　贷:应付账款—甲公司　　18 000

　　　　应交税费—应交增值税(销项税额)　　3 060

(3)收到甲公司开来的增值税专用发票时:

借:应交税费—应交增值税(进项税额)　　3 060

　　贷:应付账款—甲公司　　3 060

借:受托代销商品款　　18 000

　　贷:受托代销商品　　18 000

(4)支付货款并计算确认代销手续费时:

借:应付账款—甲公司　　21 060

　　贷:银行存款　　19 260

　　　　其他业务收入——代销手续费　　1 800

11.2.3.3 分期收款方式销售商品

分期收款销售,是指商品已经交付,但货款分期收回的一种销售方式。采用分期收款方式销售商品,由于货款的收取采用递延方式,实质上具有融资性质。因此,应当按照应收的合同或协议价款的公允值(通常为合同或协议价款的现值)确定销售商品收入金额。应收的合同或协议价款与其公允价值之间的差额,应当在合同规定的货款收回期间内采用实际利率法进行摊销,计入当期损益(冲减财务费用)。会计实务中,本着重要性原则,应收的合同或协议价款与其公允价值之间的差额,若采用实际利率法进行摊销与采用直线法进行摊销结果相差不大的,也可以采用直线法进行摊销。

该销售方式下,应设置"长期应收款"科目和"未实现融资收益"科目。

采用递延方式分期收款,实质上有融资性质的销售商品或提供劳务等经营活动产生的长期应收款,满足收入确认条件时,按应收的合同或协议价款,借记"长期应收款"科目,按应收合同或协议价款的公允价值,贷记"主营业务收入"科目,按其差额,贷记"未实现融资收益"科目。待每期收回部分货款时,借记"银行存款"科目,贷记"长期应收款"科目,同时摊销未实现融资收益,借记"未实现融资收益"科目,贷记"财务费用"科目。

【例 11-13】 2010 年 1 月 1 日,甲公司采用分期收款方式向乙公司销售一批产品,合同约定的销售总价款为 2 000 000 元,分 4 次于每年末等额收取。该批产品的总成本为 1 400 000 元。在现销方式下,该批产品的销售价格为 1 900 000 元。甲公司在收取最后一笔货款时开出增值税专用发票,同时收取增值税税额。假设合同价款与其公允价值之间的差额,采用实际利率法与采用直线法进行摊销的结果相差不大。甲公司的账务处理如下。

(1)2010 年 1 月 1 日销售实现:

借:长期应收款　　2 000 000

　　贷:主营业务收入　　1 900 000

　　　　未实现融资收益　　100 000

借:主营业务成本　　1 400 000

　　贷:库存商品　　1 400 000

(2)2010 年 12 月 31 日收取部分货款:

借:银行存款　　500 000

　贷:长期应收款　　500 000

摊销未实现融资收益采用直线法,每期摊销额 = 100 000 ÷ 4 = 25 000(元)

借:未实现融资收益　　25 000

　贷:财务费用　　25 000

(3)2011 年 12 月 31 日收取部分货款:

借:银行存款　　500 000

　贷:长期应收款　　500 000

借:未实现融资收益　　25 000

　贷:财务费用　　25 000

(4)2012 年 12 月 31 日收取部分货款:

借:银行存款　　500 000

　贷:长期应收款　　500 000

借:未实现融资收益　　25 000

　贷:财务费用　　25 000

(5)2013 年 12 月 31 日收取最后货款和增值税税款:

借:银行存款　　840 000

　贷:长期应收款　　500 000

　　应交税费—应交增值税(销项税额)　　340 000

借:未实现融资收益　　25 000

　贷:财务费用　　25 000

11.2.3.4 售后回购

售后回购是指销售商品的同时,销售方同意日后再将同样的商品购回的销售方式。在这种交易方式中,通常情况下,所售商品所有权上的主要风险和报酬并没有从销售方转移到购货方,因而,售后回购交易属于融资交易,企业不应确认销售商品收入,收到的款项应确认为负债;对于回购价大于原售价的差额,企业应在售出回购期间计提利息,计入财务费用。回购的商品作为购进商品处理。

【例 11-14】 2010 年 3 月 1 日,甲公司向乙公司销售一批商品,开出的增值税专用发票上注明的销售价格为 100 000 元,增值税税额为 17 000 元。该批商品成本为 70 000 元;商品已经发出,款项已经收到。协议约定,甲公司应于 7 月 31 日将所售商品购回,回购价为 110 000 元(不含增值税税额)。假定不考虑其他因素,甲公司的账务处理如下。

(1)3 月 1 日发出商品时:

借:银行存款　　117 000

　贷:应交税费—应交增值税(销项税额)　　17 000

其他应付款——乙公司　　　　100 000

(2)回购价大于原售价的差额,应在回购期间按期计提利息,计入当期财务费用。

每月计提利息费用为2 000元(10 000 ÷5)。

3月31日计提本月利息费用:

借:财务费用　　　　2 000

　贷:其他应付款——乙公司　　　　2 000

4月30日、5月31日、6月30日、7月31日同3月31日的处理。

(3)7月31日回购商品时,收到的增值税专用发票上注明的商品价款为110 000元,增值税税额为18 700元。款项已经支付。

借:应交税费—应交增值税(进项税额)　　　　18 700

　其他应付款——乙公司　　　　110 000

　贷:银行存款　　　　128 700

11.2.4 销售材料等存货业务的处理

企业在日常活动中还可能发生对外销售不需用的原材料、包装物等业务。企业销售原材料、包装物等存货也视同商品销售,其收入确认和计量原则比照商品销售。企业销售原材料、包装物等存货实现的收入作为其他业务收入处理,相关成本结转到其他业务成本。

对于企业销售原材料、包装物等存货的经济业务,企业应设置"其他业务收入"和"其他业务成本"科目进行核算。

"其他业务收入"科目核算企业除主营业务活动以外的其他经营活动实现的收入,包括销售材料、出租包装物、出租固定资产、出租无形资产等实现的收入。该科目贷方登记企业实现的各项其他业务收入,借方登记期末结转到"本年利润"科目中的其他业务收入数,结转后该科目应无余额。

"其他业务成本"科目核算企业其他经营活动所发生的成本、费用,包括销售材料的成本、出租固定资产的折旧费、出租无形资产的摊销额、出租包装物的成本或摊销额。该科目借方登记企业结转或发生的其他业务成本,贷方登记期末结转到"本年利润"科目的其他业务成本数,结转后该科目应无余额。

【例11-15】 甲公司销售一批原材料,开出的增值税专用发票上注明的售价为20 000元,增值税税额为3 400元,款项已由银行收妥。该批原材料的实际成本为18 700元。甲公司会计处理如下。

(1)取得原材料销售收入:

借:银行存款　　　　23 400

　贷:其他业务收入　　　　20 000

　　应交税费—应交增值税(销项税额)　　　　3 400

(2)结转已销原材料的实际成本:

借:其他业务成本　　18 700
　　贷:原材料　　18 700

11.3 提供劳务收入的确认和计量

企业提供劳务的种类很多,如交通运输、邮电通讯、旅游、餐饮、广告、咨询、代理、安装、培训等。有的劳务一次就能完成,如餐饮、理发、照相等;有的劳务需要花费一段时间才能完成,如安装、培训、远洋运输等。

企业提供劳务收入的确认原则因劳务完成的时间的不同而不同。

11.3.1 劳务的开始和完成同属一个会计期间

对于一次就能完成的劳务,或在同一会计期间内开始并完成的劳务,应按完成合同法,在提供劳务交易完成时确认收入,确认的金额为合同或协议总金额。确认原则可参照销售商品收入的确认原则。

企业对外提供劳务发生的支出,一般先通过"劳务成本"科目进行归集,待确认收入、结转成本时,再由"劳务成本"科目转到"主营业务成本"科目或"其他业务成本"科目。企业对外提供劳务,如属于企业的主营业务,所实现的收入应作为主营业务收入,结转的相关成本应作为主营业务成本处理;如属于主营业务以外的其他经营活动,所实现的收入应作为其他业务收入,结转的相关成本应作为其他业务成本处理。

【例 11-16】 甲公司于2010年5月6日接受一项设备安装业务,该安装业务合同总价款8 000元,安装过程陆续发生安装成本3 700元(假设全部用银行存款支付),6月18日安装任务完成,收取安装价款8 000元,存入银行。假定安装属于甲公司的主营业务。甲公司在安装过程及安装完成时作如下账务处理。

(1)支付安装成本时:

借:劳务成本　　3 700
　　贷:银行存款　　3 700

(2)6月18日安装完成时:

借:银行存款　　8 000
　　贷:主营业务收入　　8 000
借:主营业务成本　　3 700
　　贷:劳务成本　　3 700

若上述安装业务属于一次就能完成的,也可以将安装成本直接记入"主营业务成本"科目。

11.3.2 劳务的开始和完成分属不同的会计期间

对于跨年度的劳务,提供劳务收入应分别期末劳务的结果是否能够可靠地予以估计来加以确认。

11.3.2.1 提供劳务交易结果能够可靠估计

若在资产负债表日提供劳务交易的结果能够可靠估计的,应当采用完工百分比法确认提供劳务收入。

1. 提供劳务交易结果能够可靠估计的条件

同时满足下列条件的,提供劳务交易的结果能够可靠估计。

(1)收入的金额能够可靠地计量:是指提供劳务收入的总额能够合理地估计。通常情况下,企业应当按照从接受劳务方已收或应收的合同或协议价款确定提供劳务收入总额。随着劳务的不断提供,可能会根据实际情况增加或减少已收或应收的合同或协议价款,此时,企业应及时调整提供劳务收入总额。

(2)相关的经济利益很可能流入企业:是指提供劳务收入总额收回的可能性大于不能收回的可能性。企业在确定提供劳务收入总额能否收回时,应当结合接受劳务方的信誉、以前的经验以及双方就结算方式和期限达成的合同或协议条款等因素,进行综合判断。

企业在确定提供劳务收入总额收回的可能性时,应当进行定性分析。如果确定提供劳务收入总额收回的可能性大于不能收回的可能性,即可认为提供劳务收入总额很可能流入企业。通常情况下,企业提供的劳务符合合同或协议要求,接受劳务方承诺付款,就表明提供劳务收入总额收回的可能性大于不能收回的可能性。如果企业判断提供劳务收入总额不是很可能流入企业,应当提供确凿证据。

(3)交易的完工进度能够可靠地确定:是指交易的完工进度能够合理地估计。

企业可以根据提供劳务的特点,选用下列方法确定提供劳务交易的完工进度:

①已完工作的测量,这是一种比较专业的测量方法,由专业测量师对已经提供的劳务进行测量,并按一定方法计算确定提供劳务交易的完工程度。

②已经提供的劳务占应提供劳务总量的比例,这种方法主要以劳务量为标准确定提供劳务交易的完工程度。

③已经发生的成本占估计总成本的比例,这种方法主要以成本为标准确定提供劳务交易的完工程度。只有反映已提供劳务的成本才能包括在已经发生的成本中,只有反映已提供或将提供劳务的成本才能包括在估计总成本中。

(4)交易中已发生和将发生的成本能够可靠地计量:是指交易中已经发生和将要发生的成本能够合理地估计。企业应当建立完善的内部成本核算制度和有效的内部财务预算及报告制度,准确地提供每期发生的成本,并对完成剩余劳务将要发生的成本作出科学、合理的估计。同时应随着劳务的不断提供或外部情况的不断变化,随时对将要发生的成本进行修订。

11.3.2.2 提供劳务交易结果不能可靠估计

若劳务的开始和完成分属不同的会计期间,且在资产负债表日提供劳务交易结果不能可靠估计的,即不能同时满足上述4个条件的,则不能采用完工百分比法确认提供劳务收入。此时,企业应当正确预计已经发生的劳务成本能否得到补偿,而分别按下列情况处理。

(1)已经发生的劳务成本预计全部能够得到补偿的,应当按照已经发生的劳务成本金额确认提供劳务收入,并按相同金额结转已经发生的劳务成本。在这种情况下,企业应按已经发生的劳务成本金额,借记"应收账款"或"预收账款"科目,贷记"主营业务收入"科目;同时,借记"主营业务成本"科目,贷记"劳务成本"科目。

(2)已经发生的劳务成本预计部分能够得到补偿的,应当按照能够得到补偿的劳务成本金额确认提供劳务收入,并按已经发生的劳务成本结转劳务成本。在这种情况下,企业应按能够得到补偿的劳务成本金额,借记"应收账款"或"预收账款"科目,贷记"主营业务收入"科目;同时,按已经发生的劳务成本金额,借记"主营业务成本"科目,贷记"劳务成本"科目。

(3)已经发生的劳务成本预计全部不能得到补偿的,应将已经发生的劳务成本计入当期损益,不确认提供劳务收入。在这种情况下,企业应按已经发生的劳务成本金额,借记"主营业务成本"科目,贷记"劳务成本"科目。

【例11-17】 甲公司于2010年10月20日接受乙公司委托,为其培训一批学员,培训期为6个月,2010年11月1日开学。协议约定,乙公司应向甲公司支付的培训费总额为90 000元,分3次等额支付,第一次在开学时预付,第二次在2011年1月1日支付,第三次在培训结束时支付。

2010年11月1日,乙公司预付第一次培训费,至2010年12月31日,甲公司发生培训成本40 000元(假定均为培训人员薪酬)。2010年12月31日,甲公司得知乙公司经营发生困难,后两次培训费能否收回难以确定。因此,甲公司只将已经发生的培训成本40 000中能够得到补偿的部分30 000元确认收入,并将已经发生的40 000元劳务成本全部确认为当年费用。甲公司的账务处理如下。

(1)2010年11月1日收到乙公司预付的培训费时:

借:银行存款　　30 000
　　贷:预收账款　　30 000

(2)实际发生培训成本40 000元时:

借:劳务成本　　40 000
　　贷:应付职工薪酬　　40 000

(3)2010年12月31日确认提供劳务收入并结转劳务成本时

借:预收账款　　30 000
　　贷:主营业务收入　　30 000
借:主营业务成本　　40 000
　　贷:劳务成本　　40 000

11.3.2.3 完工百分比法的具体应用

完工百分比法,是指按照提供劳务交易的完工进度确认收入和费用的方法。在这种方法下,确认的提供劳务收入金额能够提供各个会计期间关于提供劳务交易及其业绩的有用信息。

企业应当在资产负债表日按照提供劳务收入总额乘以完工进度扣除以前会计期间累计已确认提供劳务收入后的金额,确认当期提供劳务收入;同时,按照提供劳务估计总成本乘以完工进度扣除以前会计期间累计已确认劳务成本后的金额,结转当期劳务成本。计算公式表示如下:

本期确认的劳务收入 = 劳务收入总额 × 完工进度 - 以前期间累计已确认的劳务收入

本期确认的劳务成本 = 预计劳务总成本 × 完工进度 - 以前期间累计已确认的劳务成本

上述公式中,劳务收入总额通常按照合同或协议价款确定,在劳务收入总额和劳务总成本能够可靠计量的情况下,关键是确定劳务的完工进度。企业应根据所提供劳务的特点,选择确定劳务进度的方法。

在采用完工百分比法确认提供劳务收入的情况下,企业应将收到的劳务款记入"预收账款"科目,将发生的劳务成本记入"劳务成本"科目;资产负债表日,按完工进度计算确定的提供劳务收入金额,借记"预收账款"科目,贷记"主营业务收入"科目;结转提供劳务成本时,借记"主营业务成本"科目,贷记"劳务成本"科目。

【例11-18】　甲公司于2010年11月1日接受一项设备安装任务,安装期为5个月,合同总收入200 000元,至年底已预收安装费96 000元,实际发生安装费用54 000元(假定均为安装人员薪酬),估计还会发生66 000元。假定甲公司按实际发生的成本占估计总成本的比例确定劳务的完工进度,不考虑其他因素。甲公司的账务处理如下。

(1)实际发生劳务成本时:

借:劳务成本　　54 000

　贷:应付职工薪酬　　54 000

(2)预收劳务款时:

借:银行存款　　96 000

　贷:预收账款　　96 000

(3)2010年12月31日:

实际发生的成本占估计总成本的比例(完工进度) = 54 000 ÷ (54 000 + 66 000)
= 45%

确认的提供劳务收入 = 200 000 × 45% - 0 = 90 000(元)

结转的提供劳务成本 = (54 000 + 66 000) × 45% - 0 = 54 000(元)

借:预收账款　　90 000

　贷:主营业务收入　　90 000

借:主营业务成本　　54 000

　贷:劳务成本　　54 000

【例11-19】　甲公司于2010年10月1日与丙公司签订一项咨询合同,并于当日有效。合同规定,咨询期为两年,咨询费总额为 510 000 元,丙公司分 3 次等额支付咨询费,第一次在项目开始时支付,第二次在项目中期支付,第三次在项目结束时支付。甲公司估计咨询劳务成本为 300 000 元(均为咨询人员薪酬)。假定甲公司按已经提供的劳务占应提供劳务总量的比例(即按时间比例)确定该项劳务的完工程度,该公司按年度编制财务报表。甲公司各年度发生的劳务成本资料如表 11-1。

表 11-1　各年度发生的劳务成本

单位:元

年度	2010 年	2011 年	2012 年	合计
发生的劳务成本	42 000	153 000	105 000	300 000

甲公司的账务处理如下。

(1)2010 年度的会计处理:

①实际发生劳务成本时:

借:劳务成本　　42 000

　　贷:应付职工薪酬　　42 000

②预收劳务款时:

借:银行存款　　170 000

　　贷:预收账款　　170 000

③12 月 31 日确认提供劳务收入并结转劳务成本时:

　　提供劳务的完工进度 = 3 ÷ 24 = 12.5%

　　确认提供劳务收入 = 510 000 × 12.5% - 0 = 63 750(元)

　　结转提供劳务成本 = 300 000 × 12.5% - 0 = 37 500(元)

借:预收账款　　63 750

　　贷:主营业务收入　　63 750

借:主营业务成本　　37 500

　　贷:劳务成本　　37 500

(2)2011 年度的会计处理:

①实际发生劳务成本时:

借:劳务成本　　153 000

　　贷:应付职工薪酬　　153 000

②预收劳务款项时:

借:银行存款　　170 000

　　贷:预收账款　　170 000

③12 月 31 日确认提供劳务收入并结转劳务成本时

　　提供劳务的完工进度 = 15 ÷ 24 = 62.5%

确认提供劳务收入 = 510 000 × 62.5% − 63 750 = 255 000(元)

结转提供劳务成本 = 300 000 × 62.5% − 37 500 = 150 000(元)

借:预收账款 255 000

贷:主营业务收入 255 000

借:主营业务成本 150 000

贷:劳务成本 150 000

(3)2012 年度的会计处理:

①实际发生劳务成本时:

借:劳务成本 105 000

贷:应付职工薪酬 105 000

②预收劳务款项时:

借:银行存款 170 000

贷:预收账款 170 000

③项目完成时,确认提供劳务收入并结转劳务成本

确认提供劳务收入 = 510 000 − 63 750 − 255 000 = 191 250(元)

结转提供劳务成本 = 300 000 − 37 500 − 150 000 = 112 500(元)

借:预收账款 191 250

贷:主营业务收入 191 250

借:主营业务成本 112 500

贷:劳务成本 112 500

11.4 让渡资产使用权的使用权收入的确认和计量

让渡资产使用权收入主要包括两类,即利息收入和使用费收入。使用费收入主要是指让渡无形资产等资产使用权的使用费收入、出租固定资产取得的租金、进行债权投资收取的利息、进行股权投资取得的现金股利等,都属于让渡资产使用权收入。这里主要介绍让渡无形资产等资产使用权的使用费收入的核算。

11.4.1 让渡资产使用权的使用费收入的确认和计量原则

让渡资产使用权的使用费收入应同时满足下列条件的,才能予以确认。

11.4.1.1 相关的经济利益很可能流入企业

企业在确定让渡资产使用权的使用费收入金额是否很可能收回时,应当根据对方企业的信誉和生产经营情况以及双方就结算方式和期限等达成的合同或协议条款等因素,综合进行判断。如果企业估计使用费收入金额收回的可能性不大,就不应确认收入。

11.4.1.2 收入的金额能够可靠地计量

当让渡资产使用权的使用费收入金额能够可靠估计时,企业才能确认收入。

让渡资产使用权的使用费收入金额,应按照有关合同或协议约定的收费时间和方法计算确定。不同的使用费收入,收费时间和方法各不相同。有一次性收取一笔固定金额的,如一次收取10年的场地使用费;有在合同或协议规定的有效期内分期等额收取的,如合同或协议规定在使用期内每期收取一笔固定的金额;也有分期不等额收取的,如合同或协议规定按资产使用方每期销售额的百分比收取使用费等。

如果合同或协议规定一次性收取使用费,且不提供后续服务的,应当视同销售该项资产一次性确认收入;提供后续服务的,应在合同或协议规定的有效期内分期确认收入。如果合同或协议规定分期收取使用费的,应按合同或协议规定的收款时间和金额或规定的收费方法计算确定的金额分期确认收入。

11.4.2 让渡资产使用权的使用费收入的会计处理

企业让渡资产使用权的使用费收入,一般作为其他业务收入处理;其所让渡的资产的摊销额等,作为其他业务成本处理。

【例11-20】 甲公司向乙公司转让某软件的使用权,一次性收取使用费40 000元,不提供后续服务,款项已经收回。假定不考虑其他因素,甲公司的账务处理如下:

借:银行存款　　40 000

　贷:其他业务收入　　40 000

【例11-21】 甲公司于2010年1月1日向丙公司转让某专利权的使用权,协议约定转让期为5年,每年年末收取使用费60 000元,2007年该专利权计提的摊销额为48 000元,每月计提金额为4 000元。假定不考虑其他因素。甲公司账务处理如下。

(1)2010年年末确认使用费收入:

借:应收账款(或银行存款)　　60 000

　贷:其他业务收入　　60 000

(2)2010年每月计提专利权摊销额:

借:其他业务成本　　4 000

　贷:累计摊销　　4 000

【例11-22】 甲公司向丁公司转让某商品的商标使用权,约定丁公司每年年末按年销售收入的10%支付使用费,使用期10年。第一年,丁公司实现销售收入1 200 000元;第二年,丁公司实现销售收入1 500 000元。假定甲公司均于每年年末收到使用费,不考虑其他因素。甲公司的账务处理如下。

(1)第一年年末确认使用费收入:

应确认的使用费收入 = 1 200 000 × 10% = 120 000(元)

借:银行存款　　120 000

　贷:其他业务收入　　120 000

(2)第二年年末确认使用费收入:

应确认的使用费收入 = 1 500 000 × 10% = 150 000(元)

借:银行存款　　　　150 000

　　贷:其他业务收入　　　　150 000

【例 11-23】 甲公司将一台闲置的设备以经营租赁的方式租出,收取租金 3 000 元,存入银行,该设备应计提折旧费为 2 400 元。甲公司的账务处理如下。

(1)取得租金收入:

借:银行存款　　　　3 000

　　贷:其他业务收入　　　　3 000

(2)对租出设备计提折旧:

借:其他业务成本　　　　2 400

　　贷:累计折旧　　　　2 400

本章练习题

一、单项选择题

1. 甲企业于 2010 年 9 月接受一项机器设备安装任务,安装期 6 个月,合同总收入 50 万元,年度预收款项 20 万元,余款在安装完成时收回,当年实际发生成本 25 万元,预计还将发生成本 15 万元。该项劳务 2010 年度应确认的劳务收入为(　　)万元。

A. 50　　B. 31.25　　C. 25　　D. 20

2. 根据收入的确认标准,企业在发出商品时即确认收入的销售方式是(　　)。

A. 支付手续费方式委托代销商品　　B. 分期收款销售

C. 交款提货　　D. 托收承付

3. 企业对于已经发出但尚未确认销售收入的商品成本,应借记的会计科目是(　　)。

A. 在途物资　　B. 库存商品　　C. 发出商品　　D. 主营业务成本

4. 下列各项中,不属于收入定义的是(　　)。

A. 收入是企业在日常活动中形成的经济利益的总流入

B. 收入会导致企业所有者权益的增加

C. 收入形成的经济利益总流入的形式多种多样,既可能表现为资产的增加,也可能表现为负债的减少。

D. 收入与所有者投入资本有关

5. A 企业是一家工业企业,销售产品每件 200 元,若客户购买 100 件以上(含 100 件)可得到每件 20 元的商业折扣。某客户 2010 年 8 月 10 日购买该企业产品 150 件,按规定现金折扣条件为 2/10、1/20、N/30。适用的增值税税率为 17%。该企业于 2010 年 8 月 26 日收到该笔款项时,应给予客户的现金折扣为(　　)元。(假定计算现金折扣时不考虑增值税。)

A. 0　　B. 270　　C. 321　　D. 315.9

6. 某工业企业采用分期收款方式销售商品,2010 年 1 月 5 日发出产品 100 件,每件售价 100 万元,每件产品销售成本为 80 万元,增值税税率为 17%,合同约定 1 月份初收款 50%,剩余部分从 2011 年到 2013 年分 3 次等额付款,该企业 1 月份应结转的主营业务成本为( )万元。

A. 10 000　　B. 9 360　　C. 8 000　　D. 4 000

7. 下列项目中,应计入其他业务收入的是( )。

A. 转让无形资产所有权收入　　B. 出租固定资产收入

C. 罚款收入　　D. 股票发行收入

8. 下列各项中,关于收入确认表述正确的是( )。

A. 采用预收货款方式销售商品,应在收到货款时确认收入

B. 采用分期收款方式销售商品,应在货款全部收回时确认收入

C. 采用交款提货方式销售商品,应在开出发票收到货款时确认收入

D. 采用支付手续费委托代销方式销售商品,应在发出商品时确认收入

9. 根据收入的确认标准,企业收到代销清单时确认收入的销售方式是( )。

A. 委托代销　　B. 分期收款销售　　C. 交款提货　　D. 托收承付

10. 企业已经发出商品但尚未确认销售收入的商品成本,应做出的会计处理是( )。

A. 借:应收账款,贷:库存商品

B. 借:应收账款,贷:主营业务收入

C. 借:主营业务成本,贷:库存商品

D. 借:发出商品,贷:库存商品

11. 在收取手续费代销方式下,委托方确认销售收入的时间是( )。

A. 发出商品时　　B. 收到代销清单时

C. 收到代销款时　　D. 签订代销协议时

12. A 企业于 2010 年 6 月 7 日赊销一批商品给 B 企业,应收账款 585 000 元(含增值税),适应的增值税税率为 17%。规定的现金折扣条件为 2/10,1/20,n/30;B 企业于 2010 年 6 月 20 日付款,A 企业实际收到的金额为( )元。(计算现金折扣时不考虑增值税)

A. 495 000　　B. 490 000　　C. 485 000　　D. 500 000

13. 按会计制度规定,企业销售商品而发生的现金折扣应( )。

A. 冲减营业收入　　B. 不做任何处理　　C. 记入财务费用　　D. 作为其他应付款

14. 某公司为一般纳税人,2009 年 10 月 16 日销售一批产品,因质量问题于 2010 年 6 月 29 日被买方退回,则该公司应( )。

A. 冲减 2009 年 10 月的销售收入和销售成本

B. 冲减 2009 年 12 月的销售收入和销售成本

C. 冲减 2010 年 6 月的销售收入和销售成本

D. 冲减2010年12月的销售收入和销售成本

15. 委托其他单位代销产品的情况下,应在(　　)确认销售收入的实现。

A. 代销产品发出时　　B. 收到代销单位的代销清单时

C. 代销产品售出时　　D. 收到代销产品销售货款时

16. 某企业2009年10月承接一项设备安装劳务,劳务合同总收入为200万元,预计合同总成本为140万元,合同价款在签订合同时已收取,采用完工百分比法确认劳务收入。2009年已确认劳务收入80万元,截至2010年12月31日,该劳务的累计完工进度为60%。2010年该企业应确认的劳务收入为(　　)万元。

A. 36　　B. 40　　C. 72　　D. 120

17. 某企业2010年8月1日赊销一批产品,售价为120 000元(不含增值税),适应的增值税税率为17%。规定的现金折扣条件为2/10,1/20,n/30,计算现金折扣时考虑增值税。客户于2010年8月15日付清货款,该企业收款金额为(　　)元。

A. 118 800　　B. 137 592　　C. 138 996　　D. 140 400

二、多项选择题

1. 下列有关销售商品收入的处理中,不正确的有(　　)。

A. 在采用收取手续费的委托代销方式下销售商品,发出商品时就确认收入

B. 当期售出的商品被退回时,直接冲减退回当期的收入、成本、税金等相关项目

C. 当期售出的商品发生销售折让时,直接将发生的销售折让作为当期的销售费用处理

D. 在采用分期收款方式下销售商品,按照合同约定的收款期分期确认收入

2. 下列各项中,属于让渡资产使用权的收入确认条件的有(　　)。

A. 资产所有权上的风险已经转移

B. 与交易相关的经济利益能够流入企业

C. 收入的金额能够可靠地计量

D. 对已售出的商品已经不能实施控制

3. 下列各项中,影响企业销售商品收入的金额的是(　　)。

A. 企业与购货方签订的合同或协议金额

B. 预计可能发生的现金折扣

C. 商业折扣

D. 代垫购货方的运杂费

4. 收入是企业在日常活动中产生的经济利益总流入,下列各项中,不属于收入的有(　　)。

A. 对外销售原材料的收入

B. 出售固定资产的收入

C. 收取手续费方式下受托方取得的代销商品的收入

D. 出租无形资产的收入

5. 企业跨期提供劳务的，期末可以按照完工百分比法确认收入的条件包括（　　）。

A. 劳务总收入能够可靠地计量

B. 相关的经济利益能够流入企业

C. 劳务的完成程度能够可靠地确定

D. 劳务总成本能够可靠地计量

6. 下列有关收入确认的表述中，正确的有（　　）。

A. 在同一会计年度内开始并完成的劳务，公司应按完工百分比法确认各月收入

B. 在提供劳务交易的结果不能可靠估计的情况下，已经发生的劳务成本预计能够得到补偿时，公司应在资产负债表日按已经发生的劳务成本确认收入

C. 劳务的开始和完成分属不同的会计年度，在劳务的结果能够可靠地计量的情况下，公司应在资产负债表日按完工百分比法确认收入

D. 在资产负债表日，已发生的合同成本预计不能收回时，公司应将已发生的成本确认为当期费用，不确认收入

7. 收入是企业在日常活动中产生的经济利益的总流入，下列各项中，属于收入的有（　　）。

A. 收取手续费方式下代销方取得的代销商品的收入

B. 提供劳务收入

C. 销售固定资产的收入

D. 出租固定资产收入

8. 下列项目中，应确认为其他业务收入的有（　　）。

A. 出售专利所有权收入　　B. 出租包装物收入

C. 转让商标使用权收入　　D. 保险赔偿收入

9. 下列各项中，可用于确定所提供劳务完工程度的方法有（　　）。

A. 根据测量的已完工作量加以确定

B. 按已发生的成本占估计总成本的比例计算确定

C. 已经收到的金额占合同总金额的比例计算确定

D. 按已经提供的劳务占应提供劳务总量的比例计算确定

三、判断题

1. 销售需要安装的商品，只能在安装和检验完毕后确认收入。（　　）

2. 企业在销售收入确认之后发生的销售折让，应在实际发生时冲减发生当期的收入，并同时冲减已结转的成本。（　　）

3. 对于一次就完成的劳务，或在同一个会计期间开始并完成的劳务，应在开始提供时确认收入。（　　）

4. 企业在销售商品时如提供有商业折扣的，在确认收入时应将商业折扣的部分扣除。（　　）

5. 企业在销售商品时，如果估计价款收回可能性不大，尽管收入确认的其他条件满足，也不应确认收入。（　　）

6. 在收取手续费代销方式下，委托方在发出商品时确认收入。（　　）

7. 企业的收入包括主营业务收入、其他业务收入和营业外收入。（　　）

8. 其他业务收入和营业外收入都属于企业的收入。（　　）

9. 在代销方式下，委托方应在发出商品时确认销售收入。（　　）

10. 对于不能在同一会计期间内完成，但在期末能对交易的结果做出可靠估计的劳务，应按完工百分比法确认收入及相关的费用。（　　）

11. 企业将生产的电梯销售给某一客户，并负责电梯的安装工作，但至会计期末安装工作尚未完成，则该企业在会计期末不应确认该电梯的销售收入。（　　）

12. 企业已确认销售收入的售出商品发生销售折让，且不属于资产负债表日后事项的，应当在发生时冲减当期的销售收入。（　　）

13. 企业让渡资产使用权，如果合同或协议规定一次性收取使用费，且不提供后续服务的，应当视同销售该资产一次性确认收入。（　　）

14. 已完成销售手续、但购买方在月末尚未提取的产品，销售方仍应作为本企业库存商品核算。（　　）

四、计算与核算题

1. 方正公司为增值税一般纳税企业，适用的增值税税率为17%。2010年5月1日，向甲公司销售A商品2 000件，每件标价1 000元，实际售价900元（售价中不含增值税额），已开出增值税专用发票，商品已交付给甲公司。为了及早收回货款，方正公司在合同中规定的现金折扣条件为：2/10，1/20，n/30。

要求：（1）编制方正公司销售商品时的会计分录（假定现金折扣按售价计算）。

（2）根据以下假定，分别编制方正公司收到款项时的会计分录。

①甲公司在5月9日按合同规定付款，方正公司收到款项并存入银行。

②甲公司在5月18日按合同规定付款，方正公司收到款项并存入银行。

③甲公司在5月27日按合同规定付款，方正公司收到款项并存入银行。

2. 甲企业为增值税一般纳税企业，适用的增值税税率为17%。2010年9月1日与乙企业签订代销协议，委托乙企业销售A商品1 000件，协议价180元/件，该商品的实际成本160元/件，受托方按协议价的10%收取手续费。9月3日，甲企业按合同向乙企业交付商品。9月30日，乙企业已将A商品800件销售给顾客，款项均已收存银行并将所售的代销商品清单交付给甲企业，并收到甲企业按协议价开具的增值税专用发票。10月8日，甲企业收到乙企业支付的代销商品款（手续费已扣除）。

要求：分别编制甲企业代销业务的会计分录。

3. A企业为一般纳税人，适用增值税税率为17%。2010年9月份发生下列经济业务：（假设除增值税以外的其他税费不予考虑）

（1）3日销售商品一批，价款50 000元，增值税8 500元，款项已存入银行，该批商品成本为36 000元；

(2)11日出售原材料，应确认收入为4 000元，款项尚未收回；

(3)15日出售无形资产，无形资产的账面余额为60 000元，已摊销了12 000元，未发生减值，取得出售价款为90 000元，款项已收到存入银行，营业税税率为5%；

(4)17日取得出租固定资产收入6 000元，款项尚未收回；

(5)24日收到现金捐赠70 000元。

要求：根据上述经济业务编制会计分录，并计算本月收入。

五、综合题

正保股份有限公司（以下简称正保公司）为增值税一般纳税企业，适用的增值税税率为17%。商品销售价格均不含增值税额，所有劳务均属于工业性劳务。销售实现时结转销售成本。正保公司销售商品和提供劳务为主营业务。2010年12月，正保公司销售商品和提供劳务的资料如下：

(1)12月1日，对A公司销售商品一批，增值税专用发票上销售价格为100万元，增值税额为17万元。提货单和增值税专用发票已交A公司，A公司已承诺付款。为及时收回货款，给予A公司的现金折扣条件如下：2/10，1/20，n/30（假设计算现金折扣时不考虑增值税因素）。该批商品的实际成本为85万元。12月19日，收到A公司支付的扣除所享受现金折扣金额后的款项，并存入银行。

(2)12月2日，收到B公司来函，要求对当年11月2日所购商品在价格上给予5%的折让（正保公司在该批商品售出时，已确认销售收入200万元，并收到款项）。经查核，该批商品外观存在质量问题。正保公司同意了B公司提出的折让要求。当日，收到B公司交来的税务机关开具的索取折让证明单，并出具红字增值税专用发票和支付折让款项。

(3)12月14，与D公司签订合同，以现销方式向D公司销售商品一批。该批商品的销售价格为120万元，实际成本75万元，提货单已交D公司。款项已于当日收到，存入银行。

(4)12月15日，与E公司签订一项设备维修合同。该合同规定，该设备维修总价款为60万元（不含增值税额），于维修完成并验收合格后一次结清。12月31日，该设备维修任务完成并经E公司验收合格。正保公司实际发生的维修费用为20万元（均为维修人员工资）。12月31日，鉴于E公司发生重大财务困难，正保公司预计很可能收到的维修款为17.55万元（含增值税额）。

(5)12月25日，与F公司签订协议，委托其代销商品一批。根据代销协议，正保公司按代销协议价收取所代销商品的货款，商品实际售价由受托方自定。该批商品的协议价200万元（不含增值税额），实际成本为180万元。商品已运往F公司。12月31日，正保公司收到F公司开来的代销清单，列明已售出该批商品的20%，款项尚未收到。

(6)12月31日，与G公司签订一份特制商品的合同。该合同规定，商品总价款为80万元(不含增值税额),自合同签订日起2个月内交货。合同签订日,收到C公司预付的款项40万元,并存入银行。商品制造工作尚未开始。

(7)12月31日,收到A公司退回的当月1日所购全部商品。经查核,该批商品存在质量问题,正保公司同意了A公司的退货要求。当日,收到A公司交来的税务机关开具的进货退出证明单,并开具红字增值税专用发票和支付退货款项。

要求:

(1)编制正保公司12月份发生的上述经济业务的会计分录。

(2)计算正保公司12月份主营业务收入和主营业务成本。

12

费用

学习目的与要求

1. 理解费用、生产成本和期间费用的概念。
2. 了解成本与费用的区别及联系。
3. 熟悉费用的分类。
4. 掌握生产成本的一般核算。
5. 熟悉制造费用的核算内容及分配方法。
6. 熟悉生产费用在完工产品和月末在产品之间分配的方法。
7. 掌握期间费用的核算内容及其核算。

12.1 费用概述

12.1.1 费用的概念和特征

费用是指企业在日常活动中发生的、会导致所有者权益减少的、与向所有者分配利润无关的经济利益的总流出。费用具有以下特征。

12.1.1.1 费用是企业在日常活动中发生的

费用应当是企业在其日常活动中发生的，这些日常活动的界定与收入定义中涉及的日常活动相一致。日常活动中所产生的费用通常包括销售成本、职工薪酬、固定资产的折旧费、无形资产摊销费等。工业企业对外出售不需用的原材料结转的材料成本,也构成费用。

费用形成于企业日常活动的特征使其与产生于非日常活动的损失相区分。企业从事或发生的某些活动或事项也能导致经济利益流出企业,但不属于企业的日常活动。例如,企业处置固定资产、无形资产等非流动资产,因违约支付罚款,对外捐赠,因自然灾害等非常原因造成财产毁损等,这些活动或事项形成的经济利益的总流出属于企业的损失而不是费用。

12.1.1.2 费用会导致经济利益流出,该流出不包括向企业所有者分配的利润

费用会导致经济利益的流出企业,从而导致资产的减少或者负债的增加(最终也会导致资产的减少)。其表现形式包括,现金或现金等价物的流出,存货、固定资产和无形资产等的流出或者消耗等。鉴于企业向所有者分配利润或股利也会导致经济利益的流出,而该经济利益的流出属于所有者权益的抵减项目,属于企业利润分配的内容,因而不应确认为费用,应当将其排除在费用之外。

企业经营管理中的某些支出也会导致经济利益流出企业,但并不减少企业的所有者权益,也就不构成费用。例如,企业以银行存款偿还一项负债,只是一项资产和一项负债的等额减少,对所有者权益没有影响,因此,不构成企业的费用。

12.1.1.3 费用最终会导致所有者权益的减少

费用既可能表现为资产的减少,如减少银行存款、库存商品等;也可能表现为负债的增加,如增加应付职工薪酬、应交税费(应交营业税、消费税等)等。根据"资产=负债+所有者权益"的会计等式,费用一定会导致企业所有者权益的减少。

费用与成本是两个并行使用的概念,既有联系也有区别。费用是指企业为销售商品、提供劳务等日常活动所发生的经济利益的流出;成本则是指企业为生产产品、提供劳务而发生的各种耗费,是按一定的产品或劳务对象所归集的费用,成本是对象化了的费用。

12.1.2 费用的分类

费用按照经济用途的不同,可以分为生产成本(或劳务成本)和期间费用。

12.1.2.1 生产成本(或劳务成本)

生产成本主要是指为生产一定种类、一定数量产品而发生的费用,是以产品为成本对象归集的费用。这类费用进一步划分为直接材料、直接人工、制造费用等产品成本项目。

(1)直接材料,是指直接用于产品生产、构成产品实体的原料及主要材料、外购半成品、修用备件、包装物、有助于产品形成的辅助材料以及其他直接材料。

(2)直接人工,是指直接从事产品生产的工人的薪酬(即工资及职工福利费等)。

(3)制造费用,指企业各生产单位(如生产车间)为组织和管理生产活动而发生的各项间接费用,包括应付职工薪酬、固定资产折旧费、车间办公费、水电费、机物料消耗、劳动保护费、季节性和修理期间的停工损失等。

12.1.2.2 期间费用

期间费用是指企业当期发生的必须从当期收入中得到补偿的费用。由于它仅与当期实现的收入相关,必须计入当期损益,所以称其为期间费用,包括管理费用、销售费用和财务费用。

(1)销售费用,是指企业在销售商品、提供劳务过程中所发生的各项费用以及专设销售机构的各项经费。

(2)管理费用,是指企业行政管理部门为组织和管理生产经营活动所发生的各项费用。

(3)财务费用,是指企业为筹集生产经营所需资金等发生的各项费用。

12.1.3 费用的确认条件

费用的确认除了应当符合费用定义外,还应当满足严格的确认条件,即费用只有在经济利益很可能流出,从而导致企业资产减少或者负债增加,且经济利益的流出金额能够可靠地计量时才能予以确认。因此,费用的确认至少应当符合以下条件:

(1)与费用相关的经济利益应当很可能流出;

(2)经济利益流出企业的结果会导致企业资产减少或者负债增加;

(3)经济利益的流出金额能够可靠地计量。

费用的确认应当以遵循权责发生制为基础。其确认方法可以从以下3个方面来考虑。

(1)按费用与营业收入的因果关系确认。凡与本期营业收入有因果关系的耗费,即为该期的费用。如主营业务成本。也就是说,企业为生产产品、提供劳务而发生的可归属于产品成本、劳务成本等的费用,应当在确认产品销售收入、劳务收入等时,将已销售产品、已提供劳务的成本等计入当期损益。即这些费用应当与企业实现的相关收入相配比,并在同一会计期间予以确认,计入利润表。

(2)按合理、系统的分配方式确认。有些资本性支出形成的资产能在若干会计期间为企业带来收益,应按一定的分配方式将其成本分摊计入各受益期间,如固定资产折旧费用。

(3)在支出时直接确认。有些支出的发生不产生经济利益,即与收入无直接联系,但与会计期间紧密相连,应予以期间配比,即支出发生时直接确认为当期费用,由当期收入补偿,如管理费用。

因此,为保证费用核算的真实性与正确性,确认费用时应注意以下几个问题:①划清生产费用支出与非生产费用支出的界限;②划清生产费用与产品成本的界限;③划清生产费用与期间费用的界限。

12.2 成本

本节所述的成本,包括产品的生产成本和销售成本。产品生产成本是企业为生产一定种类和一定数量的产品所发生的各项生产费用的总和。在实际工作中,产品成本的开支范围是由国家统一规定的。确定成本的开支范围的基本原则是:一切与生产有关的支出,都应计入企业的生产成本。对工业企业而言,直接材料、直接人工和制造费用就构成了产品的制造成本(即产品生产成本)。产品的销售成本则是指结转的已销售的产品的生产成本(即主营业务成本)。

12.2.1 科目的设置

12.2.1.1 “生产成本”科目

“生产成本“属于成本类科目,用来核算企业进行工业性生产,包括各种产品、自制材料、自制工具、自制设备等所发生的各项费用。该科目的借方登记为制造产品发生的直接材料、直接人工、制造费用,贷方登记已验收入库的产品的实际成本,余额在借方表示尚未完工的各项在产品的成本。该科目设置“基本生产成本”和“辅助生产成本”两个明细科目,并按成本计算对象、成本项目等设专栏进行明细核算。

企业发生的各项生产费用,应按成本核算对象和成本项目分别归集:属于产品生产直接耗用的,直接计入本科目“基本生产成本”明细科目;属于企业辅助生产车间发生的各项费用,应在本科目“辅助生产成本”明细科目核算后,再转入本科目“基本生产成本”明细科目或“制造费用”科目;其他间接费用先在“制造费用”科目归集,月份终了,再按一定标准,分配计入有关的各种产品成本。

12.2.1.2 “制造费用”科目

“制造费用”属于成本类科目,用来核算企业为生产产品和提供劳务而发生的各项间接费用。该科目借方登记各项间接费用的发生数,贷方登记分配计人有关产品成本的制造费用,除季节性生产企业外,该科目月末一般无余额。该科目应按不同的车间、部门设置明细科目,再按费用项目设专栏。

企业发生制造费用时,借记本科目,贷记“原材料”、“应付职工薪酬”、“累计折旧”等科目。按规定汇集的制造费用,在月末时采用一定的方法分配计入有关的成本核算对象时,借记“生产成本—基本生产成本”科目,贷记本科目。

12.2.1.3 “劳务成本”科目

“劳务成本”科目属于成本类科目,用来核算企业对外提供劳务所发生的成本。该科目借方登记提供劳务过程中实际发生的各项劳务成本,贷方登记结转完成劳务的成本,余额在借方,表示月末尚未完成劳务的成本。该科目按接受劳务的种类设置明细科目。

12.2.1.4 “主营业务成本”科目

“主营业务成本”科目是损益类科目,用来核算企业销售商品、提供劳务等经常性活动所发生的成本。该科目借方登记结转的已销售产品或已提供劳务的成本,贷方登记结转到本年利润的数额,结转后,该科目无余额。

12.2.2 生产成本的核算

对生产成本进行核算时,应将计入本月产品成本的各种要素费用在各有关产品之间,按照成本项目进行归集和分配,直接计入或间接计入产品成本。一般情况下,为生产产品直接发生的费用,直接计入各该产品成本。对于那些为产品生产服务发生的间接费用,可先按发生地点和用途进行归集汇总,然后再分配计入各受益产品。产品成本的计算过程也就是生产费用的归集和分配过程。

12.2.2.1 材料费用的核算

【例12-1】 某公司本月耗用材料如下:基本生产车间生产甲产品耗用材料80 000元,生产乙产品耗用材料50 000元,基本生产车间一般耗用材料2 000元;辅助生产车间耗用材料1 800元,其中供电车间1 000元,机修车间800元;管理部门耗用材料400元。

月末,根据材料费用汇总分配表,编制如下会计分录:

借:生产成本—基本生产成本—甲产品	80 000	
—基本生产成本—乙产品	50 000	
—辅助生产成本—供电车间	1 000	
—辅助生产成本—机修车间	800	
制造费用—基本生产车间	2 000	
管理费用	400	
贷:原材料		134 200

12.2.2.2 人工费用的核算

【例12-2】 某公司本月发生工资及福利费用如下:基本生产车间生产工人工资及福利费57 000元(其中甲产品34 200元,乙产品22 800元),车间管理人员工资及福利费9 120元。辅助生产车间工人工资及福利费17 100元,(其中供电车间6 840元,机修车间10 260元),辅助车间管理人员工资及福利费5 700元(其中供电车间3 420元,机修车间2 280元)。企业管理部门人员工资及福利费11 400元。根据工资及福利费用汇总分配表,编制如下会计分录:

借:生产成本—基本生产成本—甲产品	34 200	
—基本生产成本—乙产品	22 800	
—辅助生产成本—供电车间	6 840	
—辅助生产成本—机修车间	10 260	
制造费用—基本生产车间	9 120	
—供电车间	3 420	
—机修车间	2 280	
管理费用	11 400	
贷:应付职工薪酬		100 320

12.2.2.3 制造费用的归集和分配

制造费用是指生产车间为生产产品(或提供劳务)而发生,应记入产品成本,但没有专设成本项目的各项生产费用以及车间为组织和管理生产活动而发生的各项间接费用。包括机物料消耗、修理费、租赁费、车间照明费、劳保费、车间房屋及设备折旧费、运输费、保险费、取暖费、废品损失、停工损失、非直接用于产品生产耗用的辅助材料、燃料、动力费等。

企业发生的制造费用是按其用途和发生地点进行归集和分配的，一般费用发生时，根据支出凭证或其他费用分配表借记“制造费用”科目及其所属有关明细科目，贷记“原材料”、“应付职工薪酬”、“累计折旧”等科目。车间耗用的材料、工资、折旧以及待摊、预提费用，在月末应根据汇总编制的各种费用分配表记入“制造费用明细账”。在生产一种产品的车间中，所发生的制造费用应直接计入该产品成本；在生产多种产品的生产车间中，归集起来的制造费用应按适当的标准在各产品之间进行分配，分配后分别记入各种产品成本。制造费用的分配标准有生产工时比例、机器工时比例、生产工人工资比例等。制造费用的分配计算公式如下：

制造费用分配率 = 当期发生的制造费用总额 ÷ 各产品分配标准之和 × 100%

某产品应分配的制造费用 = 该产品的分配标准 × 制造费用分配率

【例 12-3】 某公司本期基本生产车间发生的制造费用为 24 800 元，要求按产品的生产工时比例在甲、乙两种产品之间进行分配（假设甲产品工时 3 000 小时，乙产品工时 2 000 小时）。

制造费用的分配率 = 24 800 ÷ (3 000 + 2 000) = 4.96

甲产品应负担的制造费用 = 3 000 × 4.96 = 14 880（元）

乙产品应负担的制造费用 = 2 000 × 4.96 = 9 920（元）

借：生产成本—基本生产成本—甲产品　　14 880
　　　　　　—基本生产成本—乙产品　　9 920
　贷：制造费用　　24 800

12.2.2.4 计算完工产品成本

计算完工产品成本就要解决生产费用在完工产品和月末在产品之间的分配问题。

企业所发生的生产费用总和构成完工产品与在产品总成本。那么，月初在产品成本、本月生产费用与本月完工产品成本和月末在产品成本之间的关系则可以用以下公式表示：

月初在产品成本 + 本月生产费用 = 完工产品成本 + 月末在产品成本

由此可见，要计算确定完工产品成本，可以采用两类方法。一是先计算确定月末在产品成本，然后倒算出完工产品成本，即：完工产品成本 = 月初在产品成本 + 本月生产费用 - 月末在产品成本。这类方法如在产品按定额成本计价法。二是将月初在产品成本和本月生产费用的合计按照一定标准在完工产品和月末在产品之间进行分配，以求得完工产品成本和月末在产品成本，如约当产量比例法和定额比例法等。

企业应根据在产品数量的多少、各月在产品数量变化的大小、各项成本比重的大小，以及定额管理基础的好坏等具体条件，采用适当的分配方法将生产费用在完工产品和月末在产品之间进行分配。常用的分配方法有:不计算在产品成本法、在产品按固定成本计价法、在产品按所耗直接材料费用计价法、在产品按完工产品成本计价法、约当产量法、在产品按定额成本计价法和定额比例法等7种方法。

企业根据计算出的完工产品成本,借记"库存商品"科目,贷记"生产成本—基本生产成本"科目;企业完工自制的材料、包装物、工具、模具等,借记"原材料"、"低值易耗品"、"包装物"等科目,贷记"生产成本—基本生产成本或辅助生产成本"科目。

12.2.3 销售成本的计算和结转

企业应根据本期已经销售的产品数量和产品生产的单位成本计算应结转的销售成本,借记"主营业务成本"科目,贷记"库存商品"科目。

12.3 期间费用

期间费用是指业日常活动发生的不计入特定核算对象成本、直接计入发生当期损益的费用。

期间费用是企业日常活动中所发生的经济利益的流出。之所以不计入一定的成本核算对象,主要是因为期间费用是为组织和管理企业整个经营活动所发生的费用,与可以确定一定成本核算对象的材料采购、产品生产等支出没有直接关系,因而期间费用不计入有关核算对象的成本,而是在发生时直接计入发生当期损益。期间费用包括销售费用、管理费用和财务费用。

12.3.1 销售费用的核算

销售费用是指企业在销售商品和材料、提供劳务过程中发生的各项费用,包括企业在销售商品过程中发生的包装费、保险费、展览费和广告费、商品维修费、预计产品质量保证损失、运输费、装卸费等费用,以及企业发生的为销售本企业商品而专设的销售机构(含销售网点、售后服务网点等)的职工薪酬、业务费、折旧费、固定资产修理费等经营费用。

企业应设置"销售费用"科目,核算销售费用的发生和结转情况,该科目属于损益类。该科目借方登记企业所发生的各项销售费用,贷方登记期末结转入"本年利润"科目的销售费用,结转后该科目应无余额。该科目应按销售费用的费用项目进行明细核算。

【例12-4】 某甲公司2010年6月5日,为宣传新产品发生广告费8 000元,用银行存款支付。应编制会计分录如下:

借:销售费用　　8 000

　　贷:银行存款　　8 000

【例12-5】 甲公司销售部2010年6月份共发生费用24 000元,其中,销售人员薪酬12 000元,销售部专用办公设备折旧费2 000元,业务宣传费7 000元,产品运

杂费、保险费3 000元(假定业务宣传费和产品运杂费、保险费均用银行存款支付)。应编制会计分录如下:

借:销售费用　　24 000
　贷:应付职工薪酬　　12 000
　　累计折旧　　2 000
　　银行存款　　10 000

【例12-6】 甲公司2010年6月20日,用银行存款支付销售产品发生的保险费3 000元。应编制会计分录如下:

借:销售费用　　3 000
　贷:银行存款　　3 000

【例12-7】 甲公司2010年6月30日,计提当月专设销售机构使用房屋折旧6 700元。应编制会计分录为:

借:销售费用　　6 700
　贷:累计折旧　　6 700

【例12-8】 甲公司2010年6月30日,将本月发生的"销售费用"41 700元,结转到"本年利润"科目。应编制的会计分录如下:

借:本年利润　　41 700
　贷:销售费用　　41 700

12.3.2 管理费用的核算

管理费用是指企业行政管理部门为组织和管理生产经营活动而发生的各项费用,包括企业在筹建期间发生的开办费、董事会和行政管理部门在企业的经营管理中发生的,或者应当由企业统一负担的公司经费(包括行政管理部门职工薪酬、物料消耗、低值易耗品摊销、办公费和差旅费等)、工会经费、劳动保险费、待业保险费、董事会会费(包括董事会成员津贴、会议费和差旅费)、聘请中介机构费、咨询费(含顾问费)、诉讼费、业务招待费、房产税、车船使用税、土地使用税、印花税、技术转让费、矿产资源补偿费、无形资产摊销、职工教育经费、研究与开发费、排污费、行政管理部门发生的固定资产修理费、存货盘亏或盘盈等。

企业应设置"管理费用"科目,用来核算管理费用的发生及结转情况,该科目属于损益类。该科目借方登记发生的各项管理费用,贷方登记期末转入"本年利润"科目的管理费用,结转后该科目无余额。该科目按管理费用项目进行明细核算。

【例12-9】 某甲企业2010年9月10日就一项产品的设计方案向有关专家进行咨询,以现金支付咨询费20 000元。会计分录如下:

借:管理费用　　20 000
　贷:库存现金　　20 000

【例12-10】 某甲企业行政部门2010年9月份共发生费用224 000元,其中:行政人员薪酬150 000元,行政部专用办公设备折旧费45 000元,报销行政人员差旅

费21 000元(假定报销人均未预借差旅费),其他办公、水电费8 000元(均用银行存款支付)。会计分录如下:

借:管理费用　　224 000
　贷:应付职工薪酬　　150 000
　　累计折旧　　45 000
　　库存现金　　21 000
　　银行存款　　8 000

【例12-11】 甲企业2010年9月30日计算并结转本月应交车船使用税1 500元,房产税1 700元。如下会计分录:

借:管理费用　　3 200
　贷:应交税费—应交车船使用税　　1 500
　　　　　—应交房产税　　1 700

【例12-12】 甲企业2010年9月30日,将本月发生的“管理费用”247 200元转入“本年利润”科目。应编制的会计分录为:

借:本年利润　　247 200
　贷:管理费用　　247 200

12.3.3 财务费用的核算

财务费用是指企业为筹集生产经营所需资金等而发生的筹资费用,包括利息支出(减利息收入)、汇兑损益以及相关的金融手续费、企业发生的现金折扣或收到的现金折扣等。

企业应设置“财务费用”科目,核算财务费用的发生和结转情况。该科目属于损益类。该科目借方登记利息支出及其他财务费用,贷方登记利息收入等,期末将该科目的余额转入“本年利润”科目,结转后该科目无余额。

【例12-13】 某乙企业2011年1月1日向银行借款400 000元用于生产经营,借款期限为6个月,年利率为6%,该借款本金到期一次归还,利息分月预提,按季支付。假定所有利息均不符合利息资本化条件。有关的账务处理如下。

1月1日取得借款时:

借:银行存款　　400 000
　贷:短期借款　　400 000

1月31日,预提当月应负担的借款利息 $=400\ 000\times6\%\div12=2\ 000$(元)

借:财务费用　　2 000
　贷:应付利息　　2 000

【例12-14】 2011年1月16日,乙企业用银行存款支付银行手续费500元。应编制会计分录为:

借:财务费用　　500
　贷:银行存款　　500

【例 12-15】 2011 年 1 月 23 日，乙企业收回 W 公司偿还的货款 58 500 元，因 W 公司在规定付款期内偿还，企业应给予现金折扣 1 000 元，实际收到 57 500 元存入银行。应编制会计分录为：

借：银行存款　　57 500

　财务费用　　1 000

　贷：应收账款——W 公司　　58 500

【例 12-16】 乙企业 2011 年 1 月 31 日，将本月发生的"财务费用"3 500 元转入"本年利润"科目。应编制的会计分录为：

借：本年利润　　3 500

　贷：财务费用　　3 500

本章练习题

一、单项选择题

1. 企业超过标准的业务招待费，应当计入(　　)。

A. 管理费用　　B. 财务费用　　C. 销售费用　　D. 其它业务支出

2. 某工业企业 2010 年 3 月份发生的费用有：发生生产车间管理人员工资 80 万元，发生行政管理部门人员工资 60 万元，支付广告费用 40 万元，计提短期借款利息 40 万元，支付固定资产维修费 30 万元。则该企业当期的期间费用总额为(　　)万元。

A. 100　　B. 140　　C. 170　　D. 250

3. 下列各项中，不属于费用的是(　　)。

A. 主营业务成本　　B. 销售费用　　C. 财务费用　　D. 营业外支出

4. 企业发生的下列各项利息支出，不会计入财务费用的是(　　)。

A. 发生的现金折扣　　B. 短期借款的利息

C. 带息应付票据的利息　　D. 企业筹建期间的长期借款利息

5. 离退休人员的工资应计入(　　)。

A. 应付职工薪酬　　B. 应付福利费　　C. 管理费用　　D. 其他应付款

6. 下列各项中，应计入管理费用的是(　　)。

A. 计提的坏账准备　　B. 出租无形资产的摊销费

C. 支付中介机构的咨询费　　D. 处置固定资产的净损失

7. 某企业本月生产 A 产品耗用机器工时 120 小时，生产 B 产品耗用机器工时 180 小时。本月发生车间管理人员工资 3 万元，产品生产人员工资 30 万元。该企业按机器工时比例分配制造费用。假设不考虑其他因素，本月 B 产品应分配的制造费用为(　　)万元。

A. 1.2　　B. 1.32　　C. 1.8　　D. 1.98

8. 某企业本月销售商品发生商业折扣 20 万元、现金折扣 15 万元、销售折让 25

万元。该企业上述业务计入当月财务费用的金额为(　　)万元。

A. 15　　B. 20　　C. 35　　D. 45

二、多项选择题

1. 企业发生的下列费用中,应计入管理费用的有(　　)。

A. 计提的坏账准备　　B. 超标的业务招待费

C. 矿产资源补偿费　　D. 管理用固定资产计提的折旧

2. 下列各项,属于企业期间费用的有(　　)。

A. 销售费用　　B. 制造费用　　C. 管理费用　　D. 财务费用

3. 企业发生的下列各项支出,应计入财务费用的有(　　)。

A. 发生的现金折扣　　B. 短期借款的利息

C. 企业发行的应付债券计提的利息　　D. 企业筹建期间的长期借款利息

4. 在下列各项税金中,应在利润表中的"管理费用"项目中反映的有(　　)。

A. 车船使用税　　B. 城市维护建设税　　C. 印花税　　D. 房产税

5. 下列各科目,年末应无余额的有(　　)。

A. 管理费用　　B. 所得税费用　　C. 生产成本　　D. 长期股权投资

6. 下列各项税金中,通常与企业当期损益有直接关系的有(　　)。

A. 营业税　　B. 个人所得税　　C. 车船使用税　　D. 城市维护建设税

7. 下列项目中,应作为销售费用处理的有(　　)。

A. 随同产品出售不单独计价包装物的成本

B. 随同产品出售单独计价包装物的成本

C. 出租包装物的摊销价值

D. 出借包装物的摊销价值

8. 下列税金中,应计入"管理费用"的有(　　)。

A. 印花税　　B. 土地使用税　　C. 土地增值税　　D. 车船使用税

9. 下列各项中,不应计入管理费用的有(　　)。

A. 总部办公楼折旧　　B. 经营租出专用设备的修理费

C. 生产设备改良支出　　D. 专设销售机构房屋的修理费

10. 下列各项中,应计入财务费用的有(　　)。

A. 企业发行股票应支付的手续费　　B. 企业支付的银行承兑汇票手续费

C. 企业购买商品时取得的现金折扣　　D. 企业销售商品时发生的现金折扣

三、判断题

1. 计提的长期借款的利息费用均计入到财务费用中。(　　)

2. 制造费用与管理费用不同,本期发生的管理费用直接影响本期损益,而本期发生的制造费用不一定影响本期的损益。(　　)

3. 工业企业为拓展销售市场所发生的业务招待费,应计入销售费用。(　　)

4. 现金折扣和销售折让,均应在实际发生时计入当期财务费用。(　　)

13 利润

学习目的与要求

1. 熟悉利润的构成及构成利润的各因素之间的关系。
2. 掌握利润形成的核算。
3. 了解资产计税基础和负债计税基础的确定。
4. 熟悉应纳税时间性差异和可抵扣时间性差异的确定。
5. 熟悉递延所得税资产和递延所得税负债的确认。
6. 掌握所得税费用的确认和计量。
7. 熟悉利润分配的顺序和内容。
8. 掌握利润分配的核算。

13.1 本年利润

13.1.1 利润

利润是指企业在一定会计期间的经营成果。利润通常是评价企业管理层业绩的一项重要指标,也是投资者、债权人等作出投资决策、信贷决策的重要参考指标。

利润包括收入减去费用后的净额、直接计入当期利润的利得和损失等。其中,收入减去费用后的净额反映的是企业日常活动的业绩,直接计入当期利润的利得和损失是企业非日常活动的业绩。直接计入当期利润的利得是指由企业非日常活动形成的、会导致所有者权益增加的、与所有者投入资本无关的经济利益的流入。直接计入当期利润的损失是指由企业非日常活动形成的、会导致所有者权益减少的、与向所有者分配利润无关的经济利益的流出。

企业应当严格区分收入和利得、费用和损失之间的区别,以便更加准确地反映企业实现的经营业绩。

13.1.2 利润的确认条件

利润反映的是收入减去费用、利得减去损失后的净额,因此,利润的确认主要依赖于收入和费用以及利得和损失的确认,其金额的确认也主要取决于收入、费用、利得、损失的计量。

13.1.3 利润的构成

利润有营业利润、利润总额和净利润。相关计算公式如下。

13.1.3.1 营业利润

营业利润 = 营业收入 - 营业成本 - 营业税金及附加 - 销售费用 - 管理费用 - 财务费用 - 资产减值损失 + 公允价值变动收益(- 公允价值变动损失) + 投资收益(- 投资损失)

其中: 营业收入是指企业经营业务所实现的收入总额,包括主营业务收入和其他业务收入。

营业成本是指企业经营业务所发生的实际成本总额,包括主营业务成本和其他业务成本。

资产减值损失是指企业计提各项资产减值准备所形成的损失。

公允价值变动收益(或损失)是指企业交易性金融资产等公允价值变动形成的计入当期损益的利得(或损失)。

投资收益(或损失)是指企业以各种方式对外投资所取得的收益(或发生的损失)。

13.1.3.2 利润总额

利润总额 = 营业利润 + 营业外收入 - 营业外支出

其中: 营业外收入是指企业发生的与日常活动无直接关系的各项利得。

营业外支出是指企业发生的与日常活动无直接关系的各项损失。

13.1.3.3 净利润

净利润 = 利润总额 - 所得税费用

其中:所得税费用是指企业确认的应从当期利润总额中扣除的所得税费用。

13.1.4 营业外收入和营业外支出

13.1.4.1 营业外收入

1. 营业外收入核算的内容

营业外收入是指企业发生的与其日常活动无直接关系的各项利得。营业外收入并不是企业经营资金耗费所产生的,不需要企业付出代价,实际上是经济利益的净流入,不可能也不需要与有关的费用进行配比。营业外收入主要包括非流动资产处置利得、盘盈利得、捐赠利得、债务重组利得、非货币性资产交换利得、确实无法支付而按规定程序经批准后转作营业外收入的应付款项等。

非流动资产处置利得包括固定资产处置利得和无形资产出售利得。固定资产处置利得,是指企业出售固定资产所取得的价款或报废固定资产的材料价值和变价收入等,扣除处置固定资产的账面价值、清理费用及相关税费后的净收益;无形资产出售利得是指企业出售无形资产所取得的价款,扣除出售无形资产的账面价值、出售相关税费后的净收益。

盘盈利得指对于现金等清查盘点中发生的盘盈报经批准后计入营业外收入的金额。

捐赠利得指企业接受捐赠产生的利得。

2. "营业外收入"科目的设置

为核算企业发生的与其日常活动无直接关系的各项利得,应设置"营业外收入"科目,该科目属于损益类,用以核算营业外收入的取得及结转情况。贷方登记企业确认的各项营业外收入,借方登记期末结转到本年利润的营业外收入,结转后该科目应无余额。该科目按照营业外收入的项目进行明细核算。

3. 营业外收入的会计处理

企业确认营业外收入,借记"固定资产清理"、"待处理财产损溢"、"银行存款"、"库存现金"、"应付账款"等科目,贷记"营业外收入"科目。期末,将"营业外收入"科目余额转入"本年利润"科目时,借记"营业外收入"科目,贷记"本年利润"科目。

【例 13-1】 某企业将出售固定资产的净收益 2 000 元转作营业外收入。会计分录如下:

借:固定资产清理	2 000	
贷:营业外收入		2 000

【例 13-2】 某企业将确实无法支付的,且按规定程序批准的应付账款 5 000 元结转。会计分录如下:

借:应付账款	5 000	
贷:营业外收入		5 000

【例 13-3】 某企业在现金清查中盘盈 200 元,按管理权限报经批准后转让营业外收入,应编制会计分录如下:

发现盘盈时:

借:库存现金　　200

　　贷:待处理财产损益　　200

经批准转入营业外收入时:

借:待处理财产损益　　200

　　贷:营业外收入　　200

【例 13-4】 某企业本期营业外收入总额为 7 200 元,期末结转本年利润。会计分录如下:

借:营业外收入　　7 200

　　贷:本年利润　　7 200

13.1.4.2 营业外支出

1. 营业外支出核算的内容

营业外支出是指企业发生的与其日常活动无直接关系的各项损失,主要包括非流动资产处置损失、盘亏损失、罚款支出、公益性捐赠支出、债务重组损失、非货币性资产交换损失、非常损失等。

非流动资产处置损失包括固定资产处置损失和无形资产出售损失。固定资产处置损失是指企业出售固定资产所取得价款或报废固定资产的材料价值和变价收入等,不足以抵补处置固定资产的账面价值、清理费用和相关税费而发生的净损失;无形资产出售损失是指企业出售无形资产所取得价款,不足以抵补出售无形资产的账面价值和相关税费后所发生的净损失。

盘亏损失,主要是指对于财产清查盘点中盘亏的资产,在查明原因并报经批准计入营业外支出的损失。

罚款支出是指企业由于违反税收法规、经济合同等而支付的各种滞纳金、违约金、赔偿金及行政罚款等。

公益性捐赠支出是指企业对外进行公益性捐赠发生的支出。

非常损失是指企业对于因客观因素(如自然灾害等)造成的损失,在扣除保险公司赔偿后应计入营业外支出的净损失。

2. "营业外支出"科目的设置

为核算企业发生的与其日常活动无直接关系的各项损失,应设置"营业外支出"科目,该科目属于损益类,用以核算营业外支出的发生及结转情况。该科目借方登记企业发生的各项营业外支出,贷方登记期末结转到本年利润的营业外支出,结转后该科目应无余额。该科目应按照营业外支出的项目进行明细核算。

3. 营业外支出的会计处理

企业发生营业外支出时,借记"营业外支出"科目,贷记"固定资产清理"、"待处理财产损溢"、"库存现金"、"银行存款"等科目。期末,将"营业外支出"科目余额转入"本年利润"科目时,借记"本年利润"科目,贷记"营业外支出"科目。

【例 13-5】 某企业将因自然灾害导致的原材料的净损失 24 000 元转作营业外

支出。会计分录如下：

借：营业外支出　　24 000

　贷：待处理财产损溢　　24 000

【例 13-6】 某企业用银行存款支付税款滞纳金 8 000 元。会计分录如下：

借：营业外支出　　8 000

　贷：银行存款　　8 000

【例 13-7】 某公司将拥有的一项专利权出售，取得价款 200 000 元，应交的营业税为 10 000 元。该专利权的账面余额为 300 000 元，累计摊销额为 94 000 元，未计提减值准备。会计分录如下：

借：银行存款　　200 000

　累计摊销　　94 000

　营业外支出　　16 000

　贷：无形资产　　300 000

　　应交税费—应交营业税　　10 000

上述分录中，营业外支出 = 200 000 - (300 000 - 94 000) - 10 000 = - 16 000 (元)

【例 13-8】 某企业本期营业外支出总额为 48 000 元，期末结转本年利润。会计分录如下：

借：本年利润　　48 000

　贷：营业外支出　　48 000

13.1.5 本年利润结转的账务处理

13.1.5.1 "本年利润"科目的设置

"本年利润"科目，是所有者权益类。用来核算企业一定时期内实现的利润总额或发生的亏损总额以及扣除所得税费用后的净利润或净亏损数。期末结算利润时，将"主营业务收入"、"其他业务收入"、"营业外收入"等科目的余额合计，转到本科目的贷方；将"主营业务成本"、"其他业务成本"、"营业税金及附加"、"销售费用"、"管理费用"、"财务费用"、"营业外支出"、"所得税费用"等科目的余额合计，转到本科目的借方。该科目借方与贷方相抵后的差额即为实现的利润或发生的亏损。年度终了，应将"本年利润"科目的余额（全年实现的净利润或净亏损），结转到"利润分配"科目，结转后本科目年末应无余额。

会计期末结转本年利润的方法有表结法和账结法两种。

13.1.5.2 表结法

表结法下，各损益类科目每月月末只需结计出本月发生额和月末累计余额，不结转到"本年利润"科目，只有在年末时才将全年累计余额结转入"本年利润"科目。但每月月末要将损益类科目的本月发生额合计数填入利润表的本月数栏，通过利润表计算反映各期的利润（或亏损）。

13.1.5.3 账结法

账结法下,每月月末均需编制转账凭证,将在账上结计出的各损益类科目的本月发生额合计结转入“本年利润”科目。结转后“本年利润”科目借贷方发生额相抵后的差额就是当月实现的利润或发生的亏损,“本年利润”科目的余额反映本年累计实现的利润或发生的亏损。

13.1.5.4 结转本年利润的会计处理

【例 13-9】 某企业 2010 年 6 月份各有关损益类科目结转前的余额如表 13-1。

表 13-1 损益类科目余额 单位:元

科目名称	借方余额	科目名称	贷方余额
主营业务成本	3 200 000	主营业务收入	5 000 000
其他业务成本	280 000	其他业务收入	340 000
营业税金及附加	70 000	投资收益	460 000
销售费用	200 000	营业外收入	50 000
管理费用	870 000		
财务费用	140 000		
营业外支出	90 000		

(1)结转各项收入、利得类科目:

借:主营业务收入　5 000 000
　其他业务收入　340 000
　投资收益　460 000
　营业外收入　50 000
　贷:本年利润　5 850 000

(2)结转各项成本、损失类科目:

借:本年利润　4 850 000
　贷:主营业务成本　3 200 000
　　其他业务支出　280 000
　　营业税金及附加　70 000
　　销售费用　200 000
　　管理费用　870 000
　　财务费用　140 000
　　营业外支出　90 000

经过上述结转后,“本年利润”科目的贷方发生额 5 850 000 元减去其借方发生额 4 850 000 元,即为税前会计利润 1 000 000 元。

13.2 所得税

所得税是根据企业应纳税所得额的一定比例计算上交的一种税金。

13.2.1 当期所得税的计算

当期所得税,是指企业按照税法规定计算确定的针对当期发生的交易和事项,应交纳给税务部门的所得税金额,即当期应交所得税。当期所得税应以适用的税收法规为基础计算确定。

企业在确定当期所得税时,对于当期发生的交易或事项,会计处理与税收处理不同的,应在会计利润的基础上,按照适用税收法规的要求进行调整(即纳税调整),计算出当期应纳税所得额,按照应纳税所得额与适用所得税税率计算确定当期应交所得税。

当期所得税 = 当期应交所得税 = 应纳税所得额 × 所得税税率

应纳税所得额 = 税前会计利润 + 纳税调整增加额 - 纳税调整减少额

纳税调整增加额主要包括税法规定允许扣除项目中,企业已计入当期费用但超过税法规定扣除标准的金额(如超过税法规定标准的职工福利费、工会经费、职工教育经费、业务招待费、公益性捐赠支出、广告费、业务宣传费、多计提的坏账准备、多计提的固定资产折旧费等),以及企业已作为当期损失但税法规定不允许扣除项目的金额(如税收滞纳金、罚款、罚金、计提的各项资产减值准备等)。

纳税调整减少额主要包括按税法规定允许弥补的亏损(如前5年内的未弥补亏损)和准予免税的项目(如国债利息收入等)。

【例 13-10】 甲企业2010年度按企业会计准则计算的税前会计利润为2 100 000元,其中包括本年收到的国库券利息收入200 000元。甲企业2010年核定的允许税前扣除的业务招待费为2 000 000元,全年实际发生业务招待费为230 000元;营业外支出中有滞纳金罚款支出100 000元。企业所得税税率为25%。假定甲公司全年无其他纳税调整因素。

本例中,甲公司有三项纳税调整因素,一是已计入当期管理费用但超过税法规定标准的业务招待费;二是已计入当期营业外支出但按税法规定不允许扣除的税款滞纳金,三是已计入税前会计利润但准予免税的国库券利息收入。一、二两个因素应调整增加应纳税所得额,第三个因素应调整减少应纳税所得额。甲公司当期所得税的计算如下:

应纳税所得额 = 2 100 000 + (230 000—200 000) + 100 000 - 200 000

= 2 030 000(元)

应交所得税 = 2 030 000 × 25% = 507 500(元)

【例 13-11】 某公司2009年度按企业会计准则计算的税前会计利润为10 000 000元。所得税税率为25%。当年按税法核定的全年职工福利费为300 000

元,甲公司全年实际发放福利费为 287 000 元。假定甲公司全年无其他纳税调整因素。

企业实际发放的职工福利费如果超过税法规定扣除标准(全年工资总额的 14% 以内),超出的部分不得作为纳税扣除项目,应调整增加应纳税所得额。但企业实际支付的低于税法规定的扣除标准时,应按实际支付的职工福利费作为纳税扣除项目。也就是说,企业实际支付的福利费低于计税标准部分不需调整应纳税所得额。本例中,该公司实际支付的职工福利费低于计税标准,不属于纳税调整因素,公司又无其他纳税调整因素。因此该公司 2010 年度计算的税前会计利润即为应纳税所得额。甲公司当期所得税的计算如下:

当期应交所得税 = 10 000 000 × 25% = 2 500 000(元)

13.2.2 递延所得税

递延所得税,是指按照企业会计准则规定应予确认的递延所得税资产和递延所得税负债的当期发生额,但不包括直接计入所有者权益的交易或事项及企业合并的所得税影响。

13.2.2.1 暂时性差异

暂时性差异,是指资产或负债的账面价值与其计税基础之间的差额。根据暂时性差异对未来期间应税金额影响的不同,分为应纳税暂时性差异和可抵扣暂时性差异。

1. 应纳税暂时性差异

该差异是指在确定未来收回资产或清偿负债期间的应纳税所得额时,将导致产生应税金额的暂时性差异。该差异在未来期间转回时,会增加转回期间的应纳税所得额,即在未来期间,由于该暂时性差异的转回,会进一步增加转回期间的应纳税所得额和应交所得税金额。在该暂时性差异产生当期,应当确认相关的递延所得税负债。

当资产的账面价值大于其计税基础时,意味着该项资产未来期间产生的经济利益不能全部税前抵扣,两者之间的差额需要交税,由此产生应纳税暂时性差异。(资产的账面价值代表的是企业在持续使用及最终出售该项资产时会取得的经济利益的总额,而计税基础代表的是一项资产在未来期间可予税前扣除的总金额。)

负债的账面价值小于其计税基础时,意味着就该项负债在未来期间可以税前抵扣的金额为负数,即应在未来期间应纳税所得额的基础上调增,增加应纳税所得额和应交所得税金额,产生应纳税暂时性差异。(负债的账面价值是指企业预计在未来期间清偿该项负债时的经济利益流出,而其计税基础代表的是负债账面价值在扣除税法规定未来期间允许税前扣除金额之后的差额。)

2. 可抵扣暂时性差异

该差异是指在确定未来收回资产或清偿负债期间的应纳税所得额时,将导致产生可抵扣金额的暂时性差异,该差异在未来期间转回时会减少转回期间的应纳税所得额,减少未来期间的应交所得税。在该暂时性差异产生当期,应当确认相关的递延所得税资产。

资产的账面价值小于其计税基础,说明资产在未来期间产生的经济利益少,而按照税法规定允许税前扣除的金额多,则企业在未来期间可以减少应纳税所得额并减少应交所得税,由此形成可抵扣暂时性差异。

负债的账面价值大于其计税基础,意味着未来期间按照税法规定构成负债的全部或部分金额可以自未来应税经济利益中扣除,减少未来期间的应纳税所得额和应交所得税,由此产生可抵扣暂时性差异。

13.2.2.2 资产、负债的计税基础

资产的账面价值大于其计税基础或者负债的账面价值小于其计税基础的,产生应纳税暂时性差异;资产的账面价值小于其计税基础或者负债的账面价值大于其计税基础的,产生可抵扣暂时性差异。

1. 资产的计税基础

《企业会计准则第 18 号—所得税》第五条规定,资产的计税基础是指企业收回资产账面价值过程中,计算应纳税所得额时按照税法规定可以自应税经济利益中抵扣的金额。

通常情况下,资产在取得时其入账价值与计税基础是相同的,后续计量过程中因会计准则规定与税法规定不同,可能产生资产的账面价值与其计税基础的差异。比如,交易性金融资产的公允价值变动。按照企业会计准则规定,交易性金融资产期末应以公允价值计量;公允价值的变动计入当期损益。如果按照税法规定,交易性金融资产在持有期间公允价值变动不计入应纳税所得额,即其计税基础保持不变,由此产生了交易性金融资产的账面价值与计税基础之间的差异。例如某企业持有一项交易性金融资产,原成本为 1 000 万元,期末公允价值为 1 500 万元,则期末账面价值为 1 500 万元,如计税基础仍维持 1 000 万元不变,那么该项交易性金融资产的账面价值大于其计税基础 500 万元,即产生应纳税暂时性差异 500 万元。

再如固定资产,企业以各种方式取得的固定资产,初始确认时入账价值基本上是被税法认可的,即取得时其入账价值一般等于其计税基础。但固定资产在持有期间进行后续计量时,会计核算与税法规定就出现了差异,差异主要来自于折旧方法、折旧年限的不同以及固定资产减值准备的提取。企业会计准则规定,企业可以根据消耗固定资产经济利益的方式合理选择折旧方法,如可以按直线法计提折旧,也可以按照双倍余额递减法、年数总和法等计提折旧,但税法一般规定可以税前扣除的是按照直线法计提的折旧;企业会计准则规定,折旧年限是由企业按照固定资产能够为企业带来经济利益的期限估计确定的,但税法规定了每类固定资产的折旧年限,因折旧方法、折旧年限的不同,都会产生固定资产账面价值与计税基础之间的差异。企业会计准则又规定,当固定资产的预计可收回金额低于其账面价值时,应计提固定资产减值准备,但税法规定,固定资产所计提的减值准备不允许税前扣除,即固定资产的计税

基础不会随资产减值准备的提取而发生变化,由此会造成资产的账面价值小于其计税基础,产生可抵扣暂时性差异,

2. 负债的计税基础

《企业会计准则第 18 号—所得税》第六条规定,负债的计税基础是指负债的账面价值减去未来期间计算应纳税所得额时按照税法规定可予抵扣的金额。

一般情况下,负债的确认与偿还不会影响企业的损益,也不会影响其应纳税所得额,未来期间计算应纳税所得额时,税法规定可予抵扣的金额为零,则其计税基础即为账面价值。如短期借款、应付票据、应付账款等负债的确认和偿还,通常不会对当期损益和应纳税所得额产生影响,其计税基础即为账面价值,则不产生暂时性差异。但在某些情况下,负债的确认可能会影响损益,并影响不同期间的应纳税所得额,使其计税基础与账面价值之间产生差额。企业因销售商品提供售后服务等原因确认的预计负债就是典型的例子。

例如,甲企业 2010 年因销售产品承诺提供 3 年的保修服务,在当年利润表中确认了 100 万元的销售费用,同时确认为预计负债,当年未发生任何保修支出。假定按照税法规定,与产品售后服务相关的费用在实际发生时才允许税前扣除。

该项预计负债在甲企业 2010 年 12 月 31 日资产负债表中的账面价值为 100 万元。

预计负债的计税基础为账面价值扣除未来期间计算应纳税所得额时按照税法规定可予抵扣的金额,而税法规定,与该项负债相关的保修支出在未来期间实际发生时可予税前扣除,即未来期间计算应纳税所得额时按税法规定可予抵扣的金额为 100 万元。

则该项预计负债的计税基础 = 账面价值 - 未来允许税前扣除的金额 = 100 - 100 = 0

该预计负债的账面价值 100 万元大于其计税基础零,由此产生可抵扣暂时性差异,在符合条件的情况下,应确认相关的递延所得税资产。

13.2.2.3 递延所得税资产和递延所得税负债

企业应于资产负债表日,分析比较资产、负债的账面价值与其计税基础,两者之间存在差异的,应确认递延所得税资产、递延所得税负债及相应的递延所得税费用(或收益)。

由前所述,当资产的账面价值大于其计税基础或负债的账面价值小于其计税基础时,产生应纳税暂时性差异,企业应确认相关的递延所得税负债;当资产的账面价值小于其计税基础或负债的账面价值大于其计税基础时,产生可抵扣暂时性差异,企业应确认相关的递延所得税资产。因此,资产负债表日,企业应当按照暂时性差异与适用所得税税率计算的结果,确认递延所得税负债、递延所得税资产以及相应的递延所得税费用(或收益)。沿用上述举例,假定该企业适用的所得税税率为 25%,递延所得税资产和递延所得税负债不存在期初余额,对于前述交易性金融资产产生的

500 万元应纳税暂时性差异,应确认 125 万元递延所得税负债;对于前述预计负债产生的 100 万元可抵扣暂时性差异,应确认 25 万元递延所得税资产。

企业确认由可抵扣暂时性差异产生的递延所得税资产,应当以未来期间很可能取得用以抵扣可抵扣暂时性差异的应纳税所得额为限。企业在确定未来期间很可能取得的应纳税所得额时,应当包括未来期间正常生产经营活动实现的应纳税所得额,以及在可抵扣暂时性差异转回期间因应纳税暂时性差异的转回而增加的应纳税所得额,并应提供相关的证据。在可抵扣暂时性差异转回的未来期间,企业如果无法产生足够的应纳税所得额用以抵减可抵扣暂时性差异的影响,则企业不应确认递延所得税资产。

13.2.2.4 递延所得税

递延所得税,是指按照企业会计准则规定应予确认的递延所得税资产和递延所得税负债在期末应有的金额相对于原已确认金额之间的差额,即递延所得税资产和递延所得税负债的当期发生额,用公式表示即为:

递延所得税 = 当期递延所得税负债的增加 + 当期递延所得税资产的减少 − 当期递延所得税负债的减少 − 当期递延所得税资产的增加

也可以表示为:

递延所得税 =(递延所得税负债期末余额 − 递延所得税负债期初余额)+(递延所得税资产期初余额 − 递延所得税资产期末余额)

13.2.3 所得税费用

企业在计算确定当期所得税(即当期应交所得税)以及递延所得税费用的基础上,应将两者之和确认为利润表中的所得税费用,但不包括直接计入所有者权益的交易或事项的所得税影响。即:

所得税费用 = 当期所得税 + 递延所得税

所得税费用应当在利润表中单独列示。

【例 13-12】 承接例 13-10,如果甲企业递延所得税负债年初数为 50 000 元,年末数为 60 000 元,递延所得税资产年初数为 32 000 元,年末数为 36 000 元。甲企业的会计处理如下:

递延所得税 =(60 000 − 50 000)+(32 000 − 36 000)= 6 000(元)

所得税费用 = 当期所得税 + 递延所得税
= 507 500 + 6 000
= 513 500(元)

甲企业编制会计分录如下:

借:所得税费用	513 500	
递延所得税资产	4 000	
贷:应交税费—应交所得税		507 500
递延所得税负债		10 000

需要注意的是,如果某项交易或事项按照企业会计准则规定应计入所有者权益,由该交易或事项产生的递延所得税资产或递延所得税负债及其变化亦应计入所有者权益,不构成利润表的递延所得税费用(或收益)。

【例 13-13】 某企业持有的可供出售金融资产成本为 500 万元,资产负债表日,其公允价值为 520 万元,该企业适用的所得税税率为 25%。资产负债表日,按会计准则,确认 20 万元的公允价值变动时,应编制会计分录:

借:可供出售金融资产　　200 000

　贷:资本公积—其他资本公积　　200 000

调整后的可供出售金融资产的账面价值为 520 万元,但其计税基础不变,仍是 500 万元,账面价值和其计税基础之间的差额 20 万元会增加企业在未来期间的应纳税所得额和应交所得税,属于应纳税暂时性差异,应确认相关的递延所得税负债 5 万元(20×25%),应编制的会计分录为:

借:资本公积—其他资本公积　　50 000

　贷:递延所得税负债　　50 000

【例 13-14】 M 股份公司 2010 年度利润表中利润总额为 1 800 万元,该公司适用的所得税税率为 25%。

2010 年度发生的有关交易和事项中,会计处理与税收规定存在差别的业务有如下。

(1)2010 年 1 月开始计提折旧的一项固定资产,成本为 200 万元,使用年限为 5 年,净残值为零,会计处理按双倍余额递减法计提折旧,税收处理按直线法计提折旧。假定税法规定的使用年限及净残值与会计处理是相同的。

(2)向相关企业提供赞助支出 100 万元。

(3)因违反经济合同规定而支付违约金 80 万元。

(4)期末对存货计提了 30 万元的存货跌价准备。计提存货跌价准备前账面价值为 450 万元(税法规定在实际发生损失时才可从税前扣除)。

(1)相关计算:

会计折旧 = 2 000 000 × 40% = 800 000(元)

按税法允许税前扣除折旧 = 2 000 000 ÷ 5 = 400 000(元)

(2)2010 年度当期应交所得税:

应纳税所得额 = 18 000 000 + (800 000 − 400 000) + 1 000 000 + 800 000 + 300 000 = 20 500 000(元)

应交所得税 = 20 500 000 × 25% = 5 125 000(元)

(3)2010 年度递延所得税:

该公司 2010 年资产负债表相关项目金额及其计税基础如表 13-2 所示:

表 13-2 相关项目金额及计税基础

单位:元

项目	账面价值	计税基础	差异	
			应纳税暂时性差异	可抵扣暂时性差异
存货	4 200 000	4 500 000		300 000
固定资产	1 200 000	1 600 000		400 000
合计				700 000

应确认递延所得税资产 = 700 000 × 25% = 175 000(元)

递延所得税费用 = 0 - 175 000 = - 175 000(元)

(4)利润表中应确认的所得税费用:

所得税费用 = 5 125 000 - 175 000 = 4 950 000(元)

应编制会计分录为:

借:所得税费用　　4 950 000

　递延所得税资产　　175 000

　贷:应交税费—应交所得税　　5 125 000

另外,非同一控制下的企业合并中因资产、负债的入账价值与其计税基础不同产生的递延所得税资产或递延所得税负债,其确认结果直接影响购买日确认的商誉或计入利润表的损益金额,不影响购买日的所得税费用。

年度终了,应将"所得税费用"科目的余额结转到"本年利润"科目,即借记"本年利润"科目,贷记"所得税费用"科目,结转后"所得税费用"科目无余额。

13.3 利润分配

利润分配是指企业根据国家有关规定和企业章程、投资者协议等,对企业当年可供分配利润所进行的分配。企业本年实现的净利润,加上年初未分配利润,即为可供分配的利润。

13.3.1 利润分配的内容和一般程序

根据《中华人民共和国公司法》等有关法规的规定,企业一般应当按照如下的顺序和内容进行利润分配:

(1)弥补以前年度的亏损;

(2)提取法定盈余公积,企业应按不低于当年税后利润的10%提取法定盈余公积,;当企业法定盈余公积累计额达到企业注册资本的50%时,可以不再提取;

(3)外商投资企业应当按照法律、行政法规的规定,按净利润提取储备基金、企业发展基金、职工奖励及福利基金;中外合作经营企业按规定,在合作期内可以以利润归还投资者的投资;

(4)应付优先股股利,企业按利润分配方案分配给优先股股东的现金股利;

(5)提取任意公积金,企业在从税后利润中提取法定公积金后,按股东会的决议,提取的任意公积金;

(6)向投资者分配利润(或现金股利),企业弥补亏损和提取盈余公积金后,有限责任公司可按照股东的出资比例分配现金利润,股份有限公司可按照普通股股东持有的股份比例分配普通股现金股利;

(7)利润转增资本(或分配股票股利),有限责任公司可以将利润转增资本,股份有限公司可以按照利润分配方案以分派股票股利的形式转增股本。

13.3.2 利润分配科目的设置

"利润分配"科目是核算企业利润的分配(或亏损的弥补)和历年分配(或弥补)后的余额。

本科目应当设置"盈余公积补亏"、"提取法定公益金"、"提取储备基金"、"提取企业发展基金"、"提取职工奖励及福利基金"、"提取任意盈余公积"、"应付现金股利或利润"、"转作股本的股利"、"未分配利润"等明细科目。

13.3.3 利润分配的账务处理

13.3.3.1 用盈余公积弥补以前年度亏损

企业用盈余公积弥补以前年度亏损时,借记"盈余公积"科目,贷记"利润分配—盈余公积补亏"科目。

13.3.3.2 提取盈余公积金

企业按规定从净利润中提取法定盈余公积和任意盈余公积时,借记"利润分配—提取法定盈余公积、提取任意盈余公积"科目,贷记"盈余公积－法定盈余公积、任意盈余公积"科目。

外商投资企业按规定提取储备基金、企业发展基金、职工奖励及福利基金时,应借记"利润分配—提取储备基金、提取企业发展基金、提取职工奖励及福利基金"科目,贷记"盈余公积—储备基金、企业发展基金"、"应付职工薪酬"科目。

13.3.3.3 分配现金股利或利润

企业经股东大会或类似权力机构决议,分配给股东或投资者现金股利或利润时,借记"利润分配—应付现金股利或利润"科目,贷记"应付股利"科目。

13.3.3.4 分配股票股利

企业经股东大会或类似权力机构决议,分配给股东股票股利,应在办理增资手续后,借记"利润分配—转作股本的股利"科目,贷记"股本"科目,按其差额,贷记"资本公积—股本溢价"科目。

13.3.3.5 年末结转

年度终了,企业应将全年实现的净利润,自"本年利润"科目转入"利润分配"科目,即借记"本年利润"科目,贷记"利润分配—未分配利润"科目,如为亏损,作相反会计分录;同时,将“利润分配”科目下的其他明细科目的余额转入“未分配利润”明细科目。结转后,除“未分配利润”明细科目外,“利润分配”的其他明细科目应无余额。

需要说明的是:按照税法规定,企业发生的亏损可以用以后年度实现的税前利润弥补,一年弥补不完,可以连续弥补5年,5年后应用税后利润弥补。在用以后年度实现的税前或税后利润弥补以前年度亏损的情况下,企业不需进行专门的会计处理,只需将本年实现的利润结转到“利润分配—未分配利润”科目的贷方,其贷方发生额与“利润分配—未分配利润”科目的借方余额(原亏损额)自然抵冲。

【例13-15】 假设M股份公司年初未分配利润为4 000 000元,全年实现的净利润为12 291 000元。法定盈余公积和任意盈余公积的计提比例分别为10%和5%,本年决定按可供投资者分配利润的60%向投资者分配现金股利。M股份公司年末应进行的账务处理如下。

(1)将“本年利润”科目的年末余额12 291 000元转入“利润分配”科目。

借:本年利润	12 291 000	
贷:利润分配—未分配利润		12 291 000

(2)提取法定盈余公积 = 12 291 000 × 10% = 1 229 100(元)

提取任意盈余公积 = 12 291 000 × 5% = 614 550(元)

借:利润分配—提取法定盈余公积	1 229 100	
—提取任意盈余公积	614 550	
贷:盈余公积—法定盈余公积		1 229 100
—任意盈余公积		614 550

(3)可向投资者分配的利润 = 4 000 000 + 12 291 000 − 1 229 100 − 614 550

= 14 447 350(元)

向投资者分配的现金股利 = 14 447 350 × 60% = 8 668 410(元)

借:利润分配—应付现金股利	8 668 410	
贷:应付股利		8 668 410

(4)将“利润分配”的其他明细科目的金额结转到“未分配利润”科目:

借:利润分配—未分配利润	10 512 060	
贷:利润分配—提取法定盈余公积		1 229 100
—提取任意盈余公积		614 550
—应付现金股利		8 668 410

通过以上核算后可知,M股份公司年末“利润分配—未分配利润”科目的余额5 778 940(4 000 000 + 12 291 000 − 10 512 060)元,即为累计未分配利润。

本章练习题

一、单项选择题

1. 某工业企业 2010 年度营业利润为 4 530 万元，主营业务收入为 5 000 万元，销售费用为 20 万元，管理费用 15 万元，投资收益为 20 万元，营业外收入为 120 万元，营业外支出为 100 万元，所得税税率为 25%。假定不考虑其他因素，该企业 2010 年度的净利润应为(　　)万元。

A. 3 397.5　　B. 3 427.5　　C. 3 412.5　　D. 3 753.75

2. 甲企业本期主营业务收入为 500 万元，主营业务成本为 300 万元，其他业务收入为 200 万元，其他业务成本为 100 万元，销售费用为 15 万元，资产减值损失为 45 万元，公允价值变动收益为 60 万元，投资收益为 20 万元，假定不考虑其他因素，该企业本期营业利润为(　　)万元。

A. 300　　B. 320　　C. 365　　D. 380

3. 下列各项中，不属于企业营业利润的项目是(　　)。

A. 劳务收入　　B. 财务费用

C. 出租无形资产收入　　D. 出售固定资产净收益

4. 企业用当年实现的税前利润弥补以前年度亏损时，正确的做法是(　　)。

A. 借：利润分配——未分配利润
　　贷：利润分配——弥补以前年度亏损

B. 借：应交税费——应交所得税
　　贷：利润分配——未分配利润

C. 借：利润分配——盈余公积补亏
　　贷：利润分配——未分配利润

D. 不作账务处理

5. 甲企业 2010 年度的利润总额为 1 000 万元，其中包括本年收到的国库券利息收入 20 万元；定期存款利息收入 10 万元，全年计税工资为 400 万元，实发工资为 350 万元，企业所得税税率为 25%。该企业 2010 年所得税费用为(　　)万元。

A. 235　　B. 265　　C. 260　　D. 245

6. 某工业企业 2010 年度营业利润为 2 520 万元，主营业务收入为 4 000 万元，财务费用为 10 万元，营业外收入为 60 万元，营业外支出为 50 万元，所得税税率为 25%。假定不考虑其他因素，该企业 2010 年度的净利润应为(　　)万元。

A. 1 494.4　　B. 1 897.5　　C. 1 505.6　　D. 4 132.5

7. 下列各项中，不需要纳税调增的项目是(　　)。

A. 已超过税法规定扣除标准，但已计入当期费用的工资支出

B. 已计入投资收益的国库券利息收入

C. 已超过税法规定扣除标准，但已计入当期费用的业务招待费支出

D. 支付并已计入当期损失的各种税收滞纳金

8. 下列各项中,不应通过“营业外收入”核算的是(　　)。

A. 查无原因的现金盘盈　　B. 固定资产盘盈

C. 出售无形资产净收益　　D. 存货盘盈

9. 某企业年初未分配利润 20 000 元,本年实现净利润 100 000 元,分别按 10% 和 5% 的比例提取法定盈余公积和任意盈余公积,再向投资者分配利润 60 000 元。该企业年末未分配利润为(　　)元。

A. 42 000　　B. 85 000　　C. 45 000　　D. 102 000

10. 利润分配的明细账,在年末结账后仍有余额的账户是(　　)。

A. 应付股利　　B. 提取盈余公积　　C. 未分配利润　　D. 盈余公积补亏

11. 某企业 2010 年度利润总额为 1 800 万元,其中国债利息收入 200 万元,已计入营业外支出的税收滞纳金 6 万元;企业所得税税率为 25%。假定不考虑其他因素,该企业 2010 年度所得税费用为(　　)。

A. 400　　B. 401. 5　　C. 450　　D. 498. 5

12. 某企业 2010 年 1 月 1 日所有者权益构成情况如下:实收资本 1 500 万元,资本公积 100 万元,盈余公积 300 万元,未分配利润 200 万元。2010 年度实现利润总额 600 万元,企业所得税税率为 25%。假定不存在纳税调整事项及其他因素,该企业 2010 年 12 月 31 日可供分配利润为(　　)万元。

A. 600　　B. 650　　C. 800　　D. 1 100

二、多项选择题

1. 下列各项中,需要调整增加企业应纳税所得额的项目有(　　)。

A. 已计入投资损益的国库券利息收入

B. 已超过税法规定扣除标准,但已计入当期费用的工资支出

C. 支付并已计入当期损失的各种税收滞纳金

D. 超标的业务招待费支出

2. 下列各项中,会影响企业营业利润的项目有(　　)。

A. 管理费用　　B. 劳务收入

C. 出售原材料收入　　D. 资产减值损失

3. 下列各项,应计入营业外收入的有(　　)。

A. 即征即退的增值税返还款　　B. 教育费附加返还款

C. 出售固定资产取得的净收益　　D. 转让交易性金融资产取得的净收益

4. 下列各科目的余额,期末应结转到“本年利润”科目的有(　　)。

A. 营业外收入　　B. 营业外支出　　C. 投资收益　　D. 资产减值损失

5. 下列各项业务中,应通过“营业外收入”科目核算的有(　　)。

A. 存货盘盈　　B. 转销无法偿付的应付账款

C. 无法查明原因的现金溢余　　D. 固定资产盘盈

6. 下列各项中,需调整增加企业应纳税所得额的项目有(　　)。

A. 已计入投资损益的国库券利息收入

B. 已超过税法规定扣除标准,但已计入当期费用的工资支出

C. 支付并已计入当期损失的罚款

D. 未超标的业务招待费支出

7. 下列各项中,影响营业利润的项目有(　　)。

A. 已销商品成本　　B. 转让无形资产所有权的收入

C. 计提的坏账准备　　D. 转让股票所得收益

8. 下列各项中,影响营业利润的项目有(　　)。

A. 已销商品成本　　B. 出售包装物的成本

C. 出售固定资产净收益　　D. 转让股票所得收益

9. 下列各项中,年度终了需要转入"利润分配——未分配利润"科目的有(　　)。

A. 本年利润　　B. 利润分配——应付现金股利

C. 利润分配——盈余公积补亏　　D. 利润分配——提取法定盈余公积

10. 下列各项中,影响营业利润的有(　　)。

A. 出售材料损失　　B. 计提无形资产减值准备

C. 公益性捐赠支出　　D. 出售交易性金融资产损失

三、判断题

1. 企业已计入管理费用的超标的业务招待费应调整增加企业的应纳税所得额。(　　)

2. 某企业年初未分配利润借方余额为 45 万元,即企业上年亏损 45 万元,当年实现利润总额 20 万元。则企业当年需要交纳企业所得税 6.6 万元。(　　)

3. 企业已计入营业外支出的税收滞纳金应调整增加企业的应纳税所得额。(　　)

4. 年度终了,只有在企业盈利的情况下,应将"本年利润"科目的本年累计余额转入"利润分配——未分配利润"科目。(　　)

5. 企业股东大会审议批准的利润分配方案中应分配的现金股利,在支付前不作账务处理,但应在报表附注中披露。(　　)

四、计算与核算题

1. B 公司适用的所得税税率为 25%。2010 年度,B 公司发生如下相关经营业务事项:

(1)按会计准则计算的全年利润总额为 1 000 000 元,其中包括国库券利息收入 40 000 元;

(2)营业外支出中包括非公益性捐赠支出 50 000 元。

(3)允许税前列支的业务招待费为 120 000 元,全年实际支付 210 000 元;

(4)用银行存款实际缴纳所得税 200 000 元;

(5)按 10% 的比例计提法定盈余公积;

(6)按税后净利润的 60% 向投资者分配现金股利。

要求:(1)计算 B 公司 2010 年度应纳税所得额和应交所得税;

(2)计算 B 公司 2010 年度实现的净利润,并按规定进行分配;

(3)编制 B 公司确认应交所得税、实际缴纳所得税和年末结转所得税费用及进行利润分配的会计分录(“应交税费”和“利润分配”科目要求写出二级明细目)。

2. H 企业所得税采用资产负债表债务法核算,适用的所得税税率为 25%,2010 年有关所得税的资料如下:

(1)年初递延所得税资产为 75 万元,其中存货项目余额为 45 万元,未弥补亏损余额为 30 万元。

(2)本年度实现利润总额为 1,000 万元。对外捐赠支出 80 万元,税收滞纳金支出 20 万元,款项均已支付。

(3)年末计提产品保修费用 80 万元,计入销售费用,预计负债余额为 80 万元。按照税法规定,产品保修费在实际发生时可以在税前抵扣。

(4)年末计提持有至到期投资减值准备 100 万元(年初持有至到期投资减值准备余额为 0);转回存货跌价准备 140 万元(年初存货跌价准备余额为 180 万元)。

(5)至 2009 年末尚有 120 万元亏损没有弥补。

按照说法规定,计提的减值准备不得在税前抵扣。假设 H 企业除上述事项外,没有发生其他纳税调整事项;预计可抵扣暂时性差异在转回时有足够的应纳税所得额。

要求:计算 H 企业 2010 年应交所得税、年末递延所得税余额和所得税费用,并编制所得税核算的会计分录。

3. 亚南股份有限公司为增值税一般纳税企业,适用增值税税率为 17%;适用所得税税率为 25%,商品销售价格均为不含增值税额;商品销售成本按发生的经济业务逐项结转。

2010 年 12 月发生的经济业务及相关资料如下:

(1)3 日,向 A 公司销售商品一批,增值税专用发票上注明销售价格为 100 万元,增值税额为 17 万元。款项尚未收取。为及时收回货款,给予 A 公司的现金折扣条件如下:2/10,1/20,n/30(假定现金折扣按销售价格计算)。该批商品的实际成本为 65 万元。

(2)6 日,收到 B 公司来函,要求对当年 11 月 5 日所购商品在销售价格上给予 5% 的折让(亚南公司在该批商品售出时,已确认销售收入 200 万元,但货款尚未收取)。经查核,该批商品存在外观质量问题。亚南公司同意了 B 公司提出的折让要求。当日开具红字增值税专用发票。

(3)11 日,收到 A 公司支付的货款存入银行。

(4)16 日,向 D 公司销售商品一批,增值税专用发票上注明销售价格为 40 万元,增值税额为6.8万元。商品已发出，款项尚未收到。该批商品的实际成本为21.8万元。

(5)20日，收到先征后返的增值税12万元，存入银行。

(6)25日，支付四季度短期借款利息21 000元，其中已预提14 000元。

(7)31日，财产清查时发现盘亏设备一台，账面原价100万元，累计折旧84万元，已计提固定资产减值准备10万元。经查系管理不善所致。盘亏损失经批准予以处理。

(8)除上述经济业务外，本月发生的其他经济业务形成的有关账户发生额如下：

营业税金及附加：2.2万元

管理费用：9.9万元（其中超支业务招待费为1.5万元）

销售费用：3.6万元

投资收益：14.2万元（其中国库券利息收入6.5万元）

要求：(1)作出(1)至(7)经济业务的会计处理；

(2)编制本期结转收入、成本、费用的会计分录；

(3)计算应纳税所得额和应交所得税（列出计算过程）并作会计分录；

4. 假设某股份制企业为一般纳税企业，所得税税率为25%，增值税税率为17%，2009年末，"利润分配—未分配利润"账户贷方余额2 503.75元，2010年度发生如下经济业务：

(1)采用托收承付结算方式销售产品一批，取得收入1,950,000元（不含增值税），该批产品的实际成本1,185,000元，已办妥托收手续。

(2)建造厂房领用生产用原材料成本300,000元。

(3)发生广告费、展览费、销售费用共25,000元，以银行存款支付。

(4)提取坏账准备25,000元，(5)摊销应由管理费用负担的长期待摊费用40,000元。

(6)计提短期借款利息8,000元。

(7)计提持有至到期投资的利息30,000元。

(8)经批准转销以前查出的固定资产盘亏6,850元。

(9)以前开出的一张面值为162,500元的不带息银行承兑汇票已到期，由于无力付款，已由承兑银行代为支付。

(10)摊销管理用无形资产8,650元。

(11)计提应交城市维护建设税21,000元，应交教育费附加9,000元。

(12)结转损益类账户，并计算本月利润总额。

(13)计算并结转所得税费用。

(14)按净利润的10%提取法定盈余公积。

(15)宣布向投资者分配现金股利400,232元。

要求：(1)根据上述经济业务编制相关会计分录；

(2)计算营业利润、利润总额和年末未分配利润。

14

财务会计报告

学习目的与要求

1. 了解财务会计报告的概念、作用、内容及种类。
2. 了解合并财务报表的定义、合并范围、种类及编制原则。
3. 熟悉现金流量表及所有者权益变动表的基本结构及编制方法。
4. 熟悉会计报表附注的基本内容。
5. 掌握资产负债表的编制方法。
6. 掌握利润表的编制方法。

14.1 财务会计报告概述

14.1.1 财务会计报告的概念及作用

在企业日常的会计核算中，企业所发生的各项经济业务均已按照一定的会计程序，在有关的账簿中进行全面、连续、分类、汇总的记录和计算。企业在一定日期的财务状况和一定时期内的经营成果，在日常会计记录里已经得到反映。但是，这些日常核算资料数量太多，而且比较分散，不能集中、概括地反映企业的财务状况与经营成果。根据企业会计准则的要求，企业应当编制财务会计报告，将分散于会计账簿中的会计信息形成一个有机结合的、概括、系统、全面反映企业财务状况、经营成果和现金流量等信息的体系,以满足企业现有和潜在投资者、债权人、政府有关部门、企业管理当局及其他使用者对会计信息的需求,帮助他们对企业财务状况和经营成果进行合理的评价,以便作出正确决策。

编制财务会计报告是提供会计信息的一种重要手段。财务会计报告是指企业对外提供的反映企业某一特定日期的财务状况和某一会计期间的经营成果、现金流量等会计信息的文件。企业编制财务会计报告,对于改善企业外部有关方面的经济决策环境和加强企业内部经营管理,具有重要作用。具体来说,财务报表的作用主要表现在以下几个方面。

(1)企业的投资者,包括现有的和潜在的投资者,出于对自身利益的考虑,需要了解企业的各种财务信息,如企业的盈利情况、利润分配情况、偿债能力等等,企业通过编报财务会计报告,为其提供详简适度的会计信息,以便于他们作出对自己有利的投资决策。

(2)企业的债权人,包括现有的和潜在的债权人,为了作出正确的信贷决策,需要利用企业的财务会计报告,分析企业的获利能力、偿债能力及其资金流转情况,进而评判一家企业的资信状况;检查企业各项借款的使用情况及偿债保证的履行,决定是否对企业提供贷款。

(3)财政、税务、工商行政管理等政府有关部门,为了加强宏观经济管理,利用各单位提供的财务会计报告资料进行汇总分析,了解和掌握各部门、各地区经济计划(预算)完成情况,了解并促使企业遵守国家各种财经法律制度,发挥财经监督的作用,调控经济活动,优化资源配置。

(4)企业的管理者只有及时掌握准确与完整的会计信息,才能进行有效的经营和管理。通过企业的会计报表了解企业的资源分布,企业的权益结构,企业的偿债能力、盈利能力和企业的财务成果等情况。通过对会计报表的阅读与分析,检查企业各项计划的完成情况,分析企业经营业绩的取得状况,促进企业进一步改善经营管理。

14.1.2 财务会计报告的内容

财务会计报告包括会计报表及其附注和其他应当在财务会计报告中披露的相关信息和资料。会计报表至少应当包括资产负债表、利润表、现金流量表、所有者权益(或股东权益,下同)变动表等报表。

14.1.3 会计报表的种类

会计报表可根据实际需要,按不同的标准进行分类。

14.1.3.1 按照会计报表反映的经济内容分类

1. 财务状况报表

财务状况报表是总括反映企业在某一特定日期或一定时期财务状况的会计报表。一般是指资产负债表。资产负债表通过资产、负债、所有者权益项目,反映企业在某一特定时日的财务状况,是静态报表;现金流量表通过反映企业的现金流入和流出,揭示企业一定会计期间财务状况的变动,反映企业理财的过程和结果,是动态报表。

2. 经营成果报表

经营成果报表是总括反映企业在一定时期利润的形成与分配等情况的会计报表。一般是指利润表。利润表反映企业在一定期间的经营成果情况。

14.1.3.2 按照会计报表编制的时间分类

国家的统一会计制度将财务会计报告分为年度、半年度、季度和月度财务会计报告,其中,半年度、季度和月度财务会计报告又称为中期财务会计报告。相应地,会计报表也分为年度会计报表和中期会计报表。

1. 年度会计报表

年度会计报表简称年报,是指企业每年年度终了编报的会计报表,通常称为决算报告,主要有资产负债表、利润表、现金流量表和所有者权益变动表。年度会计报表应当于年度终了后4个月内(节假日顺延,下同)对外提供。

2. 中期会计报表

中期会计报表指企业于年度中期末、季末和月末编报的会计报表,主要有资产负债表和利润表。半年度中期会计报表应当于年度中期结束后60天内(相当于两个连续的月份)对外提供;季度中期会计报表应当于季度终了后15天内对外提供;月度中期会计报表应当于月度终了后6天内对外提供。

14.1.3.3 按照会计报表报送的对象分类

会计报表按照报送的对象分类,可以分为外部报表和内部报表。

1. 外部报表

外部会计报表是指为满足企业外部投资者、债权人和政府有关部门了解企业财务状况、经营成果和现金流量的需要而定期对外提供和发布的会计报表。按照国家统一的会计制度,企业对外提供的会计报表包括:资产负债表、利润表、现金流量表、资产减值准备明细表、股东权益增减变动表、分部报表及其他有关附表。

2. 内部报表

内部报表是指为满足企业内部经营管理的需要而报送企业内部职能部门和决策人的会计报表。这类报表主要是为内部经营决策提供资料,主要包括成本报表和有关附表,以及企业预算、计划、业绩考评等报表。根据企业会计制度规定,内部报表的种类、报告内容、格式等由企业自行规定。

14.1.3.4 按照会计报表的填报单位分类

会计报表按照填报单位不同,可分为基层会计报表和汇总会计报表。基层会计报表是由独立核算的基层单位编制的反映本单位经济活动情况的报表。汇总会计报表是由上级主管部门根据所属单位编制的基层会计报表,加上本身报表而编制的会计报表。汇总报表一般是按上下级的所属关系,逐级进行汇总。

14.1.3.5 按照会计报表的编报主体分类

会计报表按照编报主体不同,可分为个别会计报表和合并会计报表。个别会计报表是由企业在自身会计核算的基础上,对会计账簿记录进行加工整理而编制的财务会计报表,反映的是企业自身的财务状况、经营成果和现金流量等情况。合并会计报表是以母、子公司组成的企业集团为会计主体,根据母公司及所属子公司的个别会计报表,采用一定的方法,由母公司编制的综合反映企业集团财务状况、经营成果和现金流量等的报表。

14.1.4 会计报表的编制要求

为充分发挥会计报表的作用,确保会计报表所提供的信息质量和满足有关各方的需要,国家统一的会计制度规定,企业的会计报表应当根据记录完整、审核无误的账簿记录和其他有关资料编制,做到数字真实、计算准确、内容完整、报送及时。

14.1.4.1 数字真实

会计报表应根据审核无误的账簿记录和其他有关资料编制,做到数字真实。企业的各项经营活动最终都将在账簿记录中予以反映,编制会计报表必须以核对无误后的账簿记录和其他有关资料为依据,不能使用估计或推算的数据,更不能以任何方式弄虚作假,隐瞒谎报。会计报表中的各项数字必须真实可靠,才能如实反映企业经济活动情况,为各报表使用人提供切实的会计信息。

14.1.4.2 计算准确

会计报表的所有项目计算应准确无误。会计报表的结构及项目设置都是根据会计信息使用者的需要而建立的,所以必须根据已有的账簿资料,经过计算分析填列。计算中应注意会计报表之间的勾稽关系,当期会计报表与上期会计报表有关项目的数据要衔接一致。

14.1.4.3 内容完整

会计报表应按照国家统一会计制度规定的报表种类、结构填列,做到内容完整。凡是会计制度要求提供的会计报表,各企业必须全部编制、报送,不得漏编、漏报;对于应当填列的报表指标,不论是表内项目还是表外补充资料,必须全部填列,不得少列、漏列,更不能随意取舍;对于那些对企业构成重大影响的会计信息,首先应在会计报表中说明,如不能说明,应按要求单独说明。

14.1.4.4 报送及时

会计报表应严格遵守规定的报送期限,做到报送及时。会计报表信息具有极强的时效性,一旦过期,信息的价值、功效就会降低或丧失,为使各报表使用人能充分利用报表所提供的会计信息,在某一个会计期间结束后应及时编制会计报表,并按国家统一的会计制度规定的期限,按时报送给有关部门和单位。

为保证实现上述要求,必须做好编制会计报表的准备工作。首先,按权责发生制原则进行期末账项调整,将属于当期的收入及成本及时入账,为编制会计报表提供准确的核算资料;其次,要做好各项财产物资的清查工作,保证账实相符。编制会计报表前,对发生的盘盈、盘亏等会计事项,应及时调整有关账簿记录,做到账实相符,以提高会计报表的可靠性;再者,对所有会计账簿进行稽核,做到账账相符。核对总分类账户余额与其所属的明细分类科目账户之和是否相符,然后进行试算平衡。

14.2 资产负债表

14.2.1 资产负债表的概念及作用

资产负债表是反映企业在某一特定日期财务状况的会计报表,它是根据“资产=负债+所有者权益”这一会计恒等式,按照一定的分类标准和顺序,把企业一定日期的资产、负债和所有者权益各项目予以适当排列,它表明企业在该特定日期所拥有或控制的经济资源、所承担的现有义务和所有者对净资产的要求权。其提供的企业某一特定日期的财务状况的内容主要包括从下几项。

(1)企业所拥有的各种经济资源(资产)。

(2)企业所负担的债务(负债),以及企业的偿债能力(包括短期与长期的偿债能力)。

(3)企业所有者在企业里所持有的权益(所有者权益)。

(4)企业未来财务状况的变动趋势。

14.2.2 资产负债表的格式及内容

资产负债表在形式上,分为表头、表身、表尾3个部分。表头主要包括资产负债表的名称、编制单位、编制日期和金额单位;表身包括资产、负债和所有者权益各项目金额;表尾主要包括附注资料等。

资产负债表的格式有账户式和报告式两种。报告式资产负债表将资产、负债、所有者权益项目采用垂直分列的形式进行反映。按照我国会计制度规定,我国资产负债表采用账户式反映,即资产负债表分为左方和右方,左方列示企业的各项资产,右方列示企业的各项负债和所有者权益,报表左方的资产总计与报表右方的负债及所有者权益总计应保持平衡关系。同时,资产负债表还提供“期末余额”和“年初余额”的比较资料。

资产负债表左方列示的资产项目,按资产流动性分类排列,具体分为流动资产、非流动资产的类别加以反映;资产负债表的右方列示的负债和所有者权益项目,负债按其偿还的先后顺序排列,具体分为流动负债和非流动负债,所有者权益项目按实收资本、资本公积、盈余公积和未分配利润等顺序进行列示。这种分类排列,不仅能清晰地反映项目的对应关系,而且便于提供财务状况的重要资料。

根据《企业会计准则第30号—财务报表列表》的相关解释规定,我国一般企业资产负债表基本格式如表14-1所示。

表14-1 资产负债表

会企01表

编制单位：　　　　　　　　　　　　____年____月____日　　　　　　　　　　　　单位：元

资　　产	期末余额	年初余额	负债及所有者权益	期末余额	年初余额
流动资产：			流动负债：		
货币资金			短期借款		
交易性金融资产			交易性金融负债		
应收票据			应付票据		
应收账款			应付账款		
预付款项			预收款项		
应收利息			应付利息		
应收股利			应付股利		
其他应收款			应付职工薪酬		
存货			应交税费		
一年内到期的非流动资产			其他应付款		
其他流动资产			一年内到期的非流动负债		
流动资产合计			其他流动负债		
非流动资产：			流动负债合计		
可供出售金融资产			非流动负债：		
持有至到期投资			长期借款		
长期应收款			应付债券		
长期股权投资			长期应付款		
投资性房地产			专项应付款		
固定资产			预计负债		
在建工程			递延所得税负债		
工程物资			其他非流动负债		
固定资产清理			非流动负债合计		
生产性生物资产			负债合计		
油气资产			所有者权益：		
无形资产			实收资本(或股本)		
开发支出			资本公积		
商誉			减:库存股		
长期待摊费用			盈余公积		
递延所得税资产			未分配利润		
其他非流动资产			所有者权益合计		
非流动资产合计					
资产总计			负债和所有者权益总计		

14.2.3 资产负债表的编制方法

根据规定,会计报表应采取前后期对比的方式编制,所以,资产负债表由"期末余额"和"年初余额"两个栏目组成。资产负债表的"年初余额"栏各项目数字,应根据上年末资产负债表"期末余额"栏内所列数字填列。若上期的项目分类和内容与本期不一致的,应当将上期数按本期项目和内容,调整有关数字,填入报表中的"年初余额"栏内。

资产负债表是反映企业在某一特定日期财务状况的报表,是一种静态报表,所以在填制"期末余额"栏时,应根据总分类科目和明细分类科目上资产、负债和所有者权益等科目的余额分析填列。根据不同项目的性质和特征,"期末余额"栏主要通过以下5种方法进行填列。

14.2.3.1 根据总分类科目余额直接填列

在编制资产负债表时,很多项目都可以根据相应总分类科目期末余额直接填列,具体包括:交易性金额资产、应收票据、应收利息、应收股利、固定资产清理、递延所得税资产、短期借款、交易性金融负债、应付票据、应付职工薪酬、应交税费、应付利息、应付股利、其他应付款、预计负债、递延所得税负债、实收资本(或股本)、资本公积、盈余公积、未分配利润。需要说明的是,如果"固定资产清理"科目期末余额在贷方,以"-"号填列;"应交税费"科目和"资本公积"科目期末余额在借方,以"-"号填列。

14.2.3.2 根据总分类科目余额计算填列

资产负债表某些项目需要根据若干个总分类科目的期末余额计算填列,具体包括:

(1)"货币资金"项目,根据"库存现金"、"银行存款"和"其他货币资金"科目的期末余额合计填列。

(2)"存货"项目,根据"材料采购"(或"在途物资")、"原材料"、"包装物"、"低值易耗品"、"委托加工物资"、"生产成本"、"自制半成品"、"库存商品"、"材料成本差异"等科目的期末余额合计填列。需要注意的是,如果存货按规定计提了"存货跌价准备",还需要减去"存货跌价准备"科目期末余额,即按扣减后的净额填列。

(3)"未分配利润"项目,根据"本年利润"和"利润分配"科目的期末余额计算填列。在编制年度会计报表时,该项目根据"利润分配—未分配利润"科目的余额直接填列,也可以利用表间勾稽关系从所有者权益变动表(或股东权益变动表)中得到。若为累计未弥补亏损则以"-"号填列。

14.2.3.3 根据明细分类科目余额计算填列

资产负债表某些项目不能根据总分类科目期末余额分析填列,而需要根据有关科目所属的明细分类科目的期末余额计算填列。具体包括:

(1)"应收账款"项目,应根据"应收账款"、"预收账款"总账科目所属明细科目的借方余额之和填列。需要注意的是,如果应收账款按规定计提了坏账准备,还需减去“坏账准备”科目中有关应收账款计提的坏账准备,即按扣减后的净额填列。

(2)“预付款项”项目,应根据“预付账款”、“应付账款”总账科目所属明细科目的借方余额之和填列。

(3)“应付账款”项目,根据“应付账款”、“预付账款”总账科目所属明细科目的贷方余额计算填列。

(4)“预收款项”项目,根据“预收账款”、“应收账款”总账科目所属的明细科目的贷方余额计算填列。

14.2.3.4 根据总分类科目和明细分类科目余额分析计算填列

资产负债表上某些项目需要根据总分类科目和明细分类科目期末余额分析计算填列。具体包括:

(1)“1 年内到期的非流动资产”项目,反映企业持有的非流动资产中,随着时间推移将于未来 1 年内到期的部分,该项目应根据“持有至到期投资”、“长期应收款”科目所属明细科目余额中将于 1 年内到期的金额之和计算填列。

(2)“持有至到期投资”项目,根据“持有至到期投资”总账科目期末余额扣减提取的“持有至到期投资减值准备”及明细账中将于 1 年内(含 1 年)到期的部分后的净额填列。

(3)“长期应收款”项目,根据“长期应收款”总账科目的期末余额扣除“未实现融资收益”及明细账中将于 1 年内(含 1 年)到期的部分后的净额填列。

(4)“长期待摊费用”项目,根据“长期待摊费用”总账科目的期末余额扣减。明细账中将于 1 年内(含 1 年) 摊销的部分后的净额填列。

(5)“1 年内到期的非流动负债”项目,反映企业长期负担的非流动负债中,随着时间推移将于未来 1 年内到期的部分,该项目应根据“长期借款”、“应付债券”、“长期应付款”科目所属明细科目余额中将于 1 年内到期的金额之和计算填列。

(6)“长期借款”项目,应根据“长期借款”总账科目的期末余额扣减明细账中将于 1 年内(含 1 年)到期的部分后的金额填列。

(7)“应付债券”项目,应根据“应付债券”总账科目的期末余额扣减明细账中将于 1 年内(含 1 年)到期的部分后的金额填列。

(8)“长期应付款”项目,根据“长期应付款”总账科目的期末余额减去“未确认融资费用”余额再扣减明细账中将于 1 年内(含 1 年)到期的部分后的金额填列。

14.2.3.5 根据科目余额减去其备抵项目后的净额填列

资产负债表上某些项目在按上述方法计算出余额后,还需要扣减其抵销科目余额,即按扣减后的净额填列,除上述的“应收账款”、“存货”项目外,主要包括下列项目。

(1)“其他应收款”项目,根据“其他应收款”科目期末余额减去“坏账准备”科目中有关其他应收款计提的坏账准备期末余额后的净额填列。

(2)“可供出售金融资产”项目,根据“可供出售金融资产”科目的期末余额扣减可供出售金融资产减值准备后的金额填列。

(3)“长期股权投资”项目,根据“长期股权投资”科目期末余额扣减提取的“长期股权投资减值准备”后的净额填列。

(4)“固定资产”项目,根据“固定资产”科目的期末余额扣减“累计折旧”和“固定资产减值准备”后的净额填列。

(5)“在建工程”项目,根据“在建工程”科目的期末余额扣减“在建工程减值准备”后的金额填列。

(6)“工程物资”项目,根据“工程物资”科目的期末余额扣减“工程物资减值准备”后的金额填列。

(7)“无形资产”项目,根据“无形资产”科目的期末余额扣减“累计摊销”和“无形资产减值准备”后的金额填列。

14.2.4 资产负债表编制举例

【例 14-1】

1. 资料

华荣股份有限公司为一般纳税人,适用的增值税税率为 17%,所得税税率为 25%;原材料采用计划成本进行核算。该公司 20×5 年 12 月 31 日的资产负债表如表 14-2 所示。其中,“应收账款”科目的期末余额为 2 400 000 元,“坏账准备”科目的期末余额为 5 400 元。其他诸如存货、长期股权投资、固定资产、无形资产等都没有计提资产减值准备。

表 14-2 资产负债表

会企 01 表

编制单位:华荣股份有限公司　　20×5 年12 月31 日　　单位:元

资　产	期末余额	年初余额	负债及所有者权益	期末余额	年初余额
流动资产:			流动负债:		
货币资金		8 437 800	短期借款		1 800 000
交易性金融资产		90 000	交易性金融负债		0
应收票据		1 476 000	应付票据		1 200 000
应收账款		2 394 600	应付账款		5 728 800
预付款项		600 000	预收款项		0
应收利息		0	应付职工薪酬		660 000
应收股利		0	应交税费		219 600
其他应收款		1 830 000	应付利息		0
存货		15 480 000	应付股利		0
一年内到期的非流动资产		0	其他应付款		300 000
其他流动资产		0	一年内到期的非流动负债		6 000 000
流动资产合计		30 308 400	其他流动负债		0

续表

资　　产	期末余额	年初余额	负债及所有者权益	期末余额	年初余额
非流动资产：			流动负债合计		15 908 400
可供出售金融资产		0	非流动负债：		
持有至到期投资		0	长期借款		3 600 000
长期应收款		0	应付债券		0
偿期股权投资		1 500 000	长期应付款		0
投资性房地产		0	专项应付款		0
固定资产		4 800 000	预计负债		0
在建工程		9 000 000	递延所得税负债		0
工程物资		0	其他非流动负债		0
固定资产清理		0	非流动负债合计		3 600 000
生产性生物资产		0	负债合计		19 508 400
油气资产		0	所有者权益：		
无形资产		3 600 000	实收资本(或股本)		30 000 000
开发支出		0	资本公积		0
商誉		0	减：库存股		0
长期待摊费用		0	盈余公积		600 000
递延所得税资产		0	未分配利润		300 000
其他非流动资产		1 200 000	所有者权益合计		30 900 000
非流动资产合计		20 100 000			
资产总计		50 408 400	负债和所有者权益总计		50 408 400

2. 20×6 年，华荣股份有限公司发生如下经济业务。

(1)收到银行通知，用银行存款支付到期的商业承兑汇票 600 000 元。

(2)购入原材料一批，增值税专用发票上注明的原材料价款为 900 000 元，增值税进项税额为 153 000 元，款项已通过银行转账支付，材料尚未验收入库。

(3)收到原材料一批，实际成本 600 000 元，计划成本 570 000 元，材料已验收入库，货款已于上月支付。

(4)用银行汇票采购材料价款，公司收到开户银行转来银行汇票多余款 1 404 元的收账通知，购入材料及运费 598 800 元，增值税进项税额 101 796 元，原材料已验收入库，该批原材料计划价格 600 000 元。

(5)销售产品一批，增值税专用发票上注明的销售价格为 1 800 000 元，增值税销项税额 306 000 元，货款尚未收到。该批产品实际成本 1 080 000 元，产品已发出。

(6)公司将交易性金融资产(股票投资)兑现 99 000 元，该投资的成本为 78 000 元，公允价值变动为增值 12 000 元，投资收益为 9 000 元，款项均已存入银行。

(7)购入不需安装的设备一台,增值税专用发票上注明的设备价款为 512 820 元,增值税进项税额为 87 180 元,支付包装费、运费 6 000 元。价款及包装费、运费均以银行存款支付,设备已交付使用。

(8)购入工程物资一批,增值税专用发票上注明的物资价款和增值税进项税额合计为 900 000 元,款项已通过银行转账支付。

(9)工程应付薪酬 1 368 000 元。

(10)一项工程完工,交付生产使用,已办理竣工手续,固定资产价值 8 400 000 元。

(11)基本生产车间一台机床报废,原价 1 200 000 元,已提折旧 1 080 000 元,清理费用 3 000 元,残值收入 4 800 元,款项均通过银行存款收支。该项固定资产已清理完毕。

(12)从银行借入 3 年期借款 6 000 000 元,已存入银行账户。

(13)销售产品一批,增值税专用发票上注明的销售价款为 4 200 000 元,增值税销项税额为 714 000 元,款项已存入银行。销售产品的实际成本为 2 520 000 元。

(14)公司将要到期的一张面值为 1 200 000 元的无息银行承兑汇票(不含增值税),连同解讫通知和进账单交银行办理转账,收到银行盖章退回的进账单一联,款项已收妥。

(15)公司出售一台不需用设备,收到价款 1 800 000 元,该设备原价 2 400 000 元,已提折旧 900 000 元。该项设备已由购入单位运走。

(16)取得交易性金融资产(股票投资)价款 618 000 元,交易费用 12 000 元,已用银行存款支付。

(17)支付工资 3 000 000 元,其中包括支付在建工程人员的工资 1 200 000 元。

(18)分配应支付的职工工资 1 800 000 元(不包括在建工程应负担的工资),其中生产人员薪酬 1 650 000 元,车间管理人员薪酬 60 000 元,行政管理部门人员薪酬 90 000 元。

(19)提取职工福利费 252 000 元(不包括在建工程应负担的福利费 168 000 元),其中生产工人福利费 231 000 元,车间管理人员福利费 8 400 元,行政管理部门福利费 12 600 元。

(20)基本生产领用原材料,计划成本为 4 200 000 元,领用低值易耗品,计划成本 300 000 元,采用一次摊销法摊销。

(21)结转领用原材料应分摊的材料成本差异,材料成本差异率为 5%。

(22)计提无形资产摊销 360 000 元;以银行存款支付基本生产车间固定资产修理费 540 000 元。

(23)计提固定资产折旧 600 000 元,其中计入制造费用 480 000 元、管理费用 120 000 元,计提固定资产减值准备 180 000 元。

(24)收到应收账款 306 000 元,存入银行。计提应收账款坏账准备 5 400 元。

(25)用银行存款支付产品展览费60 000元。

(26)计算并结转本期完工产品成本7 694 400元。假设期初在产品为零,本期生产的产品全部完工入库。

(27)广告费60 000元,已用银行存款支付。

(28)公司采用商业承兑汇票结算方式销售产品一批,开出的增值专用发票上注明的销售价款为1 500 000元,增值税销项税额为255 000元,收到1 755 000元的商业承兑汇票1张,产品实际成本为900 000元。

(29)公司将上述承兑汇票到银行办理贴现,贴现息为120 000元。

(30)公司本期产品销售应交纳的教育费附加为12 000元。

(31)用银行存款交纳增值税600 000元;教育费附加12 000元。

(32)本期在建工程应负担的长期借款利息费用1 200 000元,长期借款为分期付息。

(33)提取应计入本期损益的长期借款利息费用60 000元,长期借款为分期付息。

(34)归还短期借款利息1 500 000元。

(35)支付长期款利息1 260 000元。

(36)偿还长期借款6 000 000元。

(37)上年度销售产品一批,开出的增值税专用发票上注明的销售价款为60 000元,增值税销项税额为10 200元,购货方开出商业承兑汇票。本期由于购货方发生财务困难,无法按合同规定偿还债务,经双方协议,华荣股份公司同意购货方用产品抵偿该应收票据。用于抵债的市价为48 000元,增值税税率为17%。

(38)持有的交易性金融资产的公允价值为630 000元。

(39)结转本期产品销售成本4 500 000元。

(40)假设本例中,除计提固定资产减值准备180 000元,造成固定资产账面价值与其计税基础存在差异外,不考虑其他项目的所得税费用影响。企业按照税法规定计算确定的应交所得税为569 190元,递延所得税资产为45 000元。

(41)将各收支科目结转本年利润。

(42)按照净利润的10%提取法定盈余公积金。

(43)将利润分配各明细科目的余额转入"未分配利润"明细科目,结转本年利润。

(44)用银行存款交纳当年应交所得税。

要求:编制华荣股份有限公司20×6年度经济业务的会计分录,并编制本年度资产负债表。

2. 根据上述资料编制会计分录

(1)借:应付票据　　　　600 000

　　贷:银行存款　　　　600 000

(2)借:材料采购	900 000	
应交税费—应交增值税(进项税额)	153 000	
贷:银行存款		1 053 000
(3)借:原材料	570 000	
材料成本差异	30 000	
贷:材料采购		600 000
(4)借:材料采购	598 800	
银行存款	1 404	
应交税费—应交增值税(进项税额)	101 796	
贷:其他货币资金		702 000
借:原材料	600 000	
贷:材料成本差异		1 200
材料采购		598 800
(5)借:应收账款	2 106 000	
贷:主营业务收入		1 800 000
应交税费—应交增值税(销项税额)		306 000
(6)借:银行存款	99 000	
贷:交易性金融资产—成本		78 000
—公允价值变动		12 000
投资收益		9 000
借:公允价值变动损益	12 000	
贷:投资收益		12 000
(7)借:固定资产	606 000	
贷:银行存款		606 000
(8)借:工程物资	900 000	
贷:银行存款		900 000
(9)借:在建工程	1 368 000	
贷:应付职工薪酬		1 368 000
(10)借:固定资产	8 400 000	
贷:在建工程		8 400 000
(11)借:固定资产清理	120 000	
累计折旧	1 080 000	
贷:固定资产		1 200 000
借:固定资产清理	3 000	
贷:银行存款		3 000
借:银行存款	4 800	

贷:固定资产清理		4 800
借:营业外支出—处置固定资产净损失	118 200	
贷:固定资产清理		118 200
(12)借:银行存款	6 000 000	
贷:长期借款		6 000 000
(13)借:银行存款	4 914 000	
贷:主营业务收入		4 200 000
税费—应交增值税(销项税额)		714 000
(14)借:银行存款	1 200 000	
贷:应收票据		1 200 000
(15)借:固定资产清理	1 500 000	
累计折旧	900 000	
贷:固定资产		2 400 000
借:银行存款	1 800 000	
贷:固定资产清理		1 800 000
借:固定资产清理	300 000	
贷:营业外收入—处置固定资产净收益		300 000
(16)借:交易性金融资产	618 000	
投资收益	12 000	
贷:银行存款		630 000
(17)借:应付职工薪酬	3 000 000	
贷:银行存款		3 000 000
(18)借:生产成本	1 650 000	
制造费用	60 000	
管理费用	90 000	
贷:应付职工薪酬		1 800 000
(19)借:生产成本	231 000	
制造费用	8 400	
管理费用	12 600	
贷:应付职工薪酬		252 000
(20)借:生产成本	4 200 000	
贷:原材料		4 200 000
借:制造费用	300 000	
贷:周转材料		300 000
(21)借:生产成本	210 000	
制造费用	15 000	

贷:材料成本差异		225 000
(22)借:管理费用—无形资产摊销	360 000	
贷:累计摊销		360 000
借:制造费用—固定资产修理费	540 000	
贷:银行存款		540 000
(23)借:制造费用—折旧费	480 000	
管理费用—折旧费	120 000	
贷:累计折旧		600 000
借:资产减值损失—固定资产减值	180 000	
贷:固定资产减值准备		180 000
(24)借:银行存款	306 000	
贷:应收账款		306 000
借:资产减值损失—坏账准备	5 400	
贷:坏账准备		5 400
(25)借:销售费用—展览费	60 000	
贷:银行存款		60 000
(26)借:生产成本	1 403 400	
贷:制造费用		1 403 400
借:库存商品	7 694 400	
贷:生产成本		7 694 400
(27)借:销售费用—广告费	60 000	
贷:银行存款		60 000
(28)借:应收票据	1 755 000	
贷:主营业务收入		1 500 000
交税费—应交增值税(销项税额)		255 000
(29)借:财务费用	120 000	
银行存款	1 635 000	
贷:应收票据		1 755 000
(30)借:营业税金及附加	12 000	
贷:应交税费—应交教育费附加		12 000
(31)借:应交税费—应交增值税(已交税金)	600 000	
—应交教育费附加	12 000	
贷:银行存款		612 000
(32)借:在建工程	1 200 000	
贷:应付利息		1 200 000
(33)借:财务费用	60 000	

贷:应付利息 60 000

(34)借:短期借款 1 500 000

贷:银行存款 1 500 000

(35)借:应付利息 1 260 000

贷:银行存款 1 260 000

(36)借:长期借款 6 000 000

贷:银行存款 6 000 000

(37)借:库存商品 48 000

应交税费—应交增值税(进项税额) 8 160

营业外支出—债务重组损失 14 040

贷:应收票据 70 200

(38)借:交易性金融资产—公允价值变动 12 000

贷:公允价值变动损益 12 000

(39)借:主营业务成本 4 500 000

贷:库存商品 4 500 000

(40)借:所得税费用—当期所得税费用 569 190

贷:应交税费—应交所得税 569 190

借:递延所得税资产 45 000

贷:所得税费用—递延所得税费用 45 000

(41)借:主营业务收入 7 500 000

营业外收入 300 000

投资收益 9 000

贷:本年利润 7 809 000

借:本年利润 5 712 240

贷:主营业务成本 4 500 000

营业税金及附加 12 000

销售费用 120 000

管理费用 582 600

财务费用 180 000

资产减值损失 185 400

营业外支出 132 240

借:本年利润 524 190

贷:所得税费用 524 190

(42)提取法定盈余公积数额为:(7 809 000 - 5 712 240 - 524 190) × 10% = 157 257(元)

借:利润分配——提取法定盈余公积 157 257

贷:盈余公积——法定盈余公积 157 257

(43)借:利润分配——未分配利润 157 257

贷:利润分配——提取法定盈余公积 157 257

借:本年利润 1 572 570

贷:利润分配——未分配利润 1 572 570

(44)借:应交税费——应交所得税 569 190

贷:银行存款 569 190

3. 根据年初资产负债表和上述会计分录编制年末资产负债表

如表 14-3 所示。

表 14-3 资产负债表

会企 01 表

编制单位:华荣股份有限公司　　20×6 年12 月31 日　　单位:元

资　　产	期末余额	年初余额	负债及所有者权益	期末余额	年初余额
流动资产:			流动负债:		
货币资金	6 302 814	8 437 800	短期借款	300 000	1 800 000
交易性金融资产	630 000	90 000	交易性金融负债	0	0
应收票据	205 800	1 476 000	应付票据	600 000	1 200 000
应收账款	4 189 200	2 394 600	应付账款	5 728 800	5 728 800
预付款项	600 000	600 000	预收款项	0	0
应收利息	0	0	应付职工薪酬	1 080 000	660 000
应收股利	0	0	应交税费	631 644	219 600
其他应收款	1 830 000	1 830 000	应付利息	0	0
存货	15 496 200	15 480 000	应付股利	0	0
一年内到期的非流动资产	0	0	其他应付款	300 000	300 000
其他流动资产	0	0	一年内到期的非流动负债	6 000 000	6 000 000
流动资产合计	29 254 014	30 308 400	其他流动负债	0	0
非流动资产:			流动负债合计	14 640 444	15 908 400
可供出售金融资产	0	0	非流动负债:		
持有至到期投资	0	0	长期借款	3 600 000	3 600 000
长期应收款	0	0	应付债券	0	0
长期股权投资	1 500 000	1 500 000	长期应付款	0	0
投资性房地产	0	0	专项应付款	0	0
固定资产	11 406 000	4 800 000	预计负债	0	0
在建工程	3 168 000	9 000 000	递延所得税负债	0	0
工程物资	900 000	0	其他非流动负债		

续表

资　　产	期末余额	年初余额	负债及所有者权益	期末余额	年初余额
固定资产清理	0	0	非流动负债合计	3 600 000	3 600 000
生产性生物资产	0	0	负债合计	18 240 444	19 508 400
油气资产	0	0	所有者权益:	0	
无形资产	3 240 000	3 600 000	实收资本(或股本)	30 000 000	30 000 000
开发支出	0	0	资本公积	0	0
商誉	0	0	减:库存股	0	0
长期待摊费用	0	0	盈余公积	757 257	600 000
递延所得税资产	45 000	0	未分配利润	1 715 313	300 000
其他非流动资产	1 200 000	1 200 000	所有者权益合计	32 472 570	30 900 000
非流动资产合计	21 459 000	20 100 000			
资产总计	50 713 014	50 408 400	负债和所有者权益总计	50 713 014	50 408 400

14.3 利润表

14.3.1 利润表的概念及作用

利润表是指反映企业在一定会计期间的经营成果的会计报表。它是根据“收入－费用＝利润”这一等式,把一定期间的收入与其同一会计期间相关的费用进行配比,计算出企业一定时期的净利润(或净亏损)。需要说明的是,由于收入不包括处置固定资产净收益等,费用不包括处置固定资产净损失等,因此,收入减去费用需要经过调整才能等于利润。

通过利润表可以反映企业在一定会计期间的收入、费用、利润(或亏损)的情况,能够反映企业生产经营的收益和成本耗费情况,表明企业生产经营成果,为会计报表使用者提供分析企业获利能力等指标的会计信息,为报表使用人进行决策提供依据。

14.3.2 利润表的格式及内容

利润表在形式上分为表头、表身两个部分。表头主要反映利润表的名称、编制单位、编制日期和金额单位;表身反映报告期间的各项收支及利润指标。

利润表是通过一定的格式来反映企业的经营成果。目前比较普遍的利润表的格式有多步式利润表和单步式利润表两种。根据《企业会计准则第 30 号—财务报表列表》的相关解释规定,我国一般企业利润表基本格式如表 14-4 所示。

表 14-4 利润表

会企 02 表

编制单位：　　　　　　　　　　＿＿＿＿年＿＿月　　　　　　　　　　单位：元

项目	本期金额	上期金额
一、营业收入		
减：营业成本		
营业税金及附加		
销售费用		
管理费用		
财务费用		
资产减值损失		
加：公允价值变动收益（损失以“－”号填列）		
投资收益（损失以“－”号填列）		
其中：对联营企业和合营企业的投资收益		
二、营业利润（亏损以“－”填列）		
加：营业外收入		
减：营业外支出		
其中：非流动资产处置损失		
三、利润总额（亏损总额以“－”号填列）		
减：所得税费用		
四、净利润（净亏损以“－”号填列）		
五、每股收益：		
（一）基本每股收益		
（二）稀释每股收益		

14.3.3 利润表的编制方法

14.3.3.1 编制步骤

我国利润表的编制被分解为多个步骤完成。

第一步，计算确定营业利润。即以营业收入减去营业成本、营业税金及附加、销售费用、管理费用、财务费用、资产减值损失，加上公允价值变动收益（减去公允价值变动损失）和投资收益（减去投资损失）。

第二步，计算确定利润总额。即以营业利润加上营业外收入，减去营业外支出。

第三步，计算确定净利润。即以利润总额减去所得税费用。

普通股或潜在普通股已公开交易的企业，以及正处于公开发行普通股或潜在普通股过程中的企业，按照要求还应当在利润表中列示每股收益信息。

14.3.3.2 项目填列

按照前后期对比的要求,利润表由“本期金额”和“上期金额”两个栏目组成。

利润表的“上期金额”栏各项目数字,应根据上年该期利润表的“本期金额”栏内所列数字填列。

利润表的“本期金额”栏各项目数字,除“基本每股收益”和“稀释每股收益”项目外,应根据相关科目的本期发生额分析填列。比如,“营业收入”项目应根据“主营业务收入”和“其他业务收入”科目的本期发生额分析计算填列;“营业成本”项目应根据“主营业务成本”和“其他业务成本”科目的本期发生额分析计算填列;其他项目根据损益类科目本期发生额合计直接填列。营业利润、利润总额和净利润是根据各项目推算得出,若为“-”数,以“-”号列示,表示亏损。

14.3.4 利润表编制举例

【例14-2】 沿用例14-1资料,根据前述账务处理,华荣股份有限公司20×6年度利润表科目本年累计发生额如表14-5所示。

表14-5 20×6年度利润表科目本年度累计发生额 单位:元

科目名称	借方发生额	贷方发生额
营业收入		7 500 000
营业成本	4 500 000	
营业税金及附加	12 000	
销售费用	120 000	
管理费用	582 600	
财务费用	180 000	
资产减值损失	185 400	
投资收益		9 000
营业外收入		300 000
营业外支出	132 240	
所得税费用	524 190	

根据本年相关科目发生额编制利润表如表14-6所示。

表14-6 利润表 会企02表

编制单位: 华荣股份有限公司 20×6年度 单位:元

项目	本期金额	上期金额
一、营业收入	7 500 000	
减:营业成本	4 500 000	

续表

项目	本期金额	上期金额
营业税金及附加	12 000	
销售费用	120 000	
管理费用	582 600	
财务费用	180 000	
资产减值损失	185 400	
加:公允价值变动收益(损失以"-"号填列)	0	
投资收益(损失以"-"号填列)	9 000	
其中:对联营企业和合营企业的投资收益	0	
二、营业利润(亏损以"-"填列)	1 929 000	
加:营业外收入	300 000	
减:营业外支出	132 240	
其中:非流动资产处置损失		
三、利润总额(亏损总额以"-"号填列)	2 096 760	
减:所得税费用	524 190	
四、净利润(净亏损以"-"号填列)	1 572 570	
五、每股收益:		
(一)基本每股收益		
(二)稀释每股收益		

14.4 现金流量表

14.4.1 现金流量表的概念及作用

现金流量表是指反映企业在一定会计期间的现金和现金等价物流入和流出的会计报表。其中现金是指企业库存现金以及可以随时用于支付的存款;现金等价物是指企业持有的期限短、流动性强、易于转换为已知金额现金、价值变动风险很小的投资。

众所周知,现金流是衡量企业质量的一个重要指标,企业的现金流转情况在很大程度上影响着企业的自下而上的发展,而资产负债表和利润表是在权责发生制下编制而成的,分别反映企业某一特定日期财务状况和一定时期经营成果,虽然利润表能够说明筹资活动和投资活动的损益,但却不能说明筹资活动和投资活动产生或运用了多少现金;虽然可以通过前后各期资产负债表的比较反映企业财务状况的变动,但却不能说明其变动的过程和原因,而现金流量表的编制可以弥补上述不足,它为报表使用人提供企业一定会计期间内现金和现金等价物流入和流出的信息，以便于报表使用人了解和评价企业获取现金和现金等价物的能力，并据以预测企业在未来会计期间产生净现金流量的能力、企业偿还债务及支付企业所有者的投资报酬的能力等，为报表使用人的决策服务。

14.4.2 现金流量表的编制基础

根据《企业会计准则第 31 号—现金流量表》规定：现金流量表是以现金为基础编制的。这里所称“现金”是广义的现金概念，它是指企业库存现金、可以随时用于支付的存款以及现金等价物。具体包括以下几项。

14.4.2.1 库存现金

库存现金是指企业持有可随时用于支付的现金，与会计核算中“库存现金”科目所包括的内容一致。

14.4.2.2 银行存款

银行存款是指企业存入金融企业，可以随时用于支付的存款。如果存在金融企业的不能随时用于支付的存款则不能作为现金流量表中的现金。

14.4.2.3 其他货币资金

其他货币资金是指企业存在金融企业有特定用途的资金，如外埠存款、银行汇票存款等。与银行存款项目一样，如果其他货币资金不能随时用于支付，也不能作为现金流量表中的现金。

14.4.2.4 现金等价物

现金等价物是指企业持有的期限短、流动性强、易于转换为已知金额现金、价值变动风险很小的投资。现金等价物虽然不是现金，但因其支付能力与现金差别不大，所以可视为现金。现金等价物通常指购买在 3 个月或更短时间内即到期或即可转换为现金的短期债券投资。权益性投资变现的金额通常不确定，因而不属于现金等价物。

14.4.3 现金流量表的格式及内容

14.4.3.1 现金流量表的内容

现金流量表反映的是企业现金和现金等价物的流入、流出及净额情况，也就是反映企业的现金流量。企业一定时期内现金流入和流出是由各种因素产生的，净额是流入减流出后的余额。现金流量表首先应对企业现金流量的来源和用途进行合理的分类。《企业会计准则第 31 号—现金流量表》将现金流量分为 3 类，即：经营活动现金流量、投资活动现金流量、筹资活动现金流量。

1. 经营活动现金流量

经营活动是指企业投资活动和筹资活动以外的所有交易和事项。经营活动的现金流入主要包括：销售商品、提供劳务收到的现金；收到的税费返还；收到其他与经营活动有关的现金等。经营活动的现金流出主要包括:购买商品、接受劳务支付的现金;支付给职工以及为职工支付的现金;支付的各项税费;支付其他与经营活动有关的现金等。

2. 投资活动现金流量

投资活动是指企业长期资产的购建和不包括在现金等价物范围内的投资及其处置活动。投资活动的现金流入主要包括:收回投资收到的现金;取得投资收益收到的现金;处置固定资产、无形资产和其他长期资产收回的现金净额;处置其他与投资活动有关的现金等。投资活动的现金流出主要包括:购建固定资产、无形资产和其他长期资产支付的现金;投资支付的现金;取得子公司及其他营业单位支付的现金净额;支付其他与投资活动有关的现金等。

3. 筹资活动现金流量

筹资活动是指导致企业资本及债务规模和构成发生变化的活动。筹资活动的现金流入主要包括:吸收投资收到的现金;取得借款收到的现金;收到其他与筹资活动有关的现金等。筹资活动的现金流出主要包括:偿还债务支付的现金;分配股利、利润或偿付利息支付的现金;支付其他与筹资活动有关的现金等。

14.4.3.2 现金流量表的格式

我国对现金流量表格式分别按一般企业、商业银行、保险公司、证券公司等企业类型予以规定,企业应根据自身经营活动的性质,确定本企业适用的现金流量表格式。但不论是何种企业类型的现金流量表均须反映经营活动产生的现金流量、投资活动产生的现金流量、筹资活动产生的现金流量、汇率变动对现金及现金等价物的影响等内容。

根据《企业会计准则第 31 号—现金流量表》的相关解释规定,我国一般企业现金流量表基本格式如表 14-7 所示。

表 14-7 现金流量表 会企 03 表

编制单位: ________年____月 单位:元

项目	本期金额	上期金额
一、经营活动产生的现金流量		
销售商品、提供劳务收到的现金		
收到的税费返还		
收到其他与经营活动有关的现金		
经营活动现金流入小计		
购买商品、接受劳务支付的现金		
支付给职工以及为职工支付的现金		

续表

项目	本期金额	上期金额
支付的各项税费		
支付其他与经营活动有关的现金		
经营活动现金流出小计		
经营活动产生的现金流量净额		
二、投资活动产生的现金流量		
收回投资收到的现金		
取得投资收益收到的现金		
处置固定资产、无形资产和其他长期资产收回的现金净额		
处置子公司及其他营业单位收到的现金净额		
收到其他与投资活动有关的现金		
投资活动现金流入小计		
购建固定资产、无形资产和其他长期资产支付的现金		
投资支付的现金		
取得子公司及其他营业单位支付的现金净额		
支付其他与投资活动有关的现金		
投资活动现金流出小计		
投资活动产生的现金流量净额		
三、筹资活动产生的现金流量		
吸收投资收到的现金		
取得借款收到的现金		
收到其他与筹资活动有关的现金		
筹资活动现金流入小计		
偿还债务支付的现金		
分配股利、利润或偿付利息支付的现金		
支付其他与筹资活动有关的现金		
筹资活动现金流出小计		
筹资活动产生的现金流量净额		
四、汇率变动对现金及现金等价物的影响		
五、现金及现金等价物净增加额		
加:期初现金及现金等价物余额		
六、期末现金及现金等价物余额		

根据《企业会计准则第31号—现金流量表》规定，企业除编制现金流量表正表外，还必须列示现金流量表附注，以全面披露企业现金流量状况。现金流量表附注适用于一般企业、商业银行、保险公司、证券公司等各类企业，附注披露的内容主要包括3项：一是披露现金流量表的补充资料；二是披露当期取得或处置子公司及其他营业单位的有关信息；三是披露现金和现金等价物的信息。

1. 现金流量表补充资料的基本格式

现金流量表补充资料主要披露将净利润调节为经营活动现金流量的信息，不涉及当期现金收支，但影响企业财务状况或在未来可能影响企业现金流量的重大投资和筹资活动信息，以及现金及现金等价物净变动情况的信息。基本格式如表14-8所示。

表14-8

补充资料	本期金额	上期金额
1. 将净利润调节为经营活动现金流量		
净利润		
加：资产减值准备		
固定资产折旧、油气资产折耗、生产性生物资产折旧		
无形资产摊销		
长期待摊费用摊销		
处置固定资产、无形资产和其他长期资产的损失（收益以“－”号填列）		
固定资产报废损失（收益以“－”号填列）		
公允价值变动损失（收益以“－”号填列）		
财务费用（收益以“－”号填列）		
投资损失（收益以“－”号填列）		
递延所得税资产减少（增加以“－”号填列）		
递延所得税负债增加（减少以“－”号填列）		
存货的减少（增加以“－”号填列）		
经营性应收项目的减少（增加以“－”号填列）		
经营性应付项目的增加（减少以“－”号填列）		
其他		
经营活动产生的现金流量净额		
2. 不涉及现金收支的重大投资和筹资活动		
债务转为资本		
一年内到期的可转换公司债券		

续表

补充资料	本期金额	上期金额
融资租入固定资产		
3. 现金及现金等价物净变动情况		
现金的期末余额		
减:现金的期余额		
加:现金等价物的期末余额		
减:现金等价物的期初余额		
现金及现金等价物净增加额		

2. 披露当期取得或处置子公司及其他营业单位的有关信息的基本格式

根据《企业会计准则第31号—现金流量表》规定,企业应当在附注中以总额披露当期取得或处置子公司及其他营业单位的相关信息。主要包括:取得或处置价格、取得或处置价格中以现金支付的部分、取得或处置子公司及其他营业单位收到的现金、取得或处置子公司及其他营业单位按照主要类别分类的非现金资产和负债。基本格式如表14-9所示。

表14-9

项目	金额
一、取得子公司及其他营业单位的有关信息	
(1)取得子公司及其他营业单位的价格	
(2)取得子公司及其他营业单位支付的现金和现金等价物	
减:子公司及其他营业单位持有的现金和现金等价物	
(3)取得子公司及其他营业单位支付的现金净额	
(4)取得子公司的净资产	
流动资产	
非流动资产	
流动负债	
非流动负债	
二、处置子公司及其他营业单位的有关信息	
(1)处置子公司及其他营业单位的价格	
(2)处置子公司及其他营业单位收到的现金和现金等价物	
减:子公司及其他营业单位持有的现金和现金等价物	
(3)处置子公司及其他营业单位收到的现金净额	

续表

项目	金额
(4)处置子公司的净资产	
流动资产	
非流动资产	
流动负债	
非流动负债	

3. 披露现金和现金等价物信息的基本格式

根据《企业会计准则第31号—现金流量表》规定，企业应当在附注中披露与现金和现金等价物有关的信息。主要包括：现金和现金等价物的构成及其在资产负债表中的相应金额、企业持有但不能由母公司或集团内其他子公司使用的大额现金和现金等价物金额。基本格式如表14-10所示。

表14-10

项目	本期金额	上期金额
一、现金		
其中：库存现金		
可随时用于支付的银行存款		
可随时用于支付的其他货币资金		
可用于支付的存放中央银行款项		
存放同业款项		
拆放同业款项		
二、现金等价物		
其中：3个月内到期的债券投资		
三、期末现金及现金等价物余额		
其中：母公司或集团内子公司使用受限制的现金和现金等价物		

14.4.4 现金流量表的编制方法

14.4.4.1 经营活动产生的现金流量的编制方法

经营活动产生的现金流量是评价企业现金流量质量的一项重要指标，经营活动产生的现金流量可以采用直接法和间接法两种方法进行反映。直接法是通过现金流入和现金流出的主要类别反映企业经营活动产生的现金流量，相关项目的数据可以从会计记录中直接获得，也可以在利润表中营业收入、营业成本等数据的基础上，通过调整获得。间接法是以本期净利润为起点，调整不涉及现金的收入、费用、营业外收支等有关项目的增减变动,从而计算出经营活动产生的现金流量。

1. 直接法下相关项目的编制方法

(1)"销售商品、提供劳务收到的现金"项目,反映企业销售商品、提供劳务收到的现金(含应向购买者收取的增值税销项税额),包括本期及前期销售商品、提供劳务收到的现金和本期预收的款项,减去本期退回的本期或前期销售商品支付的现金。企业销售材料和代购代销业务收到的现金也在本项目反映。

(2)"收到的税费返还"项目,反映企业收到的返还的各种税费,主要包括返还的增值税、营业税、消费税、所得税、关税、教育费附加等各种税费返还款。该项目的金额根据"应交税费"科目所属的各明细科目的贷方发生额分析计算确定。

(3)"收到的其他与经营活动有关的现金"项目,反映企业收到的除上述项目外其他与经营活动有关的现金流入,主要包括罚款收入、经营租赁收到的租金等,若金额较大的应当单独列示。该项目没有固定的科目对应关系,通常需要分析"库存现金"、"银行存款"等科目的借方发生额进行确定。

(4)"购买商品、接受劳务支付的现金"项目,反映企业购买商品、接受劳务实际支付的现金(含支付给销售方的增值税进项税额),包括本期及前期购买商品、接受劳务实际支付的现金和本期预付的款项,减去本期发生的购货退回收到的现金。

(5)"支付给职工以及为职工支付的现金"项目,反映企业本期实际支付给职工的工资、奖金、各种津贴和补贴以及为职工支付的其他费用,不包括支付给离退休人员的各项费用和应由在建工程、无形资产负担的职工薪酬等。

(6)"支付的各项税费"项目,反映企业本期或以前各期发生,本期支付及本期预缴的营业税、房产税、印花税、土地增值税、车船使用税、矿产资源补偿费、教育费附加等各项税费,不包括计入固定资产价值、实际支付的耕地占用税及本期退回的增值税、所得税等。该项目的金额根据"应交税费"科目所属的各明细科目的借方发生额分析计算确定。

(7)"支付的其他与经营活动有关的现金"项目,反映企业支付的除上述项目外其他与经营活动有关的现金流出,主要包括罚款支出、支付的差旅费、业务招待费、保险费、经营租赁支付的租金等,若金额较大的应当单独列示。该项目一般通过分析"销售费用"、"管理费用"等科目发生额的基础上进行调整。

2. 间接法下相关项目的编制方法

(1)"资产减值准备"项目,反映企业本期计提的坏账准备、存货跌价准备、长期股权投资减值准备、持有至到期投资减值准备、固定资产减值准备等资产减值准备。该项目主要根据"资产减值损失"科目记录情况进行填列。

(2)"固定资产折旧、油气资产折耗、生产性生物资产折旧"项目,反映企业本期计提的固定资产折旧、油气资产折耗、生产性生物资产折旧。

(3)“无形资产摊销”、“长期待摊费用摊销”项目,反映企业本期计提的无形资产摊销、长期待摊费用摊销。分别根据“累计摊销”、“长期待摊费用”科目的贷方发生额分析填列。

(4)“处置固定资产、无形资产和其他长期资产的损失”项目,反映企业本期处置固定资产、无形资产和其他长期资产发生的损益。该项目根据“营业外收入”、“营业外支出”、“其他业务收入”、“其他业务成本”等科目所属明细科目的记录分析填列。若处置结果为取得净收益,则以“-”号填列。

(5)“固定资产报废损失”项目,反映企业本期固定资产盘亏(减去盘盈)后的净损失。该项目根据“营业外收入”、“营业外支出”等科目所属明细科目的记录分析填列。若盘亏损失与盘盈收益相抵后为净收益,则以“-”号填列。

(6)“公允价值变动损失”项目,反映企业持有的金融资产、金融负债以及采用公允价值计量模式的投资性房地产的公允价值的变动损失。该项目根据利润表中的“公允价值变动收益”项目的金额填列。若为变动收益,则以“-”号填列。

(7)“财务费用”项目,反映企业本期发生的财务费用。该项目根据“财务费用”科目的本期借方发生额分析填列。若为收益,则以“-”号填列。

(8)“投资损失”项目,反映企业本期投资所发生的损失减去收益后的净损失。该项目根据利润表中的“投资收益”项目的金额填列。若为投资净收益,则以“-”号填列。

(9)“递延所得税资产减少”、“递延所得税负债增加”项目,反映企业本期递延所得税资产减少和递延所得税负债增加的情况。其中,“递延所得税资产减少”项目根据资产负债表中“递延所得税资产”项目的期初余额减去期末余额后的差额填列;“递延所得税负债增加”项目根据资产负债表中“递延所得税负债”项目的期末余额减去期初余额后的差额填列。

(10)“存货的减少”项目,反映企业本期存货的增减情况。该项目根据资产负债表中的“存货”项目的期初余额减去期末余额后的差额填列。

(11)“经营性应收项目的减少”项目,反映企业本期经营性应收项目增减情况。该项目根据应收票据、应收账款、预付账款、其他应收款、长期应收款等项目中与经营活动有关的部分及应收的增值税销项税额的期初余额减去期末余额后的差额填列。

(12)“经营性应付项目的增加”项目,反映企业本期经营性应付项目的增减情况。该项目根据应付票据、应付账款、预收账款、应付职工薪酬、应交税费、应付利息、应付股息、其他应付款、长期应付款等项目中与经营活动有关的部分及应付的增值税进项税额的期末余额减去期初余额后的差额填列。

14.4.4.2 投资活动产生的现金流量的编制方法

(1)“收回投资收到的现金”项目,反映企业出售、转让或到期收回除现金等价物以外的交易性金融资产、长期股权投资而收到的现金,以及收回的持有至到期投资本金而收到的现金,不包括持有至到期投资收回的利息。

(2)"取得投资收益收到的现金"项目,反映企业因各种投资而分得的现金股利、利润、利息等。主要包括股权性投资分得的现金股利;债权性投资取得的现金利息收入;从子公司、联营企业或合营企业分回的现金利润等。

(3)"处置固定资产、无形资产和其他长期资产收回的现金净额"项目,反映企业处置固定资产、无形资产和其他长期资产取得的现金,减去为处置这些资产而支付的有关费用后的净额。

(4)"处置子公司及其他营业单位收到的现金净额"项目,反映企业处置子公司及其他营业单位所取得的现金减去相关处置费用后的净额。

(5)"收到其他与投资活动有关的现金"项目,反映企业除上述各项以外收到的其他与投资活动有关的现金流入。若金额较大的应当单独列示。

(6)"购建固定资产、无形资产和其他长期资产支付的现金"项目,反映企业购买、建造固定资产,取得无形资产和其他长期资产所支付的现金,不包括为构建固定资产而发生的借款利息资本化的部分以及融资租入固定资产支付的租赁费用等。该项目根据"固定资产"、"在建工程"、"无形资产"、"库存现金"、"银行存款"等科目的记录分析填列。

(7)"投资支付的现金"项目,反映企业取得的除现金等价物以外的权益性投资和债权性投资所支付的现金以及支付的佣金、手续费等附加费用。该项目根据"交易性金融资产"、"持有至到期投资"、"长期股权投资"、"库存现金"、"银行存款"等科目的记录分析填列。

(8)"取得子公司及其他营业单位支付的现金净额"项目,反映企业购买子公司及其他营业单位购买价款中以现金支付的部分,减去子公司及其他营业单位持有的现金和现金等价物后的净额。

(9)"支付其他与投资活动有关的现金"项目,反映企业除上述各项以外支付的其他与投资活动有关的现金流出。若金额较大的应当单独列示。

14.4.4.3 筹资活动产生的现金流量的编制方法

(1)"吸收投资收到的现金"项目,反映企业以发行股票、债券等方式筹集资金实际收到的款项,减去直接支付给金融企业的佣金、手续费、宣传费、咨询费、印刷费等发行费用后的净额。该项目可根据"实收资本"(或"股本")、"库存现金"、"银行存款"等科目的记录分析填列。

(2)"取得借款收到的现金"项目,反映企业举借各种短期、长期借款收到的现金。该项目根据"短期借款"、"长期借款"、"库存现金"、"银行存款"等科目的记录分析填列。

(3)“收到其他与筹资活动有关的现金”项目,反映企业除上述各项以外形成的其他与筹资活动有关的现金流入。若金额较大的应当单独列示。

(4)“偿还债务支付的现金”项目,反映企业以现金偿还包括金融企业的借款、发行的债券等债务的本金。企业偿还的借款利息、债券利息不在本项目中列示。该项目根据“短期借款”、“长期借款”、“应付债券”、“库存现金”、“银行存款”等科目的记录分析填列。

(5)“分配股利、利润或偿付利息支付的现金”项目,反映企业实际支付的现金股利、支付给其他投资者的利润或用现金支付的借款利息、债券利息等。该项目根据“应付股利”、“财务费用”、“长期借款”、“应付债券”、“库存现金”、“银行存款”等科目的记录分析填列。

(6)“支付其他与筹资活动有关的现金”项目,反映企业除上述各项以外形成的其他与筹资活动有关的现金流出。若金额较大的应当单独列示。

14.4.5 现金流量表编制方法举例

【例 14-3】 沿用例 14-1 资料,根据例 14-1 编制的资产负债表和例 14-2 编制的利润表,采用工作底稿法编制现金流量表。

1. 将资产负债表的年初余额和期末余额过入工作底稿的期初数栏和期末数栏,将利润表的本期金额过入工作底稿的期末数栏。

2. 编制调整分录:

(1)调整本期营业收入:

借:经营活动现金流量—销售商品收到的现金	8 245 200	
应收账款	1 800 000	
贷:营业收入		7 500 000
应收票据		1 270 200
应交税费		1 275 000

(2)调整本期营业成本:

借:营业成本	4 500 000	
应付票据	600 000	
应交税费	262 956	
存货	16 200	
贷:经营活动现金流量—购买商品支付的现金		5 379 156

(3)调整本年营业税金及附加:

借:营业税金及附加	12 000	
贷:应交税费		12 000

(4)调整付现的销售费用:

借:销售费用　　120 000
　　贷:经营活动现金流量—支付的其他与经营活动有关的现金
　　　　120 000
(5)调整管理费用:
借:管理费用　　582 600
　　贷:经营活动现金流量—支付的其他与经营活动有关的现金
　　　　582 600
(6)调整财务费用:
借:财务费用　　180 000
　　贷:经营活动现金流量—销售商品收到的现金　　120 000
　　　　筹资活动现金流量—偿付利息支付的现金　　60 000
(7)调整资产减值损失:
借:资产减值损失　　185 400
　　贷:坏账准备　　5 400
　　　　固定资产减值准备　　180 000
(8)调整公允价值变动收益:
借:交易性金融资产　　12 000
　　贷:投资收益　　12 000
(9)调整投资收益:
借:投资活动现金流量—收回投资收到的现金　　99 000
　　交易性金融资产　　618 000
　　投资收益　　3 000
　　贷:交易性金融资产　　90 000
　　　　投资活动现金流量—投资支付的现金　　630 000
(10)调整营业外收入:
借:投资活动现金流量—处置固定资产收到的现金　　1 800 000
　　累计折旧　　900 000
　　贷:营业外收入　　300 000
　　　　固定资产　　2 400 000
(11)调整营业外支出:
借:营业外支出　　118 200
　　投资活动现金流量—处置固定资产收到的现金　　1 800
　　累计折旧　　1 080 000
　　贷:固定资产　　1 200 000

借:营业外支出 14 040

经营活动现金流量—购买商品支付的现金 56 160

贷:经营活动现金流量—销售商品收到的现金 70 200

(12)调整所得税费用:

借:所得税费用 524 190

递延所得税资产 45 000

贷:应交税费 569 190

(13)调整固定资产:

借:固定资产 9 006 000

贷:投资活动现金流量—购建固定资产支付的现金 606 000

在建工程 8 400 000

(14)调整累计折旧:

借:经营活动现金流量—支付的其他与经营活动有关的现金

120 000

—购买商品支付的现金 480 000

贷:累计折旧 600 000

(15)调整在建工程:

借:在建工程 2 568 000

工程物资 900 000

贷:投资活动现金流量—购建固定资产支付的现金 2 100 000

筹资活动现金流量—偿付利息支付的现金 1 200 000

应付职工薪酬 168 000

(16)调整累计摊销:

借:经营活动现金流量—支付的其他与经营活动有关的现金

360 000

贷:累计摊销 360 000

(17)调整短期借款:

借:短期借款 15 000 000

贷:筹资活动现金流量—偿还债务支付的现金 15 000 000

(18)调整应付职工薪酬:

借:经营活动现金流量—购买商品支付的现金 1 949 400

—支付的其他与经营活动有关的现金

102 600

贷:经营活动现金流量—支付给职工以及为职工支付的现金

1 800 000

应付职工薪酬 252 000

(19)调整应交税费:

借:应交税费 1 181 190

贷:经营活动现金流量—支付的各项税费 1 181 190

(20)调整长期借款:

借:长期借款 6 000 000

贷:筹资活动现金流量—偿还债务支付的现金 6 000 000

借:筹资活动现金流量—取得借款收到的现金 6 000 000

贷:长期借款 6 000 000

(21)结转净利润:

借:净利润 1 572 570

贷:未分配利润 1 572 570

(22)提取盈余公积:

借:未分配利润 157 257

贷:盈余公积 157 257

(23)调整现金净变化额:

借:现金净减少额 2 134 986

贷:库存现金 2 134 986

3. 将调整分录过入工作底稿的相应部分,并核对调整分录借贷方合计数、表内勾稽关系,计算现金流量表项目的期末数。

如表 14-11 所示。

表 14-11 现金流量表工作底稿

项目	期初数	调整分录		期末数
		借方	贷方	
一、资产负债表项目				
借方项目:				
货币资金	8 437 800		(23)2 134 986	6 302 814
交易性金融资产	90 000	(8) 12 000 (9)528 000	630 000	
应收票据	1 476 000		(1)1 270 200	205 800
应收账款	2 400 000	(1)1 800 000		4 200 000
预付款项	600 000			600 000
应收股利				
其他应收款	1 830 000			1 830 000

续表

项目	期初数	调整分录		期末数
		借方	贷方	
存货	15 480 000	(2)16 200		15 496 200
一年内到期的非流动资产				
其他流动资产				
可供出售金融资产				
持有至到期投资				
投资性房地产				
长期股权投资	1 500 000			1 500 000
长期应收款				
固定资产	6 600 000	(13)9 006 000	(10)2 400 000 (11)1200000	12 006 000
在建工程	9 000 000	(15)2 568 000	(13) 840 000	3 168 000
工程物资		(15)900 000		900 000
固定资产清理				
无形资产	3 600 000			3 600 000
开发支出				
商誉				
长期待摊费用				
递延所得税资产		(12)45 000		45 000
其他非流动资产	1 200 000			1 200 000
借方项目合计:	52 213 800			51 683 814
贷方项目:				
坏账准备	5 400		(7)5 400	10 800
累计折旧	1 800 000	(10) 900 000 (11)1 080 000	(14)600 000	420 000
累计摊销			(16)360 000	360 000
固定资产减值准备			(7)180 000	180 000
短期借款	1 800 000	(17)1 500 000		300 000
应付票据	1 200 000	(2)600 000	600 000	
应付账款	5 728 800			5 728 800
预收款项				
应付职工薪酬	660 000		(15)168 000 (18)252 000	1 080 000

续表

项目	期初数	调整分录		期末数
		借方	贷方	
应交税费	219 600	(2) 262 956 (19)1 181 190	(1)1 275 000 (3)12 000 (12)569 190	631 644
应付利息				
应付股利				
其他应付款	300 000			300 000
一年内到期的非流动负债	6 000 000			6 000 000
长期借款	3 600 000	(20)6 000 000	(20)6 000 000	3 600 000
应付债券				
长期应付款				
专项应付款				
递延所得税负债				
其他非流动负债				
实收资本(或股本)	30 000 000			30 000 000
资本公积				
盈余公积	600 000		(22)157 257	757 257
未分配利润	3 000 000	(22)157 257	(21)1 572 570	1 715 313
减:库存股				
贷方项目合计	52 213 800			51 683 814
二、利润表项目				
营业收入			(1)7 500 000	7 500 000
营业成本		(2)4 500 000		4 500 000
营业税金及附加		(3)12 000		12 000
销售费用		(4)120 000		120 000
管理费用		(5)582 600		582 600
财务费用		(6)180 000		180 000
资产减值损失		(7)185 400		185 400
公允价值变动收益(净损失以“-”号填列)				300 000
投资收益(净损失以“-”号填列)		(9)3 000	(8)12 000	9 000
营业外收入			(10)300 000	300 000
营业外支出		(11)132 240		132 240
所得税费用		(12)524 190		524 190

续表

项目	期初数	调整分录		期末数
		借方	贷方	
净利润(净亏损以"－"号填列)		(21)1 572 570		1 572 570
三、现金流量表项目				
(一)经营活动产生的现金流量:				
销售商品、提供劳务收到的现金		(1)8 245 200	(6)120 000 (11)70 200	8 055 000
收到的税费返还				
收到其他与经营活动有关的现金				
现金流入小计				8 055 000
购买商品、接受劳务支付的现金		(11)56 160 (14)480 000 (18)1 949 400	(2)5 379 156	2 893 596
支付给职工以及为职工支付的现金			(18)1 800 000	1 800 000
支付的各项税费			(19)1 181 190	1 181 190
支付其他与经营活动有关的现金		(14)120 000 (16)360 000 (18)102 600	(4)120 000 (5)582 600	120 000.00
现金流出小计				5 994 786
经营活动产生的现金流量净额				2 060 214
(二)投资活动产生的现金流量:				
收回投资收到的现金		(9)99 000		99 000
取得投资收益收到的现金				
处置固定资产、无形资产和其他长期资产收回的现金净额		(10)1 800 000 (11)1 800		1 801 800
处置子公司及其他营业单位收到的现金净额				
收到其他与投资活动有关的现金				
现金流入小计				2 020 800
购建固定资产、无形资产和其他长期资产支付的现金			(13)606 000 (15)2 100 000	2 706 000
投资支付的现金			(9)630 000	630 000
取得子公司及其他营业单位支付的现金净额				
支付其他与投资活动有关的现金				
现金流出小计				3 336 000
投资活动产生的现金流量净额				－1 435 200

续表

项目	期初数	调整分录		期末数
		借方	贷方	
(三)筹资活动产生的现金流量:				
吸收投资收到的现金				
取得借款收到的现金			(20)6 000 000	6 000 000
收到其他与筹资活动有关的现金				
现金流入小计				6 000 000
偿还债务支付的现金			(17)1 500 000 (20)6 000 000	7 500 000
分配股利、利润或偿付利息支付的现金			(6)60 000 (15)1 200 000	1 260 000
支付其他与筹资活动有关的现金				
现金流出小计				8 760 000
筹资活动产生的现金流量净额				-2 760 000
四、汇率变动对现金及现金等价物的影响				
五、现金及现金等价物净减少额		(23)2 134 986		2 134 986
调整分录借贷合计		55 717 749	55 717 749	

4. 根据工作底稿中的现金流量表项目部分编制正式的现金流量表。

如表14-12所示。

表14-12 现金流量表

会企03表

编制单位; 华荣股份有限公司 20×6年度 单位:元

项目	本期金额	上期金额
一、经营活动产生的现金流量		
销售商品、提供劳务收到的现金	8 055 000	
收到的税费返还	0	
收到其他与经营活动有关的现金	0	
经营活动现金流入小计	8 055 000	
购买商品、接受劳务支付的现金	2 893 596	
支付给职工以及为职工支付的现金	1 800 000	
支付的各项税费	1 363 330.8	
支付其他与经营活动有关的现金	120 000	
经营活动现金流出小计	6 176 926.8	
经营活动产生的现金流量净额	1 878 073.2	

续表

项目	本期金额	上期金额
二、投资活动产生的现金流量		
收回投资收到的现金	99 000	
取得投资收益收到的现金	0	
处置固定资产、无形资产和其他长期资产收回的现金净额	1 801 800	
处置子公司及其他营业单位收到的现金净额	0	
收到其他与投资活动有关的现金	0	
投资活动现金流入小计	1 900 800	
购建固定资产、无形资产和其他长期资产支付的现金	2 706 000	
投资支付的现金	630 000	
取得子公司及其他营业单位支付的现金净额	0	
支付其他与投资活动有关的现金	0	
投资活动现金流出小计	3 336 000	
投资活动产生的现金流量净额	-1 435 200	
三、筹资活动产生的现金流量		
吸收投资收到的现金	0	
取得借款收到的现金	6 000 000	
收到其他与筹资活动有关的现金	0	
筹资活动现金流入小计	6 000 000	
偿还债务支付的现金	7 500 000	
分配股利、利润或偿付利息支付的现金	1 260 000	
支付其他与筹资活动有关的现金	0	
筹资活动现金流出小计	8 760 000	
筹资活动产生的现金流量净额	-2 760 000	
四、汇率变动对现金及现金等价物的影响	0	
五、现金及现金等价物净增加额	-2 134 986	
加:期初现金及现金等价物余额	8 437 800	
六、期末现金及现金等价物余额	6 302 814	

14.5 所有者权益变动表

14.5.1 所有者权益变动表的概念及作用

所有者权益变动表是指反映企业在一定期间所有者权益各组成项目的增减变动情况的报表。通过编制所有者权益变动表,能够反映企业所有者权益各项目的增减变动的原因及变动结果,以及所有者权益各项目的比例分布情况,为报表使用人的决策提供信息。

14.5.2 所有者权益变动表的格式及内容

所有者权益变动表反映的内容主要包括:因净利润和直接计入所有者权益的利得和损失导致的所有者权益的变动;所有者的资本交易导致的所有者权益的变动以及所有者权益项目内部的变动等。

根据《企业会计准则第30号—财务报表列表》的相关解释规定,我国一般企业所有者权益变动表基本格式如表14-13所示。

14.5.3 所有者权益变动表的编制方法

所有者权益变动表中各项目应根据当期净利润、直接计入所有者权益的利得和损失项目、所有者投入资本和向所有者分配利润、提取盈余公积等情况分析填列。

【例14-4】 沿用例14-1资料,根据例14-1编制的资产负债表和例14-2编制的利润表,编制本年度所有者权益变动表,如表14-13所示。

表14-13 所有者权益变动表

会企04表

编制单位: ______年度 单位:元

项目	本年金额						上年金额					
	实收资本	资本公积	减:库存股	盈余公积	未分配利润	所有者权益合计	实收资本	资本公积	减:库存股	盈余公积	未分配利润	所有者权益合计
一、上年年末余额	30 000 000	0	0	600 000	300 000	30 900 000						
加:会计政策变更												
前期差错更正												
二、本年年初余额	30 000 000	0	0	600 000	300 000	30 900 000						
三、本年增减变动金额(减少以"-"号填列)												
(一)净利润					1 572 570	1 572 570						
(二)直接计入所有者权益的利得和损失												

续表

项目	本年金额						上年金额					
	实收资本	资本公积	减:库存股	盈余公积	未分配利润	所有者权益合计	实收资本	资本公积	减:库存股	盈余公积	未分配利润	所有者权益合计
1. 可供出售金融资产公允价值变动净额												
2. 权益法下被投资单位其他所有者权益变动的影响												
3. 与计入所有者权益项目相关的所得税影响												
4. 其他												
上述(一)和(二)小计												
(三)所有者投入和减少资本												
1. 所有者投入资本												
2. 股份支付计入所有者权益的金额												
3. 其他												
(四)利润分配												
1. 提取盈余公积				157 257	-157 257	0						
2. 对所有者(或股东)的分配												
3. 其他												
(五)所有者权益内部结构												
1. 资本公积转增资本(或股本)												
2. 盈余公积转增资本(或股本)												
3. 盈余公积弥补亏损												
4. 其他												
四、本年年末余额	30 000 000	0	0	757 257	1 715 313	32 472 570						

14.6 附注

14.6.1 附注的概念及作用

附注是指对在会计报表中列示项目所作的进一步说明,以及对未能在这些报表中列示项目的说明等。根据《企业会计准则第30号—财务报表列报》规定，附注是对在资产负债表、利润表、现金流量表和所有者权益变动表等报表中列示项目的文字描述或明细资料，以及对未能在这些报表中列示项目的说明等。需要说明的是：本节所述附注不包括现金流量表的附注内容，现金流量表附注见本章第4节中的相关内容。附注是会计报表的重要组成部分，企业应当按照规定披露附注信息，为报表使用人提供全面、完整的会计信息。

14.6.2 附注的内容

根据《企业会计准则第30号—财务报表列报》的规定，附注主要包括以下内容。

14.6.2.1 企业的基本情况

企业应当披露企业注册地、组织形式和总部地址；企业的业务性质和主要经营活动；母公司以及集团最终母公司的名称；财务报告的批准报出者和财务报告批准报出日等企业的基本情况。

14.6.2.2 财务报表的编制基础

企业应当披露会计年度、记账本位币、会计计量所运用的计量基础、现金和现金等价物的构成等财务报表的编制基础。

14.6.2.3 遵循企业会计准则的声明

企业应当声明编制的财务报表符合企业会计准则的要求，真实、完整地反映了企业的财务状况、经营成果和现金流量等有关信息。

14.6.2.4 重要会计政策和会计估计

企业应当考虑与会计政策和会计估计相关项目的性质和金额，判断会计政策和会计估计是否重要，对企业采用的重要会计政策和会计估计予以披露。

14.6.2.5 会计政策和会计估计变更以及差错更正的说明

企业应当按照《企业会计准则第28号—会计政策、会计估计变更和差错更正》规定，对会计政策和会计估计变更以及差错更正的有关情况进行披露。

14.6.2.6 报表重要项目的说明

企业应当尽可能地以表格形式披露重要报表项目的构成或当期增减变动情况。对报表重要项目的说明应当按照资产负债表、利润表、现金流量表、所有者权益变动表及其项目列示的顺序，采用文字和数字描述相结合的方式进行披露。报表重要项目的明细金额合计，应当与报表项目金额相衔接。

14.6.2.7 或有事项

根据《企业会计准则第13号—或有事项》的相关规定，除在涉及未决诉讼、未决仲裁的情况下，披露全部或部分或有事项信息预期对企业造成重大不利影响外，企业应当在附注中披露预计负债、或有负债、或有资产等或有事项的相关内容。

14.6.2.8 资产负债表日后事项

根据规定，企业应当披露每项重要的资产负债表日后非调整事项的性质、内容及其对财务状况和经营成果的影响，无法做出估计的应当说明原因；资产负债表日后，企业利润分配方案中拟分配的以及经审议批准宣告发放的股利或利润等信息。

14.6.2.9 关联方关系及其交易

根据规定,企业应当披露与关联方的关系及关联方的相关信息,若本企业与关联方发生交易的,应当披露各关联方关系的性质、交易类型及交易要素等内容。

14.7 合并财务报表

14.7.1 合并财务报表概述

合并财务报表,是指反映母公司和其全部子公司形成的企业集团整体财务状况、经营成果和现金流量的财务报表。所谓母公司是指有1个或1个以上子公司的企业或主体;子公司是指被母公司控制的企业。

合并财务报表是相对于个别财务报表而言的,个别财务报表反映的是单个企业财务状况、经营成果和现金流量等情况,而合并财务报表反映的是由单个企业组成的企业集团的情况。虽然企业集团由多个企业组成,但在企业集团中只有母公司需要编制合并财务报表,其他子公司则不需要编制合并财务报表。

14.7.2 合并财务报表的合并范围

根据《企业会计准则第33号—合并财务报表》规定,合并财务报表的合并范围应当以控制为基础予以确定。所谓控制,是指一个企业能够决定另一个企业的财务和经营政策,并能从另一个企业的经营活动中获取利益的权力。

(1)母公司直接或通过子公司间接拥有被投资企业半数以上表决权股份时,表明母公司能够控制被投资企业,应当将该被投资企业纳入合并财务报表的合并范围。

(2)母公司拥有被投资企业半数或以下表决权股份时,满足下列条件之一的,也视为母公司能够控制被投资企业,应当将被投资企业纳入合并财务报表的合并范围。

①通过与被投资企业其他投资者之间签订协议,拥有被投资企业半数以上表决权。

②根据公司章程或协议,有权决定被投资单位的财务和经营政策。

③有权任免被投资单位的董事会或类似机构的多数成员。

④在被投资单位的董事会或类似机构占多数表决权。

另外,在确定能否控制被投资企业时,应当考虑企业和其他企业持有的被投资单位的当期可转换的可转换公司债券、当期可执行的认股权证等潜在的表决权因素。

需要注意的是,以控制为基础确定合并财务报表的合并范围应当强调实质重于形式,应当综合考虑各种因素。例如,若有证据表明母公司不能控制被投资企业,即使母公司拥有被投资企业半数以上表决权股份,也不能将被投资企业纳入合并财务报表的合并范围。

14.7.3 合并财务报表的种类及编制原则

合并财务报表一般包括合并资产负债表、合并利润表、合并现金流量表、合并所有者权益变动表等种类。另外,企业需要编制合并财务报表附注,对在合并财务报表中列示的项目作进一步的说明,对未能在合并财务报表中列示的项目进行说明。

企业编制合并财务报表,除要符合前述的会计报表的编制要求外,还应当遵循其自身的编制原则。

14.7.3.1 以个别财务报表为基础原则

合并财务报表是由母公司编制,但母公司在编制合并财务报表时,并不是依据自身及其他子公司的账簿记录编制的,而是在母公司及企业集团中纳入合并范围的子公司的个别财务报表的基础上,采用特定的方法编制的。

14.7.3.2 一体性原则

如前所述,合并财务报表反映的是企业集团的情况,所以在编制合并财务报表时应将母公司和所有子公司视为一个整体,从集团整体角度考虑母子公司之间、子公司之间发生的内部经营活动,并利用抵销分录将这些内部交易予以抵销。

14.7.3.3 重要性原则

一个企业集团由多家公司、企业组成,它们可能涉及不同行业,从事着不同的经营范围,这样会使编制合并财务报表变得非常复杂,会计人员在编制合并财务报表时需要运用重要性原则对个别会计报表项目进行取舍,对企业集团的财务状况和经营成果影响不大的内部交易的抵销做出取舍,从而简化合并手续。

本章练习题

一、单项选择题

1. 下列各项中,不属于资产负债表中“货币资金”项目的是(　　)。

A. 交易性金融资产 B. 银行汇票存款　C. 信用卡存款　D. 外埠存款

2. 某企业期末“工程物资”科目的余额为200万元,“发出商品”科目的余额为50万元,“原材料”科目的余额为60万元,“材料成本差异”科目的贷方余额为5万元。假定不考虑其他因素,该企业资产负债表中“存货”项目的金额为(　　)万元。

A. 105　B. 115　C. 205　D. 215

3. 企业期末“本年利润”的借方余额为7万元,“利润分配”和“应付股利”账户贷方余额分别为18万元和12万元,则当期资产负债表中“未分配利润”项目金额应为(　　)万元。

A. 30　B. 18　C. 23　D. 11

4. 企业于2009年12月31日分别借入两年期150 000元借款,五年期480 000元借款。两项借款均为分期付息到期还本,年利率为6%。该企业2010年度资产负债表中,“长期借款”项目应为(　　)元。

A. 630 000　B. 508 800　C. 667 800　D. 480 000

5. 编制利润表的第二步，应(　　)。

A. 以营业收入为基础，计算营业利润

B. 以营业收入为基础，计算利润总额

C. 以营业利润为基础，计算利润总额

D. 以利润总额为基础，计算净利润

6. 某企业"应付账款"科目月末贷方余额 40 000 元，其中："应付甲公司账款"明细科目贷方余额 25 000 元，"应付乙公司账款"明细科目贷方余额 25 000 元，"应付丙公司账款"明细科目借方余额 10 000 元；"预付账款"科目月末借方余额 10 000 元，其中："预付 A 工厂账款"明细科目贷方余额 10 000 元，"预付 B 工厂账款"明细科目借方余额 20 000 元。该企业月末资产负债表中"预付账款"项目的金额为(　　)元。

A. 20 000　　B. 30 000　　C. －30 000　　D. －10 000

7. 下列报表中，(　　)能够反映企业一定日期所拥有的资产、需偿还的债务，以及投资者所拥有的净资产的情况。

A. 所有者权益变动表　　B. 利润表

C. 现金流量表　　D. 资产负债表

8. 某企业"应收账款"账户月末借方余额 40 000 元，其中："应收甲公司账款"明细账户借方余额 50 000 元，"应收乙公司账款"明细账户贷方余额 10 000 元；"预收账款"账户月末贷方余额 15 000 元，其中："预收 A 厂账款"明细账户贷方余额 35 000 元，"预收 B 厂账款"明细账户借方余额 20 000 元。另外，"坏账准备"账户的余额为 10 000 元，则该企业月末资产负债表中"应收账款"项目的金额为(　　)元。

A. 60 000　　B. 70 000　　C. 50 000　　D. 40 000

9. 利润表中，只需根据一个科目的借方发生额填列的项目是(　　)。

A. 营业税金及附加　　B. 营业收入

C. 营业利润　　D. 营业成本

10. 年度资产负债表中的"未分配利润"项目的填列依据是(　　)。

A. "利润分配"账户年末余额　　B. "应付利润"账户年末余额

C. "本年利润"账户年末余额　　D. "盈余公积"账户年末余额

11. 下列属于投资活动现金流出项目的是(　　)。

A. 债券到期收到的现金　　B. 偿还债券支付的现金

C. 购买债券支付的现金　　D. 发行债券收到的现金

12. 企业年末"预收账款"所属明细账户有借方余额 3 000 元、贷方余额 10 000 元。则年末资产负债表中"预收账款"项目应填列的金额为(　　)元。

A. 3 000　　B. 7 000　　C. 10 000　　D. 13 000

二、多项选择题

1. 会计报表的编制要求(　　)。

A. 真实可靠　　B. 相关可比　　C. 全面完整　　D. 编报及时

2. 下列资产负债表项目中，不能直接根据相关总账科目期末余额填列的有(　　)。

A. 固定资产　　B. 预付款项　　C. 应收账款　　D. 应付票据

3. 企业资产负债表上所有者权益金额的大小，可能受到下列(　　)影响。

A. 接受捐赠资产的计价

B. 接受投资者投入资产的计价

C. 坏账准备计提方法和比例的界定

D. 管理部门用固定资产的折旧方法

4. 下列各项中，对资产负债表的作用描述正确的有(　　)。

A. 通过编制资产负债表可以反映企业资产的构成及其状况

B. 通过编制资产负债表可以分析企业的偿债能力

C. 通过编制资产负债表可以分析企业的获利能力

D. 通过编制资产负债表可以反映企业所有者权益的情况

5. 企业资产负债表上“存货”项目的期末数应包括(　　)。

A. 库存商品　　B. 制造费用　　C. 发出商品　　D. 委托加工物资

6. 下列账户中可能影响资产负债表“应收账款”项目金额的有(　　)。

A. 应收账款　　B. 预收账款　　C. 预付账款　　D. 坏账准备

7. 下列各项，会使资产负债表中负债金额增加的有(　　)。

A. 计提坏账准备　　B. 计提存货跌价准备

C. 计提一次还本付息应付债券的利息　　D. 计提长期借款利息

8. 下列资产负债表项目中，可以直接根据有关总分类账户余额填列的有(　　)。

A. 货币资金　　B. 短期借款　　C. 坏账准备　　D. 资本公积

9. 下列项目中，影响企业可供分配的利润的有(　　)。

A. 年初未分配利润　　B. 当年实现的净利润

C. 用盈余公积弥补亏损　　D. 发放股票股利

10. 资产负债表中的“存货”项目反映的内容包括(　　)。

A. 发出商品　　B. 委托加工物资　　C. 生产成本　　D. 销售费用

三、判断题

1. 受托代销商品款应作为存货的抵减项目在资产负债表中列示。(　　)

2. 利润表中“营业税金及附加”项目不包括印花税。(　　)

3. 对于会计主体来说，某一会计期间的收入一定伴随着相等的现金流入。(　　)

4. 将于一年内到期的长期借款，按照规定，应在资产负债表中作为流动负债反映。(　　)

5. 企业购入货物验收入库后,若发票账单尚未收到,应在月末按照估计的金额确认一笔负债,反映在资产负债表有关负债项目内。(　　)

6. 资产负债表中的“短期借款”项目,应该根据总账科目余额填列。(　　)

7. “应收账款”项目是根据应收账款明细账期末借方余额合计减去坏账准备期末贷方余额填列的。(　　)

8. 货币资金项目应根据“库存现金”和“银行存款”科目期末余额的合计数填列。(　　)

参 考 文 献

[1] 中华人民共和国财政部. 企业会计准则[M]. 北京:经济科学出版社,2006.

[2] 中华人民共和国财政部. 企业会计准则—应用指南[M]. 北京:中国财政经济出版社,2006.

[3] 财政部会计资格评价中心. 初级会计实务[M]. 北京:中国财政经济出版社,2009.

[4] 财政部会计资格评价中心. 中级会计实务[M]. 北京:经济科学出版社,2007.

[5] 于小镭. 新企业会计实务讲解[M]. 北京:机械工业出版社,2007.

[6] 企业会计制度讲解[M]. 北京:科学技术出版社,2006.

[7] 中华会计网校. 新企业会计准则及相关制度精读精讲[M]. 北京:东方出版社,2006.

[8] 戴德明,林钢,赵西卜. 财务会计学[M]. 北京:中国人民大学出版社,2006.

[9] 刘永泽,陈立军. 中级财务会计[M]. 大连:东北财经大学出版社,2004.

[10] 刘尚林. 财务会计[M]. 北京:高等教育出版社,2006.

[11] 陈德萍. 财务会计[M]. 大连:东北财经大学出版社,2005.